Acht Schritte zum Glück

Ebenfalls von Geshe Kelsang Gyatso

Allumfassendes Mitgefühl
Einführung in den Buddhismus
Das Meditationshandbuch
Herzjuwel
Herz der Weisheit
Den Geist verstehen
Freudvoller Weg
Sinnvoll zu betrachten
Verwandle dein Leben

GESHE KELSANG GYATSO

Acht Schritte zum Glück

DER BUDDHISTISCHE WEG DER LIEBENDEN GÜTE

THARPA VERLAG
Zürich

Originaltitel: Eight Steps to Happiness

Herausgeber: Tharpa Verlag, Zürich

Übersetzung: Mark Foster

Umschlagbild: Weiße Tara von Chating Jamyang Lama
Bilder innen, schwarzweiß: Buddha Amitabha und Bodhisattva Langri Tangpa von Kelsang Palden.
Gestaltung des Umschlags: Barbara Berger
Foto Geshe Kelsang Gyatsos: René Knopfel
Federzeichnungen: Ani Kelsang Wangchen

Satz: Tharpa Verlag

ISBN 3-908543-18-5

Druck: Freiburger Graphische Betriebe, Freiburg, Deutschland

Inhaltsverzeichnis

Illustrationen

Die Illustrationen zeigen die Überlieferungslinien-Gurus der Stufen des Pfades zur Erleuchtung

Danksagung

Das vorliegende Buch *Acht Schritte zum Glück* ist ein ausführlicher und praktischer Kommentar zum weltbekannten Gedicht aus dem Mahayana-Buddhismus *Acht Verse der Geistesschulung*, das von Bodhisattva Langri Tangpa (1054-1123) verfasst wurde. Das Gedicht legt die essentiellen Methoden zur Entwicklung von allumfassender Liebe und Mitgefühl dar, und dies in einer Weise, die viele Generationen von Praktizierenden über fast tausend Jahre hinweg inspiriert hat.

Das Buch basiert auf Mitschriften zweier Kurse von mündlichen Unterweisungen, die der Autor am Manjushri Zentrum gegeben hat. Die Mitschriften wurden sorgfältig überprüft und durch den Autor während intensiver Redaktions-Retreats in den Jahren 1998 und 1999 wesentlich verbessert.

Wir sind dem Ehrwürdigen Geshe Kelsang Gyatso für seine große Güte sehr dankbar, dass er diesen Kommentar vorbereitet hat. Es ist ein Kommentar, der die volle Bedeutung des berühmten Gedichts zum Leben erweckt und dem Wohl der zeitgenössischen buddhistischen Praktizierenden in der ganzen Welt dient. Die Kraft und Klarheit dieses Kommentars beweisen eindeutig, dass der Autor mit voller persönlicher Realisation über dieses Thema schreibt.

Wir möchten außerdem all den erfahrenen Dharma-Schülern danken, die dem Autor bei der Herausgabe dieses Buches behilflich waren und die dazu beitrugen, das endgültige Manuskript für die Veröffentlichung vorzubereiten.

Roy Tyson, Manjushri Mahayana Buddhist Centre,
August 1999

Einleitung

Dieses Buch beruht auf den berühmten *Acht Versen der Geistesschulung* (*Lojong Tsig Gyema* auf Tibetisch), die von Bodhisattva Langri Tangpa, einem buddhistischen Meister des elften Jahrhunderts aus Tibet, verfasst wurden. Obwohl dieser bemerkenswerte Text nur acht Vierzeiler umfasst, enthüllt er den Kern des buddhistischen Mahayana-Pfades zur Erleuchtung, indem er aufzeigt, wie wir unseren Geist von seinem gegenwärtig verwirrten und egozentrisch ausgerichteten Zustand in die vollkommene Weisheit und das vollkommene Mitgefühl eines Buddhas umwandeln können.

Jedes Lebewesen hat das Potential, ein Buddha zu werden, jemand, der seinen oder ihren Geist von allen Fehlern und Beschränkungen vollkommen gereinigt und alle guten Eigenschaften zur Vollendung gebracht hat. Unser Geist gleicht einem bewölkten Himmel, im Kern klar und rein, doch durch die Wolken der Verblendungen bedeckt. So wie sich die dichtesten Wolken schließlich auflösen, so können sogar die schlimmsten Verblendungen von unserem Geist entfernt werden. Verblendungen wie Hass, Gier und Unwissenheit sind kein wesentlicher Bestandteil des Geistes. Durch die Anwendung geeigneter Methoden können wir sie vollkommen beseitigen und schließlich das höchste Glück der vollen Erleuchtung erfahren.

Jeder möchte glücklich sein und niemand möchte leiden, aber sehr wenige Leute kennen die wahren Ursachen von Glück und Leid. Wir neigen dazu, das Glück außerhalb von uns selbst zu suchen, und meinen, wenn wir nur

Buddha Shakyamuni

das richtige Haus, das richtige Auto, den richtigen Beruf und die richtigen Freunde hätten, wären wir wirklich glücklich. Wir verbringen fast unsere gesamte Zeit mit dem Versuch, die Außenwelt so zurechtzubiegen, dass sie unseren Wünschen entspricht. Unser ganzes Leben lang haben wir danach gestrebt, uns mit Leuten und Dingen zu umgeben, die uns ein angenehmes, sicheres oder anregendes Gefühl bereiten, und doch haben wir noch immer kein reines und anhaltendes Glück gefunden. Selbst wenn es uns gelingt, unsere Wünsche zu erfüllen, dauert es nicht lange, bis sich diese erneut ändern und wir etwas anderes begehren. Es mag sein, dass wir unser Traumhaus finden, doch einige Monate später haben wir das Gefühl, wir bräuchten eine größere Küche, ein zusätzliches Schlafzimmer oder einen größeren Garten, und schon spielen wir mit dem Gedanken umzuziehen. Oder vielleicht treffen wir den «perfekten» Partner, verlieben uns und ziehen zusammen. Anfangs scheint unser Partner die wunderbarste Person auf Erden zu sein, aber schon bald erkennen wir in ihm oder ihr Fehler. Wir stellen fest, dass wir nicht mehr verliebt sind und schon bald schauen wir uns nach jemand anderem um, der unsere Wünsche erfüllt.

Zu allen Zeiten haben Menschen danach gestrebt, ihre äußeren Umstände zu verbessern, doch trotz all unserer Bemühungen sind wir nicht glücklicher. Wenn man die materielle Entwicklung betrachtet, trifft es zu, dass viele Länder Fortschritte machen. Die Technik entwickelt sich ständig weiter und weltliches Wissen hat dramatisch zugenommen. Wir wissen so viele Dinge, die wir vorher nicht wussten, und wir können Dinge tun, von denen wir nicht einmal geträumt hätten. Oberflächlich gesehen scheint sich unsere Welt zu verbessern, aber wenn wir genauer hinschauen, sehen wir, dass es heute viele Probleme gibt, die früher nicht existierten. Schreckliche Waffen sind erfunden worden, unsere Umwelt wird vergiftet und neue

Krankheiten treten auf. Sogar einfache Freuden, wie essen oder in der Sonne liegen, werden immer gefährlicher.

Das ungehemmte Streben nach Glück, das aus äußeren Quellen stammt, hat dazu geführt, dass unser Planet zerstört und unser Leben komplizierter und unbefriedigender wird. Es ist an der Zeit, dass wir das Glück aus einer anderen Quelle suchen. Glück ist ein Geisteszustand, deshalb muss die wahre Quelle des Glücks innerhalb des Geistes liegen, nicht in äußeren Bedingungen. Ist unser Geist rein und friedvoll, sind wir glücklich, ungeachtet unserer äußeren Bedingungen, ist er jedoch unrein und verstört, können wir niemals wirklich glücklich sein, ganz gleich wie sehr wir auch versuchen, unser Umfeld zu verändern. Wir könnten unser Heim oder unseren Partner unzählige Male wechseln, aber solange wir unseren ruhelosen, unzufriedenen Geist nicht ändern, werden wir nie wahres Glück finden.

Müssten wir über raues und dorniges Gelände laufen, so könnten wir, um unsere Füße zu schützen, den ganzen Boden mit Leder überziehen, aber das wäre nicht sehr praktisch. Wir können das gleiche Ergebnis auf viel einfachere Weise erreichen – indem wir nämlich unsere Füße bedecken. Ähnlich verhält es sich auch, wenn wir uns vor Leiden schützen möchten: Wir können entweder versuchen, die ganze Welt zu verändern, um sie mit unseren Wünschen in Einklang zu bringen, oder wir können unseren Geist ändern. Bisher haben wir versucht, die Welt zu ändern, aber das ist offensichtlich nicht gelungen. Deshalb müssen wir nun unseren Geist ändern.

Der erste Schritt zur Veränderung unseres Geistes ist, zu erkennen, welche Geisteszustände Glück bringen und welche Leid erzeugen. Im Buddhismus werden Geisteszustände, die dem Frieden und Glück förderlich sind, «tugendhafte Geistesarten» genannt, während diejenigen, die unseren Frieden stören und uns Leiden verursachen, «Verblendungen» genannt werden. Wir besitzen viele verschiedene Arten von Verblendungen, wie beispielsweise begehrende Anhaftung, Wut, Eifersucht, Stolz, Geiz und Unwissenheit. Diese sind als «innere Feinde» bekannt, weil sie unser Glück von innen heraus pausenlos zerstören. Ihre einzige Funktion ist es, uns zu schaden.

Verblendungen sind eine verzerrte Art und Weise, uns selbst, andere Leute und die Welt um uns herum zu betrachten. Die Art, wie ein verblendeter Geist diese Phänomene wahrnimmt, stimmt nicht mit der Wirklichkeit überein. Der verblendete Geisteszustand des Hasses beispielsweise nimmt eine andere Person als grundlegend schlecht wahr, obwohl es so etwas wie eine grundlegend schlechte Person gar nicht gibt. Begehrende Anhaftung andererseits sieht ihr Objekt des Begehrens als grundlegend gut und als wahre Quelle des Glückes an. Wenn wir ein starkes Verlangen danach haben, Schokolade zu essen, erscheint uns Schokolade als ein grundlegend begehrenswertes Objekt. Haben wir jedoch einmal zu viel davon gegessen und uns wird langsam übel, scheint sie nicht länger begehrenswert zu sein und mag uns sogar abstoßend erscheinen. Dies zeigt, dass Schokolade an sich weder begehrenswert noch abstoßend ist. Es ist der Geisteszustand der Anhaftung, der all die verschiedenen begehrenswerten Eigenschaften auf sie projiziert und dann mit ihr umgeht, als ob sie diese Eigenschaften wirklich besäße.

Alle Verblendungen funktionieren auf diese Weise; sie projizieren ihre eigene verzerrte Version der Wirklichkeit auf die Welt und gehen dann mit dieser Projektion um, als ob sie wahr wäre. Wenn unser Geist unter dem Einfluss von Verblendungen steht, sind wir wirklichkeitsfremd und halluzinieren in einem gewissen Sinne. Da unser Geist die ganze Zeit unter dem Einfluss zumindest subtiler Formen der Verblendung steht, ist es nicht überraschend, dass unser Leben so oft von Frustration geprägt ist. Es scheint, als ob wir ständig Trugbildern hinterher jagen würden, nur um enttäuscht zu sein, wenn sie uns nicht die Zufriedenheit geben, die wir uns erhofft hatten.

Die Quelle aller Verblendungen ist ein verzerrtes Gewahrsein, das die «Unwissenheit des Festhaltens am Selbst» genannt wird, und an Phänomenen als inhärent oder unabhängig existierend festhält. In Wirklichkeit sind alle Phänomene in Abhängigkeit entstehende Phänomene und das bedeutet, dass ihre Existenz völlig von anderen Phänomenen abhängt, wie ihren Ursachen, ihren Teilen und dem Geist, der sie festhält. Objekte existieren nicht aus sich selbst heraus; was sie sind, hängt davon ab, wie sie wahrgenommen werden. Unser Unvermögen, dies zu begreifen, ist die Wurzel all unserer Probleme.

Die Art des Festhaltens am Selbst, die uns am meisten schadet, besteht darin, an unserem eigenen Selbst oder Ich als inhärent oder unabhängig existierend festzuhalten. Instinktiv haben wir das Gefühl, dass wir ein vollkommen reales und objektives Selbst oder Ich besitzen, das unabhängig von allen anderen Phänomenen existiert, sogar vom eigenen Körper und Geist. Eine der Konsequenzen, an unserem Selbst als unabhängige, von der Welt und anderen Leuten getrennte Wesenheit festzuhalten, ist, dass wir Selbst-Wertschätzung entwickeln, eine Geistesart, die uns selbst für äußerst wichtig hält. Weil wir uns selbst so stark schätzen, fühlen wir uns zu Leuten und Dingen hingezogen, die wir attraktiv finden, wollen uns von Leuten und Dingen absondern, die wir unattraktiv finden, und sind an Leuten und Dingen uninteressiert, die wir weder attraktiv noch unattraktiv finden. Auf diese Weise entstehen begehrende Anhaftung, Wut und Gleichgültigkeit. Weil wir ein übertriebenes Gefühl unserer eigenen Wichtigkeit haben, kommt es uns so vor, als ob unsere Interessen mit denen anderer in Konflikt stünden, und dies wiederum führt zu Rivalität, Eifersucht, Arroganz und Rücksichtslosigkeit gegenüber anderen. Handeln wir unter dem Einfluss dieser und anderer Verblendungen, wird unser Verhalten destruktiv und wir töten, stehlen, begehen sexuelles Fehlverhalten, lügen und reden in verletzender

Weise. Das Ergebnis dieses negativen Handelns bedeutet Leiden für uns selbst und andere.

Obwohl unsere Verblendungen tief verwurzelt sind, stellen sie keinen grundlegenden Bestandteil unseres Geistes dar und können deshalb mit Sicherheit entfernt werden. Verblendungen sind nur schlechte geistige Angewohnheiten und wie alle Angewohnheiten können sie abgebaut werden. Indem wir uns aufrichtig und stetig bemühen, uns mit konstruktiven Geisteszuständen vertraut zu machen, können wir sogar die hartnäckigsten Verblendungen beseitigen und sie durch entgegengesetzte Tugenden ersetzen. Beispielsweise können wir unsere Wut abschwächen, indem wir unseren Geist mit Geduld und Liebe vertraut machen, unsere begehrende Anhaftung können wir mildern, indem wir unseren Geist mit Nichtanhaftung vertraut machen und unsere Eifersucht können wir verringern, indem wir uns am Glück anderer erfreuen.

Um Verblendungen aber vollkommen auszumerzen, müssen wir ihre Wurzel zerstören – den Geist des Festhaltens am Selbst. Um dies zu erreichen, ist es nötig, unseren Geist mit der wahren Natur der Wirklichkeit, der endgültigen Wahrheit, vertraut zu machen. Wenn wir das Festhalten am Selbst zerstören, enden alle anderen Verblendungen ganz natürlich, so wie die Blätter und Äste eines Baumes sterben, wenn wir seine Wurzeln zerstören. Haben wir unsere Verblendungen vollkommen ausgemerzt, wird es für uns absolut unmöglich sein, unruhige Geisteszustände zu erfahren. Da wir dann keine inneren Ursachen von Leiden mehr besitzen, haben äußere Ursachen von Leiden, wie Krankheit oder Tod, keine Kraft mehr, unseren Geist zu stören. Diese beständige Beendigung der Verblendungen und des Leidens ist bekannt als «Befreiung» oder «Nirvana» auf Sanskrit.

Obwohl es eine großartige Leistung ist, die eigene Befreiung von Leiden zu erlangen, ist dies nicht ausreichend.

Wir sind keine isolierten Individuen, sondern Teil der Familie aller Lebewesen. Unsere gesamte Habe, alle unsere Freuden, unsere Möglichkeiten zur spirituellen Entwicklung und sogar unseren eigenen Körper verdanken wir der Güte anderer Lebewesen. Können wir unserem eigenen Leiden entfliehen und alle anderen ihrem Schicksal überlassen? Das wäre vergleichbar mit einem jungen Mann, der zusammen mit seinen betagten Eltern gefangengehalten wird, jedoch allein ausbricht und seine Eltern zurücklässt. Einen solchen Menschen würden wir nicht bewundern. Wir müssen uns auf jeden Fall bemühen, uns selbst aus dem geistigen Gefängnis unserer verblendeten Geisteszustände zu befreien, unser endgültiges Ziel jedoch muss sein, allen anderen zu helfen, das gleiche zu tun.

Somit ist das endgültige Ziel des Buddhismus das Erlangen der vollen Erleuchtung, der Buddhaschaft. Der Sanskrit Begriff «Buddha» bedeutet «der Erwachte» und bezieht sich auf jeden, der aus dem Schlaf der Unwissenheit erwacht und vom Traum der fehlerhaften Erscheinung befreit ist. Weil gewöhnliche Wesen wie wir noch nicht vom Schlaf der Unwissenheit erwacht sind, leben wir weiterhin in einer traumgleichen Welt fehlerhafter Erscheinungen und sehen die wahre Natur der Dinge nicht. Das ist der eigentliche Grund, warum wir Leiden erfahren und nur begrenzt für andere von Nutzen sind. Buddhas haben die allwissende Weisheit und die unbegrenzte Fähigkeit erlangt, allen Lebewesen zu helfen, indem sie alle Spuren der Dunkelheit der Unwissenheit aus ihrem Geist vollkommen entfernt haben.

Ihr grenzenloses und allumfassendes Mitgefühl gibt den Buddhas die Energie, ohne Unterlass für das Wohl anderer zu arbeiten. Sie verstehen die wahren Ursachen des Glücks und des Leidens und sie wissen genau, wie Lebewesen im Einklang mit ihren individuellen Bedürfnissen und Neigungen zu helfen ist. Buddhas haben die Fähigkeit, den Geist anderer zu segnen und somit ihre Verblendungen zum Abklingen zu bringen und ihre Tugenden zu vermehren; und sie haben ferner die Kraft, unzählige Formen zum Wohle anderer auszustrahlen. Die effektivste Art und Weise, in der Buddhas Lebewesen helfen, ist, sie darin zu schulen, ihren Geist unter Kontrolle zu bringen und dem spirituellen Pfad zur Befreiung und Erleuchtung zu folgen.

Der Gründer des Buddhismus in dieser Welt war Buddha Shakyamuni. Nachdem Buddha Erleuchtung erlangt hatte, gab er vierundachtzigtausend Unterweisungen. Jede einzelne ist ein Ratschlag, wie man Verblendungen bändigt und überwindet, indem man tugendhafte Geisteszustände entwickelt. Buddhas Unterweisungen sowie die inneren Realisationen, die erlangt werden, indem man diese Unterweisungen in die Praxis umsetzt, sind als «Dharma» bekannt.

Bodhisattva Langri Tangpa hat in dem Text, auf dem dieses Buch beruht, die ganze Essenz des Buddhadharmas in acht kurzen Versen zusammengefasst. Durch Kontemplation der Bedeutung dieser Verse werden wir sehen, dass sie einen Pfad enthalten, der Schritt für Schritt zu vollkommenem inneren Frieden und Glück führt. Wenn wir diese Unterweisungen aufrichtig in die Praxis umsetzen, werden wir allmählich unsere destruktiven und egozentrischen Geistesgewohnheiten bändigen und sie durch die positiven Geistesarten der bedingungslosen Liebe und des Mitgefühls ersetzen. Schließlich werden wir, indem wir den Anweisungen folgen, die im Kapitel über den endgültigen Bodhichitta dargelegt werden, fähig sein, die grundlegende Verblendung der Unwissenheit des Festhaltens am Selbst samt ihrer Prägungen zu überwinden, und somit die Glückseligkeit der vollen Erleuchtung erfahren. Dies ist die wahre Bedeutung, Glück aus einer anderen Quelle zu schöpfen.

Obwohl *die Acht Verse* vor über neunhundert Jahren verfasst wurden, sind sie noch heute so relevant wie damals.

Ob Buddhist oder nicht, jeder, der den ernsthaften Wunsch hat, seine inneren Probleme zu überwinden und dauerhaften inneren Frieden und Glück zu erlangen, kann aus Langri Tangpas Rat Nutzen ziehen.

WIEDERGEBURT UND KARMA

Da etwas Hintergrundwissen über Wiedergeburt und Karma für das Verständnis der Hauptübungen, die in diesem Buch erklärt werden, hilfreich ist, folgt nun eine kurze Einführung zu diesen Themen.

Der Geist ist weder physisch noch ist er ein Nebenprodukt rein physikalischer Prozesse, sondern ist ein formloses Kontinuum, eine vom Körper getrennte Wesenheit. Wenn der Körper zum Zeitpunkt des Todes zerfällt, endet der Geist nicht. Unser oberflächlicher bewusster Geist endet zwar, doch löst er sich in eine tiefere Ebene des Bewusstseins auf, die der «sehr subtile Geist» genannt wird. Das Kontinuum unseres sehr subtilen Geistes hat keinen Anfang und kein Ende, und es ist dieser Geist, der, wenn er vollkommen gereinigt ist, sich in den allwissenden Geist eines Buddhas umwandelt.

Jede Handlung, die wir ausführen, hinterlässt eine Prägung oder ein Potential in unserem sehr subtilen Geist, und jedes karmische Potential wird schließlich seine eigene Wirkung hervorbringen. Unser Geist gleicht einem Feld, und das Ausführen von Handlungen gleicht dem Säen von Samen in dieses Feld. Positive oder tugendhafte Handlungen hinterlassen Samen für zukünftiges Glück und negative oder nichttugendhafte Handlungen hinterlassen Samen für zukünftige Leiden. Diese eindeutige Beziehung zwischen Handlungen und ihren Auswirkungen – Tugend führt zu Glück und Nichttugend zu Leiden – ist als das «Gesetz des Karmas» bekannt. Ein Verständnis des Gesetzes des Karmas bildet die Basis der buddhistischen Moral.

Nach unserem Tod verlässt der sehr subtile Geist unseren Körper und tritt in den Zwischenzustand oder «Bardo» auf Tibetisch ein. In diesem subtilen, traumgleichen Zustand haben wir viele verschiedene Visionen, die aus unseren karmischen Potentialen entstehen, die zum Zeitpunkt unseres Todes aktiviert wurden. Diese Visionen können angenehm oder furchterregend sein, je nach dem welches Karma heranreift. Sind diese karmischen Samen völlig herangereift, so bestimmen sie unsere Wiedergeburt, ohne dass wir darauf Einfluss nehmen können.

Es ist wichtig zu verstehen, dass wir als gewöhnliche samsarische Wesen unsere Wiedergeburt nicht auswählen können, sondern einzig und allein unserem Karma entsprechend wieder geboren werden. Wenn gutes Karma reift, werden wir in einem glücklichen Zustand wieder geboren, entweder als Mensch oder Gott, reift aber negatives Karma heran, so werden wir in einem niederen Zustand wieder geboren, als Tier, Hungriger Geist oder Höllenwesen. Es ist, als ob wir von den Winden unseres Karmas in unser zukünftiges Leben geweht würden, manchmal landen wir in höheren Wiedergeburten, manchmal in niederen.

Dieser ununterbrochene Kreislauf von Tod und Wiedergeburt, dem wir wahllos unterworfen sind, nennt man «zyklische Existenz» oder «Samsara» auf Sanskrit. Samsara gleicht einem Riesenrad, manchmal bringt es uns hoch in die drei höheren Bereiche, und manchmal hinab in die drei niederen Bereiche. Die treibende Kraft des samsarischen Rades sind unsere verunreinigten Handlungen, welche von Verblendungen motiviert sind, und die Radnabe ist die Unwissenheit des Festhaltens am Selbst. Solange wir auf diesem Rad bleiben, werden wir einen unaufhörlichen Kreislauf des Leidens und der Unzufriedenheit erleben, und wir werden keine Gelegenheit haben, reines, dauerhaftes Glück zu erfahren. Praktizieren wir aber den buddhistischen Pfad zur Befreiung und Erleuchtung, so können wir das Festhalten am Selbst zerstören und uns dadurch vom Kreislauf der unkontrollierten Wiedergeburt befreien und einen Zustand des vollkommenen Friedens und der Freiheit erlangen. Dann werden wir imstande sein, anderen zu helfen, gleiches zu tun. Eine ausführliche Erklärung über Wiedergeburt und Karma kann in den Büchern *Einführung in den Buddhismus* und *Freudvoller Weg* gefunden werden.

Bodhisattva Langri Tangpa

Der Autor der *Acht Verse der Geistesschulung* ist der tibetische, buddhistische Meister Bodhisattva Langri Tangpa. Seine Lebensgeschichte zu lesen und von seinen positiven Eigenschaften zu erfahren, wird uns helfen, Vertrauen zu ihm zu fassen. Es wird uns zudem ermöglichen, die Authentizität der *Acht Verse* anzuerkennen. Dies wird unsere Entschlossenheit stärken, diese Anweisungen in die Praxis umzusetzen.

Bodhisattva Langri Tangpa wurde im elften Jahrhundert n. Chr. in Zentraltibet geboren. Sein wirklicher Name war Dorje Senge, bekannt wurde er jedoch unter dem Namen Langri Tangpa, abgeleitet von Lang Tang, dem Namen der Gegend, in der er lebte. Er war Schüler Geshe Potowas, einem der Hauptschüler des indischen, buddhistischen Meisters Atisha, dem Gründer des Kadampa-Buddhismus in Tibet.

Geshe Potowa genoss in ganz Tibet ein hohes Ansehen als großer Gelehrter, der anderen Praktizierenden ein makelloses Vorbild war, indem er den Schwerpunkt seiner Praxis auf Bodhichitta, den altruistischen Geist der Erleuchtung, legte. Er verfasste viele tiefgründige Schriften des Kadampa-Buddhismus, insbesondere einen Text namens *Die Schrift der Beispiele*, in der er alltägliche Begebenheiten benutzte, um die Bedeutung des Dharmas zu veranschaulichen. In diesem Text erzählt er die Geschichte eines Diebes, der in ein Haus einbrach, ein Fass Chang (tibetisches Bier) fand, und sich daraufhin betrank. Die Familie erwachte durch seinen Gesang: «Wie glücklich bin ich vom Munde des Fasses Chang zu trinken, doch wie viel

Maitreya

schöner wäre es, aus der Tiefe des Fasses zu trinken!» Geshe Potowa benutzte das Lied des Diebes als Gleichnis und änderte die Worte folgendermaßen: «Wie glücklich wir sind, Dharma mit dem Munde zu praktizieren, doch wie viel schöner wäre es, wenn wir aus der Tiefe unseres Herzens praktizieren würden!» In Tibet gab es eine Redensart, die besagte, dass die Schüler Geshe Potowas so zahlreich wie die Sterne am Himmel wären und dass seine zwei Hauptschüler, Geshe Langri Tangpa und Geshe Sharawa, der Sonne und dem Mond glichen.

Bodhisattva Langri Tangpa wurde in ganz Tibet als heiliger Mann sehr geachtet und von vielen großen Meditierenden als Emanation Buddha Amitabhas angesehen. Obwohl die Menschen ihn als etwas Besonderes ansahen, zeigte er sich immer bescheiden und hielt andere für wichtig und respektierte sie. Reichtum, Ansehen und andere weltliche Erlangungen waren ihm völlig gleichgültig und viele Jahre lebte er in Armut, fast wie ein Bettler. In seinem Inneren jedoch beschäftigte er sich mit der Praxis, die als «die Niederlage annehmen und anderen den Sieg anbieten» bekannt ist: Sämtliche Schwierigkeiten und widrigen Umstände, auf die er stieß, nahm er mit Freude an und gab sein Glück und seine positiven Erfahrungen an andere weiter. Seine bereitwillige Akzeptanz der Armut und Entbehrung war ein gutes Beispiel für andere spirituell Praktizierende.

Bodhisattva Langri Tangpas Auftreten unterschied sich sehr von dem der meisten Leute. Wir neigen dazu, uns unnötig große Sorgen darüber zu machen, ob andere uns mögen, und deshalb bemühen wir uns, stets ein heiteres Gesicht aufzusetzen, ganz gleich, wie wir uns innerlich fühlen. Langri Tangpa machte das genaue Gegenteil. Er zeigte eine solch strenge und ernste Miene, dass man ihm den Spitznamen «der Grimmige» gab. Sein Assistent sagte einmal zu ihm: «Die Leute nennen dich ‹den Grimmigen›. Es wäre gut, wenn du manchmal lächeln und behutsam mit ihnen sprechen würdest, wenn sie kommen, um Segnungen von dir zu empfangen.» Langri Tangpa antwortete: «Was du sagst stimmt, aber in Samsara etwas zu finden, worüber ich lächeln könnte, ist schwierig. Jedes Mal wenn ich jemanden sehe, denke ich an sein Leiden und statt zu lachen, ist mir eher zum Weinen zumute.» Aufgrund seines tiefen Mitgefühls für alle Lebewesen fiel es Langri Tangpa schwer zu lächeln. Es ist wichtig, dies nicht falsch zu verstehen. Langri Tangpa war nicht unglücklich. Sein Mitgefühl und andere spirituelle Realisationen schützten ihn davor, sich je deprimiert zu fühlen, und sorgten dafür, dass er große Freude erfuhr. Ihm war jedoch klar, dass es kein wahres Glück in Samsara gibt und dass weltliche Freuden mit wahrem Glück zu verwechseln nur dazu führt, uns noch fester an Samsara zu binden. Seine strenge Art forderte die Leute heraus, sich mit ihrer tatsächlichen, samsarischen Situation auseinander zu setzen und spirituelle Pfade einzuschlagen.

Langri Tangpa lachte nur selten und wann immer er es tat, war es so außergewöhnlich, dass sein Assistent es niederschrieb. Langri Tangpa meditierte einmal in einer Höhle an einem Hang, die einen Fluss überschaute. Es war mitten im Winter und der Fluss war vollkommen zugefroren. Ein reisender Töpfer überquerte den Fluss, war aber so mit Töpfen beladen, dass er immer wieder ausrutschte und Töpfe zerbrach. Da der Töpfer wusste, dass sich Langri Tangpa irgendwo am Hang befand, rief er jedes Mal, wenn er ausrutschte: «O Langri Tangpa, Grimmiger!», so wie Leute im Westen «O Gott!» oder «O Jesus!» in ähnlichen Situationen ausrufen. Langri Tangpa hörte ihn und fand es derart lustig, dass er zu lachen begann.

Ein anderes Mal, als Langri Tangpa ein großes Stück Türkis dargebracht worden war, sah er eine Maus, die versuchte, es von seinem Meditationstisch zu stehlen. Da es ihr nicht gelang, den Stein fortzubewegen, verschwand die Maus und kam anschließend mit vier weiteren Mäusen zurück. Die erste Maus, die kleinste von ihnen, legte sich auf den Rücken, und die anderen Mäuse schoben den Türkis auf ihren Bauch. Jede ergriff eines der Beine der liegenden Maus und indem sie schoben und zogen, schafften sie es, den Türkis zu ihrem Mauseloch zu schleifen. Als sie jedoch dort ankamen, stellte es sich heraus, dass der Stein zu groß war, um durchs Loch zu passen, und so mussten sie ihn zurücklassen. Langri Tangpa fand dies so amüsant, dass er laut auflachte.

Trotz Bodhisattva Langri Tangpas strenger Erscheinung wurde den Leuten aufgrund seines Wirkens allmählich klar, dass seine wahre Natur außergewöhnlich war. Da sie ihn als ein heiliges Wesen betrachteten, brachten sie ihm viele Gaben dar; sobald ihm aber etwas überreicht wurde, gab er es sofort an seinen Spirituellen Meister Geshe Potowa und dessen Gemeinde von Schülern weiter. Kurz vor Geshe Potowas Tod legte Langri Tangpa vor ihm zwei Versprechen ab: dass er sich von seinem gesamten Besitz trennen werde und dass er nie lange an einem Ort verweilen würde. Von dieser Zeit an hinterließ er bei jedem Ortswechsel stets seine ganze angesammelte Habe und zog mit leeren Händen weiter. Dadurch, dass er die Armut zufriedenen Sinnes annahm und pausenlos Großzügigkeit praktizierte, erwarb Langri Tangpa größte Verdienste. Aufgrund all dieser Verdienste empfing er in seinem späteren Leben so viele Darbringungen, dass es ihm möglich war, ein großes Kloster zu gründen, zweitausend Mönche zu unterstützen und vielen Armen zu helfen. Ohne irgendwelchen Geschäften nachzugehen oder sich um Reichtum zu bemühen, wurde er dennoch wohlhabend, einfach durch das Ansammeln von Verdiensten. Jeden Monat verschenkte er seinen gesamten Besitz, im darauffolgenden Monat jedoch wurde ihm noch mehr gegeben! Obwohl Langri Tangpas Großzügigkeit ihn anfänglich arm machte, machten ihn die Verdienste, die er durch seine Praxis des Gebens ansammelte, später sehr vermögend.

Langri Tangpa war außerdem ein großer Gelehrter und Praktizierender. Seine Hauptübungen waren das Austauschen vom Selbst mit anderen, die Niederlage annehmen und den Sieg anbieten sowie Bodhichitta; alle diese Übungen werden im vorliegenden Buch erklärt. Indem er andere diese Übungen lehrte, führte er Tausende von Schülern zur Erleuchtung. Sogar die Gegend Lang Tang, in der er lebte, wurde durch sein Dasein gesegnet, so dass die Leute dort friedlich und freundlich wurden und die Tiere und Vögel in Frieden miteinander lebten. Er hatte außerdem eine besondere Fähigkeit, Krankheiten zu heilen und Hindernisse zu beseitigen, und einmal war es ihm sogar möglich, das Leben vieler Menschen zu schützen, indem er dafür sorgte, dass ein gefährliches Hochwasser zurückging.

Langri Tangpa folgte unaufhörlich der Praxis, Niederlagen anzunehmen und den Sieg anderen anzubieten, sowohl während seiner Meditationen als auch im täglichen Leben. Eines Tages gebar eine junge Frau, die in der Nähe lebte, ein Kind, das schwer krank wurde. Ihr erstes Kind hatte sie schon verloren und da sie fürchtete, auch dieses Kind würde sterben, ließ sie sich von einem Lama beraten, der ihr empfahl, ihre Tochter Langri Tangpa zu übergeben, damit sie gerettet würde. «Aber wie kann sich ein Mönch um mein Baby kümmern?», fragte sie. Der Lama erwiderte: «Geshe Langri Tangpa ist ein Bodhisattva. Es entspricht seiner Wesensart, alle Entbehrungen zu erdulden und alle guten Einflüsse anderen zukommen zu lassen, deshalb wird er bestimmt damit einverstanden sein, dein Kind zu versorgen.»

Die Frau ging mit ihrem Kind zu Langri Tangpa. Bei ihrer Ankunft saß er auf einem Thron und unterrichtete ein großes Publikum. Noch immer nicht völlig davon überzeugt, dass er ihr Kind annehmen würde, doch im festen Glauben, dass das Kind sicherlich sterben würde, wenn sie es ihm nicht gäbe, schritt sie auf ihn zu, legte das Baby in seinen Schoß und sagte: «Hier ist dein Kind. Ich kann es nicht ernähren. Versorge du es!» Zum Erstaunen seiner Schüler akzeptierte Langri Tangpa das Kind. Obwohl einige Leute davon ausgingen, dass er wirklich der Vater des Kindes war und an ihm zu zweifeln begannen, blieb Langri Tangpa unbekümmert. Er wickelte das Kind liebevoll in seine gelbe Robe ein und setzte seinen Vortrag fort. Als er fertig war, nahm er das Kind mit nach Hause, fütterte und segnete es. Zwei Jahre lang kümmerte er sich um das Mädchen und dank seiner Segnungen wurde es vollkommen geheilt. Nach zwei Jahren kehrte die Mutter zurück, um zu sehen, wie es ihrer Tochter ging. Als sie sah, wie gesund das Kind war, fragte sie Langri Tangpa, ob sie ihre Tochter zurückhaben könnte, und der liebenswürdige Geshe willigte sofort ein. Durch diese Begebenheit und durch viele andere Beispiele seines selbstlosen Verhaltens erkannte jeder, dass Langri Tangpa eine außergewöhnliche, heilige Person war.

Nicht nur in dem erwähnten Leben arbeitete Langri Tangpa sehr viel, um Lebewesen zu helfen und den Buddhadharma in Tibet zu verbreiten, sondern er hatte dies bereits in vielen früheren Inkarnationen getan, und er setzte dies auch in seinen darauf folgenden Leben fort. In einem seiner vergangenen Leben reiste er als Übersetzer Gowa Pagtse nach Indien, lernte Sanskrit und übersetzte viele buddhistische Texte ins Tibetische. Später wurde er als Tsongkhapas Hauptschüler Khädrubje, als Gyalwa Ensäpa und als der erste und zweite Panchen Lama wieder geboren.

Als ich in Lhasa war, traf ich zum ersten Mal meinen Spirituellen Vater, Kyabje Trijang Rinpoche, und schon sein Anblick erinnerte mich an Bodhisattva Langri Tangpa. Ich empfand eine tiefe Zuneigung für ihn und ich fragte mich wiederholt, ob er vielleicht eine Emanation Langri Tangpas sei. Ein älterer Mönch überreichte mir später ein kleines Buch, in dem die Namen der früheren Inkarnationen Trijang Rinpoches aufgelistet waren, unter ihnen war der Name «Geshe Langri Tangpa». Ich war so glücklich, meinen Glauben bestätigt zu finden!

Weil Langri Tangpa Buddha Amitabha ist und das Mitgefühl eines Buddhas unbegrenzt ist, gibt es zweifelsfrei in der ganzen Welt Emanationen Langri Tangpas, obwohl wir sie nicht erkennen. Wir können davon ausgehen, dass seine Emanationen im Westen arbeiten, um Lebewesen beizustehen und um den Buddhadharma zu verbreiten. Der einzige Grund, warum wir sie nicht erkennen, ist, dass unser Geist in Unwissenheit gehüllt ist.

Durch seine aufrichtige Praxis der Anweisungen über die Geistesschulung fand Bodhisattva Langri Tangpa endgültiges Glück und er half vielen anderen, gleiches zu erlangen. Dann erklärte er das Wesentliche seiner Dharma-Erfahrung in den *Acht Versen der Geistesschulung*. Spätere Kadampa-Lamas, wie Geshe Chekhawa, verbreiteten das Studium und die Praxis des Kadam Lojong, die Geistesschulung, in ganz Tibet, indem sie sich auf diesen Text stützten. Wir sollten uns glücklich schätzen, mit derart kostbaren Unterweisungen in Berührung gekommen zu sein.

Die herausragenden Qualitäten dieser Anweisungen

Da die *Acht Verse der Geistesschulung* der Weisheit eines voll erleuchteten Wesens entspringen, sind sie absolut zuverlässig; aber um uns zu helfen, ihren Wert würdigen zu können, werde ich einige Vorzüge dieser Anweisungen erklären. Im Allgemeinen werden wir, wenn wir diese Anweisungen in die Praxis umsetzen, sowohl vorübergehendes als auch endgültiges Glück erfahren, all unser negatives Karma reinigen und Hindernisse abbauen und somit die unwissenden Geistesarten der Selbst-Wertschätzung und des Festhaltens am Selbst, die Hauptursachen unseres Leidens, beseitigen.

Eine besondere Eigenschaft dieser Unterweisungen ist, dass sie aufzeigen, wie widrige Umstände in den spirituellen Pfad umgewandelt werden. Die heutige Zeit ist, was die spirituelle Entwicklung anbelangt, äußerst degeneriert, sie ist voller Umstände, die den spirituellen Fortschritt bremsen. Setzen wir diese Anweisungen jedoch in die Praxis um, können wir uns alle diese Widrigkeiten zu Nutze machen und sie in Chancen für das spirituelle Wachstum umwandeln.

Der Geist der heutigen Menschen ist unreiner als früher, und Verblendungen und falsche Sichtweisen sind weit verbreitet. Da Menschen in der Vergangenheit einen reineren Geist hatten, war es für sie relativ einfach, reine Wesen wie Buddhas und Bodhisattvas wahrzunehmen. In der heutigen Zeit jedoch fällt es den Menschen sogar schwer, an

Vasubandhu

die Existenz heiliger Wesen zu glauben. Früher waren die Leute weniger empfänglich für ablenkende Gedanken und deshalb war es einfacher für sie, Ruhiges Verweilen und andere fortgeschrittene Ebenen meditativer Konzentration zu erlangen. Mit dem Geist des Ruhigen Verweilens konnten sie verschiedene Arten der Hellsicht erreichen, wie die Fähigkeit, Formen außerhalb des normalen Sehbereiches zu sehen oder subtile und entfernte Geräusche zu hören. Viele erwarben die Fähigkeit, den Geist anderer zu lesen oder vergangene und zukünftige Leben zu sehen; und Zauberkräfte, wie die Fähigkeit durch die Luft zu fliegen oder unterschiedliche Formen auszustrahlen, waren recht verbreitet. Zusätzlich zu diesen weltlichen Erlangungen erreichten zahllose Menschen Befreiung und volle Erleuchtung.

Mit der Zeit wurden diese Erlangungen immer rarer. Heutzutage können nur sehr wenige Menschen Buddhas unmittelbar sehen, und es ist äußerst schwierig geworden, Ruhiges Verweilen, Hellsicht oder andere spirituelle Realisationen zu erlangen. Dies ist ein klares Anzeichen dafür, dass wir in spirituell degenerierten Zeiten leben. Es ist nicht nur beschwerlicher geworden, spirituelle Realisationen zu erlangen, sondern wir sind zusätzlich vielen Schwierigkeiten und Gefahren ausgesetzt, die es früher nicht gab. Die politische Situation der Welt ist heutzutage sehr instabil, und durch die starke Zunahme immer gefährlicherer Waffen ist das Leben der Menschen bedrohter als je zuvor. Trotz der Fortschritte in der modernen Medizin tauchen neue Krankheiten auf und alte kehren zurück. Jedes Jahr sterben immer mehr Menschen an den direkten oder indirekten Folgen der Umweltverschmutzung und sogar Errungenschaften wie Autos, Strom oder die Medizin, die wir normalerweise als hilfreich empfinden, erweisen sich als potentielle Ursachen eines vorzeitigen Todes.

Früher waren die Menschen im Großen und Ganzen spirituell eingestellt, heutzutage hingegen ist die Weltanschauung der meisten Leute zunehmend undifferenziert und materiell orientiert. Es ist sehr schwierig, Menschen zu finden, die reine und korrekte Sichtweisen vertreten. Fast jeder vertritt Einstellungen, die mit einer spirituellen Entwicklung unvereinbar sind. Manche Leute neigen ganz natürlich zu falschen Sichtweisen, während andere sie von ihrer Familie oder von engen Freunden oder auch im Laufe ihrer Schulbildung erwerben. Nur sehr wenige Menschen schaffen es, sich dem Einfluss falscher Sichtweisen vollkommen zu entziehen.

Unsere Verblendungen sind heutzutage sehr ausgeprägt und schwer zu kontrollieren. Wir verfügen über so wenig inneren Frieden, dass es uns selten gelingt, selbst für nur wenige Stunden einen friedvollen Geist zu genießen. Wenn wir unseren Geist überprüfen, werden wir feststellen, dass wir fast ständig in einem Zustand des Unbehagens und der Angst leben. Sobald wir aufhören, uns über die eine Sache Sorgen zu machen, beunruhigt uns bereits eine andere. Unsere Verblendungen lassen uns keine Ruhe. Unser Geist macht uns zu schaffen, und wir erfahren nur sehr wenig wahres Glück. Unser Leben ist äußerst hektisch und kompliziert, angefüllt mit einer zunehmenden Vielfalt von Ablenkungen. Selbst wenn wir Zeit zum Entspannen haben, neigen wir dazu, den Fernseher oder das Radio einzuschalten, und sind somit einer Vielzahl von sich ständig ändernden Bildern und Geräuschen ausgesetzt. Wir haben uns so daran gewöhnt, von der Außenwelt stimuliert zu werden, dass es uns schwer fällt, still zu sein, um die Ruhe unseres eigenen Geistes zu genießen. Unsere Konzentrationsfähigkeit nimmt stetig ab, und es wird immer schwieriger, sich auf die innere Entwicklung zu konzentrieren, wie z. B. das Fördern reiner Sichtweisen und reiner Absichten.

Unsere Welt wird immer gefährlicher und verschmutzter, während innerlich unser Geist verrohter und unkontrollierbarer wird. Obwohl solche Umstände die herkömmliche spirituelle Praxis sehr erschweren, können wir, wenn wir den Anweisungen folgen, die in den *Acht Versen* enthalten sind, alle diese Widrigkeiten in den Pfad zur Erleuchtung umwandeln und glücklich inmitten dieser unreinen Welt leben. Anstatt ein Hindernis für unseren spirituellen Fortschritt zu sein, können die Unreinheiten dieses Zeitalters unsere spirituelle Praxis nähren. Ich bin davon überzeugt, dass es heute sehr schwierig ist, wahren Frieden und wahres Glück zu finden, ohne diese Unterweisungen zu praktizieren.

Atishas Lehrer Dharmarakshita verglich Samsara mit einem Wald giftiger Pflanzen, da wir ständig von attraktiven und unattraktiven Objekten umgeben sind, die die geistigen Gifte der Anhaftung und Wut stimulieren. Er verglich die Menschen, die nicht in der Lage sind, ihre widrigen Umstände in den spirituellen Pfad umzuwandeln, mit Krähen, die giftige Pflanzen nicht fressen können. Praktizierende der Geistesschulung hingegen sind wie Pfaue, von denen es heißt, dass sie von Pflanzen, die für andere Vögel giftig sind, prächtig gedeihen, denn sie können sowohl attraktive als auch unattraktive Objekte in den spirituellen Pfad umwandeln. Praktizierende des Lojong können attraktive Objekte genießen, ohne Anhaftung zu entwickeln, und sie kommen mit unattraktiven Objekten, wie Krankheit und anderen widrigen Umständen, gut zurecht, ohne ärgerlich oder entmutigt zu werden. Ganz gleich welche Umstände auftreten, Lojong-Praktizierende können sie genießen und nutzen. Da wir in diesen degenerierten Zeiten ständig von Objekten der Anhaftung und der Abneigung umgeben sind, müssen wir auf jeden Fall lernen, sie in den spirituellen Pfad umzuwandeln, indem wir unseren Geist schulen.

Durch die Praxis von Langri Tangpas Lojong-Unterweisungen haben wir eine wunderbare Gelegenheit, wahren inneren Frieden zu finden, indem wir unser Festhalten am Selbst und unsere Selbst-Wertschätzung, die Hauptursachen aller unserer Leiden, zerstören. Dies ist mit anderen Methoden nur sehr schwer zu erreichen. Aus diesem Grund vergleicht Geshe Chekhawa am Anfang der *Geistesschulung in sieben Punkten* – seinem Kommentar zu den *Acht Versen* – die Lojong-Unterweisungen mit einem Diamanten, der Sonne und einem Medizinbaum. Sie gleichen einem Diamanten, denn so wie selbst ein kleines Stück eines Diamanten wertvoll ist, so hat auch das Praktizieren nur eines Bruchteils der Lojong-Anweisungen große Kraft, unseren Geist zu verändern. Sie sind mit der Sonne vergleichbar, denn so wie die ersten paar Sonnenstrahlen der aufgehenden Sonne die morgendliche Dunkelheit erhellen, so lichtet auch eine oberflächliche Erfahrung nur eines Teiles dieser Unterweisungen die innere Dunkelheit unserer Unwissenheit; und so wie volles Sonnenlicht alle Dunkelheit vollends vertreibt, so überwindet eine tiefe Erfahrung der gesamten Praxis des Lojong unsere Unwissenheit vollkommen. Sie ähneln einem Medizinbaum, denn so wie jeder Teil eines solchen Baumes heilende Eigenschaften hat, so hat auch jeder Teil dieser Unterweisungen die Kraft, die innere Krankheit unserer Verblendungen zu heilen.

Ich könnte über viele Seiten hinweg damit fortfahren, die guten Eigenschaften dieser Unterweisungen zu erklären, aber der einzige Weg, wie Sie sie wirklich schätzen lernen, ist, sie in die Praxis umzusetzen und selbst ihre Vorteile zu erfahren. Wie Geshe Chekhawa sagt: «Die Bedeutung dieses Textes sollte erkannt werden.» Er meint damit, dass wir die ausgezeichneten Eigenschaften in ihrer Gesamtheit nur verstehen werden, wenn wir die Bedeutung dieser Anweisungen begreifen und sie in die Praxis umsetzen. Ein Ladenbesitzer beispielsweise mag versuchen, uns von der außergewöhnlichen Qualität einer bestimmten Teesorte zu überzeugen, aber der einzige Weg, sicher zu sein, dass der Tee wirklich so gut ist wie er behauptet, ist, ihn selbst zu kosten.

Wir wissen aus unserer eigenen Erfahrung, dass wir niemals reinen Frieden und reines Glück durch materielle Dinge gewinnen können. Ganz gleich wie perfekt wir unser äußeres Umfeld gestalten, solange wir in Samsara bleiben, werden uns weiterhin Probleme stören. Tatsächlich scheint es oft so, dass wir um so mehr Problemen begegnen, je mehr Gewicht wir auf materiellen Gewinn legen. Reines Glück kann nur erlangt werden, wenn wir unseren Geist entwickeln. Indem wir die Qualität unserer Liebe, unseres Mitgefühls und der Weisheit verbessern, können wir allmählich sämtliche Leiden und Probleme beseitigen und schließlich die immerwährende Freude der vollen Erleuchtung erlangen. Wenn Sie die Lojong-Anweisungen in Ihrem täglichen Leben beherzigen, garantiere ich, dass Sie den inneren Frieden und die innere Freude finden werden, wonach alle suchen. Wenn Sie dies verstehen, sollten Sie den festen Entschluss fassen, diesen Anweisungen zu folgen.

Asanga

Die vorbereitenden Übungen

Innere Realisationen entspringen weder magisch der Erde, noch fallen sie vom Himmel. Um tiefe Erfahrungen der Übungen zu sammeln, die in den *Acht Versen* erklärt werden, sind bestimmte innere Bedingungen nötig, die wir schaffen können, indem wir die vorbereitenden Übungen ausführen. So wie ein Bauer die Erde vorbereiten muss, bevor er sein Feld bestellt, so müssen auch wir unseren Geist vorbereiten, bevor wir uns eine Ernte spiritueller Realisationen erhoffen können. Es gibt viele Leute, die an der Meditation sehr interessiert sind, aber da sie die Bedeutung der vorbereitenden Übungen nicht verstehen, vernachlässigen sie diese, und sind dann enttäuscht, wenn ihre Bemühungen in der Meditation erfolglos bleiben. Sie gleichen einem Bauern, der es versäumt hat, sein Feld zu jäten, zu düngen oder zu bewässern, und dennoch erwartet, dass seine Aussaat gedeiht. Je gewissenhafter wir die vorbereitenden Übungen ausführen, desto leichter werden wir die Realisationen der Praxis der Geistesschulung erlangen. Die vorbereitenden Übungen werden nicht ausdrücklich im Urtext erwähnt, werden aber in vielen Kommentaren späterer tibetischer Lehrer des Buddhismus erklärt.

Die vorbereitenden Übungen haben drei Funktionen: Sie reinigen unseren Geist von Negativität, sie sammeln Verdienste oder positive geistige Energie an und sie helfen uns, die Segnungen der Buddhas und Bodhisattvas zu empfangen. Unseren Geist zu reinigen gleicht dem Entfernen von Steinen und Unkraut aus einem Feld, bevor die

Aussaat erfolgt. Zur Zeit ist unser Geist durch die Prägungen negativer Gedanken und die Potentiale aller nichttugendhaften Handlungen, die wir in der Vergangenheit begangen haben, verunreinigt. Bis wir diese Negativität mittels einer Reinigungspraxis aus unserem Geist entfernt haben, wird sie das Wachstum tugendhafter Eigenschaften behindern und unsere Meditation wird erfolglos bleiben.

Zweitens müssen wir unserem Geist die Kraft geben, das Wachstum von Dharma-Realisationen zu unterstützen, indem wir Verdienste ansammeln. Verdienste sind die positive Energie, die durch tugendhafte Handlungen erzeugt wird. So wie gut gedüngter Boden eine reiche Ernte hervorbringen wird, so werden auch wir eine überreiche Ernte spiritueller Realisationen einbringen, sofern unser Geist mit Verdiensten angereichert ist.

Drittens müssen wir die Segnungen der heiligen Wesen empfangen. Wenn unser Geist nicht mit einem Regen von Segnungen oder inspirierender Energie der Buddhas und Bodhisattvas bewässert wird, bleibt er wie ein trockenes Feld, in dem die Samen der spirituellen Realisationen, die durch die Meditation gesät wurden, nicht wachsen können. Um Segnungen zu empfangen, müssen wir starkes Vertrauen und Hingabe gegenüber den heiligen Wesen entwickeln und sie darum bitten, unseren Geist zu segnen. Empfängt unser Geist die Segnungen der heiligen Wesen, aktiviert dies unsere tugendhaften Potentiale, so wie Regen eine Wüste zum Leben erweckt, und spirituelle Realisationen wachsen in unserem Geist heran.

Wenn wir unseren Geist gut vorbereiten, indem wir Negativität reinigen, Verdienste ansammeln und Segnungen empfangen, werden unsere Meditationen sehr erfolgreich sein. Eine einfache Weise, dies zu tun, ist, jede Meditationssitzung über die Geistesschulung mit der Rezitation der Gebete *Essenz des Glücks*, die sich in Anhang III befinden, zu beginnen, und dabei über ihre

Bedeutung nachzudenken und die entsprechenden Visualisierungen auszuführen. Wer weniger Zeit zur Verfügung hat, kann in Anhang III eine verkürzte Praxis namens *Gebete für die Meditation* finden. Beide Gebete enthalten die sechs vorbereitenden Übungen für eine erfolgreiche Meditation. Diese sind:

1. Die Reinigung des Meditationsraumes und das Errichten eines Altars
2. Das Aufstellen schöner Darbringungen
3. Das Sitzen in der korrekten Meditationshaltung, die Zufluchtnahme und das Erzeugen von Bodhichitta
4. Das Feld für die Ansammlung von Verdiensten visualisieren
5. Das Darbringen der siebengliedrigen Praxis und des Mandalas
6. Die heiligen Wesen um ihre Segnungen bitten

Die Anweisungen über die sechs vorbereitenden Übungen beruhen auf den *Sutras der Vollkommenheit der Weisheit*. Atisha erhielt diese Anweisungen von seinem Guru, Lama Serlingpa, und von da an erblühte diese Tradition in der ganzen Kadampa-Welt.

Sowohl *Essenz des Glücks* als auch *Gebete für die Meditation* enthalten die Praxis des Guru-Yogas, die das Tor zum Empfangen der Segnungen aller Buddhas und Bodhisattvas ist. In dieser spezifischen Guru-Yoga-Praxis visualisieren wir Buddha Shakyamuni im Raume vor uns, umgeben von allen Buddhas und Bodhisattvas. Indem wir uns auf Buddha Shakyamuni konzentrieren, den wir als eins mit unserem Guru oder Spirituellen Meister ansehen, entwickeln wir Vertrauen und bitten um seine Segnungen. Wenn wir diese Gebete als eine Vorbereitung zur Meditation über die *Acht Verse* rezitieren, ist es glückverheißend eine kleine Änderung an der Visualisierung vorzunehmen. Beim Herzen Guru Buddha Shakyamunis visualisieren wir Buddha Amitabha, der einen rötlichen Körper hat; er sitzt und hält seine zwei Hände in der Geste des meditativen Gleichgewichtes. Oder aber wir visualisieren Buddha Amitabha anstatt Buddha Shakyamuni. Der Grund für diese leichte Änderung ist, dass wir unsere Verbindung zu Bodhisattva Langri Tangpa stärken können, der, wie bereits erklärt, eine Emanation Buddha Amitabhas ist. Diese Art der Visualisierung hilft uns, größeres Vertrauen in den Autor dieser Verse und in seine Anweisungen zu entwickeln, und dies wird uns helfen, seine inspirierenden Segnungen schneller zu empfangen.

Buddha Amitabha wird der «Vajra-Rede-Buddha» genannt, was darauf hinweist, dass er die Manifestation der Rede aller Buddhas ist. In Zukunft werden alle Lebewesen diesem Buddha im Aspekt eines gewöhnlichen Wesens begegnen, der sie entlang des Pfades zur Erleuchtung führen wird. Buddha Amitabha, Buddha Amitayus und Buddha Vajradharma sind von gleicher Natur, zeigen aber einen anderen Aspekt. Auf dem Scheitel Avalokiteshvaras, des Buddhas des Mitgefühls, befindet sich immer Buddha Amitabha, sein Spiritueller Meister. Auf den Scheiteln aller getreuen Schüler befindet sich in gleicher Weise immer Buddha Amitabha, ihr Spiritueller Meister.

Abgesehen von dieser Änderung an der Visualisierung sind die übrigen vorbereitenden Übungen identisch. Es folgt nun eine kurze Erklärung der sechs vorbereitenden Übungen.

DIE REINIGUNG DES MEDITATIONSRAUMES UND DAS ERRICHTEN EINES ALTARS

Die Reinigungspraxis

Wir wissen aus eigener Erfahrung, dass eine schmutzige und unordentliche Umgebung unseren Geist oft nachteilig beeinflusst und an unseren Kräften zehrt, während eine saubere und ordentliche Umgebung unsere Stimmung hebt und unseren Geist klar und dynamisch macht. Wenn man Gäste zu sich nach Hause einlädt, ist es selbstverständlich, dass man ihnen Respekt erweist, indem man sich bemüht, das Haus vorher zu reinigen. In unserer Meditationssitzung laden wir alle Buddhas und Bodhisattvas ein, vor uns zu erscheinen, unsere Darbringungen und Gebete anzunehmen und uns bei unserer Meditation zu helfen; es ist daher ganz natürlich, dass wir uns vor Beginn unserer Sitzung etwas Zeit zum Reinigen des Meditationsraumes nehmen sollten.

Nachdem wir uns aktiv darum bemüht haben, unser Zimmer zu säubern, sollten wir uns nun vorstellen, dass sich unsere Umgebung in das Reine Land eines Buddhas verwandelt. Wir haben das Gefühl, dass alle erleuchteten Wesen erfreut sind, unserer Meditation beizuwohnen und dass unser Geist klar und konzentriert wird. Es ist sehr hilfreich, sich an die Geschichte Lam Chungs zu erinnern, dessen einzige Übung darin bestand, den Boden des Tempels zu fegen. Indem er sich vorstellte, dass er seine Verblendungen wegfegte, verbrachte Lam Chung seine Zeit ausschließlich damit, den Tempel zu säubern, und dadurch befreite er sich von seinen karmischen Behinderungen, empfing Buddhas tiefgründige Segnungen und entwickelte spontan hohe Realisationen. Diese Geschichte wird ausführlich im *Freudvollen Weg* beschrieben.

Das Errichten eines Altars

Wenn es uns möglich ist, wäre es sehr wünschenswert, einen Altar mit Darstellungen von Buddhas Körper, Rede und Geist zu errichten. Ein Altar stellt den Mittelpunkt unseres Glaubens dar und dient als ständige Erinnerung an die Buddhas, durch deren Güte alle Lebewesen die Gelegenheit haben, dauerhaften inneren Frieden und das höchste Glück der Erleuchtung zu erlangen.

Um Buddhas Körper darzustellen, stellen wir in der Mitte unseres Altars ein Bild oder eine Statue Buddha Shakyamunis auf und gegebenenfalls von anderen heiligen

Wesen, die eine besondere Beziehung zu unserer täglichen Praxis haben. Auf die linke Seite des Altars können wir ein Dharma-Buch legen, um Buddhas Rede darzustellen; und auf die rechte Seite des Altars können wir einen Stupa stellen, um Buddhas Geist zu repräsentieren.

Wenn wir zu den Drei Juwelen Zuflucht nehmen, verpflichten wir uns, alle Bildnisse Buddhas als echte Buddhas und alle Dharma-Bücher als wirkliche Dharma-Juwelen zu betrachten. Es ist daher sehr wichtig, die Bildnisse Buddhas und Dharma-Bücher mit Respekt zu behandeln. Wir sollten sie auf einem sauberen und erhöhten Platz dekorativ aufstellen und sie nicht achtlos wie eine Tasse Tee absetzen. Dharma-Bücher sind unentbehrliche Hilfsmittel, um unsere Unwissenheit, den Ursprung unserer gesamten Probleme, zu vertreiben. Behandeln wir sie jedoch respektlos, wird sich unsere Unwissenheit nur vergrößern. Wir sollten deshalb Dharma-Bücher nicht auf dem Fußboden liegen lassen, über sie hinweg schreiten oder sie unter gewöhnliche Bücher oder Zeitschriften legen.

Eine der besten Methoden, unser Vertrauen in die Buddhas zu vergrößern und ihre Segnungen zu empfangen, ist, ein Bildnis Buddhas immer wieder zu betrachten und es als einen wirklichen Buddha anzusehen, der unvergleichlich gütig zu allen Lebewesen ist. Wenn wir beispielsweise eine Buddha-Statue sehen, sollten wir sie nicht als einen Gegenstand aus Metall oder Stein ansehen oder auf ihre künstlerischen Mängel oder Vorzüge achten, sondern uns vorstellen, dass wir in der Gegenwart eines wirklichen, lebendigen Buddhas sind und tiefes Vertrauen entwickeln. Bildnisse Buddhas auf diese Weise zu betrachten ist, als ob wir ein Fenster in unserem Geist öffneten, durch das die Segnungen der heiligen Wesen eintreten können. Diese besondere Betrachtungsweise der Buddha-Bildnisse beruht auf Weisheit, nicht auf Unwissenheit und dient dazu, unser Vertrauen zu vergrößern und Segnungen zu empfangen.

Die Darstellungen von Buddhas Körper, Rede und Geist sind derart gesegnet, dass unser Geist durch ihren bloßen Anblick gesegnet wird, selbst wenn wir kein Vertrauen haben. Es lebte einmal ein Mann namens Shri Datta, der viele äußerst negative Handlungen begangen hatte, so versuchte er u. a. auch Buddha zu vergiften. Viele Jahre später, als alter Mann, begann Shri Datta sich für Dharma zu interessieren und bat Buddha um die Ordination. Es heißt, dass wir zumindest etwas tugendhaftes Potential besitzen müssen, das eine Ursache für die Befreiung ist, um die Ordination zu empfangen. Als aber hellsichtige Schüler Buddhas Shri Datta untersuchten, war es ihnen unmöglich, auch nur ein einziges derartiges Potential zu finden, und so erklärten sie ihn als ungeeignet für die Ordination. Diese Schüler jedoch konnten die subtilen Potentiale nicht sehen, die nur von erleuchteten Wesen wahrgenommen werden können. Als Buddha in Shri Dattas dunklem Geist nachschaute, sah er ein winziges Potential für Tugend und sagte zu seinen Schülern: «Vor vielen Äonen war Shri Datta eine Fliege, die auf etwas Pferdedung in der Nähe eines Stupas von Buddha landete. Es regnete stark und das Wasser schwemmte den Dung zusammen mit der Fliege um den Stupa herum. Obwohl die Fliege nicht die Absicht hatte, den Stupa zu umkreisen, erhielt sie trotzdem Buddhas Segnungen einzig und allein durch den Anblick des Stupas, und dies hinterließ ein tugendhaftes Potential in ihrem Geist, Befreiung zu erlangen.» Buddha gewährte ihm daraufhin die Ordination. Infolgedessen vergrößerte sich Shri Dattas positives Potential, und er erlangte Befreiung noch im selben Leben.

Die Lamrim-Unterweisungen besagen, dass bereits das Sehen eines Buddha-Bildnisses ein Potential im Geist hinterlässt, das eine definitive Ursache für die Erleuchtung ist und durch nichts zerstört werden kann. Dieses Potential wird mit einem winzigen Diamanten verglichen, der, wenn er verschluckt wird, unbeschmutzt durch körperliche Unreinheiten unseren Körper unversehrt durchläuft.

Weil Buddha ein vollkommen reines Objekt ist, ganz und gar jenseits von Samsara, hat die Prägung, ein Bildnis von ihm zu sehen, eine besondere Eigenschaft, die nicht zu Samsara gehört und die, selbst wenn sie in einem Geist voller Verblendungen hinterlassen wird, nicht beeinträchtigt oder zerstört werden kann. Diese Prägung oder dieses Potential wird auch mit einem Funken verglichen, der die Kraft hat, ein Feuer zu entzünden, das im Laufe der Zeit einen Heuhaufen so groß wie die ganze Welt niederbrennt. Wir haben gesehen, wie durch die Prägung, einen Stupa zu betrachten, Shri Datta den Wunsch erzeugen konnte, den Pfad zur Befreiung einzuschlagen, und dann durch die Dharma-Praxis alle Verblendungen aus seinem Geist ausmerzen konnte.

Anhand dieser Beispiele können wir verstehen, dass das Betrachten von Buddha-Bildnissen die gleiche Funktion erfüllt, wie wirkliche, leibhaftige Buddhas zu sehen. In ähnlicher Weise haben Darbringungen und Verbeugungen, die vor Bildnissen Buddhas gemacht werden, die gleiche Funktion wie Darbringungen und Verbeugungen vor leibhaftigen Buddhas. Beide führen zu der gleichen Anzahl von Verdiensten. Aus diesem Grund wird es für so wichtig gehalten, in buddhistischen Tempeln eine große und schöne Statue von Buddha aufzustellen, denn jeder Besucher des Tempels, der die Statue sieht, schafft die Ursachen für Befreiung und Erleuchtung.

DAS AUFSTELLEN SCHÖNER DARBRINGUNGEN

Wir können vor den Bildnissen Buddhas auf dem Altar schöne Darbringungen, wie Blumen, Räucherwerk, Lichter und Speisen, aufstellen sowie Schalen mit Wasser, das wir als reinen Nektar betrachten. Wir können uns außerdem vorstellen, dass sich alle Objekte des Vergnügens der Menschen und Götter, wie Gärten, Paläste, Berge und Seen, in reine und kostbare Darbringungen für die Buddhas verwandeln.

Der Sinn unserer Darbringungen an die Buddhas besteht nicht darin, ihnen etwas zu schenken, weil sie es benötigen, sondern liegt in der Wirkung, die diese Gaben auf unseren eigenen Geist haben. Es gibt viele Menschen, die schöne Blumen auf die Gräber ihrer Verstorbenen legen, und obwohl der Tote nicht anwesend ist und somit aus ihren Darbringungen keinen Nutzen ziehen kann, können wir nicht sagen, dass diese Taten sinnlos sind. Um so bedeutungsvoller ist es deshalb, vertrauensvoll schöne Darbringungen vor Buddha-Bildnissen zu machen, da die Buddhas wirklich anwesend sind und sich an unseren Darbringungen erfreuen.

Da ein Buddha die allwissende Weisheit erlangt hat, ist es ihm bekannt, wann wir Darbringungen an ihn machen. Außerdem haben Körper und Geist eines Buddhas die gleiche Natur, und wo immer sich sein Geist befindet, ist auch sein Körper. Unser eigener Körper und Geist sind von unterschiedlicher Natur. Unser Geist wird nicht durch physische Behinderungen eingeschränkt, unser Körper dagegen schon. Unser Geist kann mit Leichtigkeit im Universum herumstreifen, unser Körper aber muss auf der Erde bleiben. Weder der Geist noch der Körper eines Buddhas werden von Materie behindert, deshalb können sich beide frei bewegen. Da der Geist eines Buddhas mit der endgültigen Natur aller Phänomene vermischt und von den Behinderungen zur Allwissenheit befreit ist, durchdringt er alle Phänomene; und weil sein Körper und Geist von gleicher Natur sind, kann auch sein Körper alles durchdringen. So können wir verstehen, dass Buddhas allgegenwärtig sind und dass es keinen Ort gibt, an dem Buddha nicht anwesend ist. Buddhas gleichen der Sonne, und unsere Unwissenheit gleicht den Wolken, die die Sonne verhüllen. Wenn sich die Wolken auflösen, erkennen wir, dass die Sonne in Wirklichkeit die ganze Zeit über geschienen hat, und ähnlich verhält es sich, wenn wir die Wolken unserer Unwissenheit von unserem Geist

Manjushri

entfernen, dann nämlich erkennen wir, dass wir ständig von Buddhas umgeben waren.

DAS SITZEN IN DER KORREKTEN MEDITATIONSHALTUNG, DIE ZUFLUCHTNAHME UND DAS ERZEUGEN VON BODHICHITTA

Das Sitzen in der korrekten Meditationshaltung

Obwohl Meditation eine geistige Handlung ist und keine körperliche oder sprachliche, ist es wichtig, während der Meditation in einer korrekten Haltung zu sitzen, da Körper und Geist eng miteinander verbunden sind. Eine solche Haltung wird uns helfen, einen klaren und konzentrierten Geist beizubehalten. Benutzen wir ein Kissen, so sollten wir versuchen, mit gekreuzten Beinen zu sitzen, im Idealfall in der Vajra-Haltung, wobei wir beide Füße auf dem gegenüberliegenden Oberschenkel ruhen lassen. Ist dies jedoch zu schwierig, sollten wir eine Haltung einnehmen, die ihr am ehesten entspricht und dennoch bequem ist. Sitzen wir auf einem Stuhl, sollten unsere Füße auf dem Boden ruhen. Unser Rücken ist gerade und die rechte Hand sollte in der linken liegen, die Handflächen sind nach oben gerichtet und die leicht erhobenen Daumenspitzen sollten sich auf der Höhe des Nabels sanft berühren. Der Mund bleibt leicht geschlossen und die Zunge berührt die Rückseite der oberen Zähne. Der Kopf ist leicht nach vorne geneigt, die Augen sind ein wenig geöffnet und die Schultern sind gerade. Während formeller Meditationssitzungen sollten wir versuchen, diese Haltung einzunehmen, doch in der Regel können wir in jeder Position und zu jeder Zeit meditieren – während des Essens, beim Putzen, beim Ausruhen und so weiter.

Haben wir einmal die korrekte Meditationshaltung eingenommen, sollten wir versuchen, unseren Geist zu beruhigen, denn mit einem beschäftigten und abgelenkten Geist werden weder die vorbereitenden Übungen noch die eigentliche Meditation über die Geistesschulung erfolgreich sein. Um unsere Ablenkungen zu vertreiben, können wir die folgende einfache Atemmeditation ausführen. Während wir ausatmen, stellen wir uns vor, dass wir alle ablenkenden Gedanken in Form von dunklem Rauch ausatmen, der im Raum verschwindet; und während wir einatmen, stellen wir uns vor, dass wir die Segnungen aller Buddhas in Form von weißem Licht einatmen, das in unseren Körper eintritt und sich in unserem Herzen auflöst. Wir konzentrieren uns einsgerichtet auf den Vorgang des Ein- und Ausatmens, dabei atmen wir unsere Ablenkungen aus und atmen Buddhas Segnungen ein, bis unser Geist klar und friedvoll geworden ist. Zu diesem Zeitpunkt gleicht unser Geist einem sauberen weißen Tuch, das wir nun mit einer tugendhaften Motivation, wie Mitgefühl oder Bodhichitta, einfärben können.

Die Zufluchtnahme

Nachdem wir unseren Geist beruhigt haben, nehmen wir Zuflucht zu den Drei Juwelen. Die Drei Juwelen sind das Buddha-Juwel – alle voll erleuchteten Wesen –, das Dharma-Juwel – die spirituellen Realisationen, die sich durch das Praktizieren von Buddhas Unterweisungen entwickeln – und das Sangha-Juwel – die Höheren Praktizierenden, die die endgültige Wahrheit direkt erkannt haben. Während wir erkennen, dass nur diese Drei Juwelen die tatsächliche Kraft haben, Lebewesen vor Angst, Gefahr und Leid zu bewahren, stellen wir uns vor, dass sich im Raum vor uns der lebendige Buddha Shakyamuni befindet, umgeben von allen Buddhas und Bodhisattvas gleich dem Vollmond inmitten von Sternen. Erfüllt von großer Angst vor einer samsarischen Wiedergeburt und mit tiefem Vertrauen in die Kraft der Drei Juwelen, uns beschützen zu können, rezitieren wir das Zufluchtsgebet und entwickeln den festen Entschluss, uns auf Buddha, Dharma und Sangha zu verlassen, bis wir Erleuchtung erlangen.

Bodhichitta erzeugen

Anschließend erzeugen wir die Bodhichitta-Motivation. Der Wert unserer Meditation und in der Tat der Wert jeder tugendhaften Handlung hängt in erster Linie von der Motivation ab, mit der wir sie ausüben. Wenn wir lediglich mit der Motivation meditieren, uns zu entspannen und unsere körperliche Gesundheit zu verbessern, mag unsere Meditation zwar dieses Ziel erreichen, doch kann sie kaum als eine spirituelle Praxis angesehen werden. Die höchste Motivation von allen ist Bodhichitta, der Wunsch, Erleuchtung zu erlangen, um allen Lebewesen zu helfen. Wenn wir mit dieser Motivation meditieren, werden die Verdienste unserer Meditation grenzenlos sein. Um Bodhichitta zu erzeugen, denken wir wie folgt:

> *Da jedes einzelne Lebewesen im Gefängnis Samsaras gefangen ist, erfährt es in jedem seiner Leben ständige Gefahr und Angst und endloses Leiden. Wenn ich selbst Erleuchtung erlange, werden meine Emanationen alle Welten durchdringen und alle Lebewesen beschützen. Ich muss ein Buddha werden zum Wohle aller Lebewesen.*

Mit dieser Motivation rezitieren wir das Bodhichitta-Gebet dreimal.

Die Zufluchtnahme zu den Drei Juwelen ist das Tor, durch das wir in den Buddhismus allgemein eintreten, und das Erzeugen der Bodhichitta-Motivation ist das Tor, durch das wir in den Mahayana-Buddhismus eintreten. Da die Kraft unseres Bodhichittas von der Kraft unserer Liebe und unseres Mitgefühls abhängt, rezitieren wir nun das folgende Gebet aus der Tiefe unseres Herzens:

> *Mögen alle glücklich sein.*
> *Mögen alle frei von Leiden sein.*
> *Möge niemand je von Glück getrennt sein.*
> *Mögen alle Gleichmut besitzen, frei von Hass und Anhaftung.*

Mit Bodhichitta-Motivation führen wir dann die Übungen für die Ansammlung von Verdiensten, der Reinigung negativen Karmas, des Empfangens der Segnungen der Buddhas und der Kontemplation und Meditation über die *Acht Verse der Geistesschulung* aus.

DAS FELD FÜR DIE ANSAMMLUNG VON VERDIENSTEN VISUALISIEREN

Wir stellen uns vor, dass sich im Raum vor uns der lebendige Buddha Shakyamuni befindet, der von gleicher Natur ist wie unser Spiritueller Meister, umgeben von den Überlieferungslinien-Gurus, Buddhas, Bodhisattvas und anderen heiligen Wesen. Beim Herzen Buddha Shakyamunis ist Buddha Amitabha, der von gleicher Natur ist wie Geshe Langri Tangpa, der Autor der *Acht Verse der Geistesschulung*. Wir konzentrieren uns auf die Versammlung dieser heiligen Wesen, und sobald wir ein grobes geistiges Bild von ihnen wahrnehmen, meditieren wir eine Weile darüber. Diese Versammlung wird «Das Feld für die Ansammlung von Verdiensten» genannt, denn so wie die äußere Ernte in einem äußeren Feld aus Samen erwächst, genauso erwächst die innere Ernte der Verdienste oder des Glücks aus den Samen des Vertrauens und der Hingabe, die im Feld aller heiligen Wesen «gesät» wurden.

Obwohl sich diese heiligen Wesen in Wirklichkeit vor uns befinden, können wir sie aufgrund unserer Unwissenheit und unseres negativen Karmas nicht wahrnehmen. Dennoch können wir mit ihnen mittels der Visualisierung kommunizieren. Wenn wir es schwierig finden, die Buddhas zu visualisieren, oder wenn wir dabei keine besonderen Gefühle entwickeln, liegt dies daran, dass wir im tiefsten Herzen nicht daran glauben, dass sie wirklich anwesend sind. Wie aber zuvor erklärt, sind Buddhas überall. Sie zu visualisieren gleicht nicht einem kindlichen Phantasiespiel, sondern ist ein Mittel, unseren Geist für etwas empfänglich zu machen, was bereits vorhanden ist. Buddha Shakyamuni sagte: «Wenn mich jemand mit Vertrauen visualisiert, so bin ich da.» An einem bewölkten Tag können wir die Sonne zwar nicht direkt sehen, haben aber kein Problem damit, uns vorzustellen, dass sie hinter den Wolken scheint, weil wir wissen, dass sie dort ist. In gleicher Weise sollten wir keinen Zweifel daran haben, dass sich die Buddhas tatsächlich vor uns befinden, selbst wenn unsere Visualisierung sehr unklar ist. Wenn wir die Visualisierung mit der starken Gewissheit ausführen, dass die leibhaftigen Buddhas vor uns sind, wird unser Geist auf jeden Fall eine Verbindung zu ihnen herstellen, und allmählich wird sich unsere Visualisierung verbessern.

Am Anfang müssen wir die Buddhas nicht im Detail visualisieren, sondern wir sollten einfach glauben und darauf vertrauen, dass sie sich vor uns befinden. Durch die Kraft unseres Glaubens und unserer Vertrautheit werden wir allmählich die Buddhas mühelos visualisieren können. Wir haben keine Schwierigkeiten, unsere Mutter zu visualisieren, weil wir sie sehr gut kennen. Wenn wir Dharma-Unterweisungen studieren und Vertrauen in diese entwickeln und dadurch die Natur, die Funktionen und guten Eigenschaften der Buddhas besser verstehen, wird es auch einfacher für uns sein, die Buddhas zu visualisieren. Es ist auch wichtig, sich darüber klar zu werden, wie wir selbst ein Buddha werden können, denn wenn wir zuversichtlich sind, dass die Erleuchtung auch für uns möglich ist, werden wir uns auf ganz natürliche Weise denjenigen näher fühlen, die die Erleuchtung schon erlangt haben.

DAS DARBRINGEN DER SIEBENGLIEDRIGEN PRAXIS UND DES MANDALAS

Um Verdienste anzusammeln und Negativität zu reinigen, bringen wir jetzt die Übung der siebengliedrigen Praxis und das Mandala dar. Die siebengliedrige Praxis besteht aus: Verbeugungen, Darbringungen, Bekenntnis, sich erfreuen, inständige Bitte an die heiligen Wesen zu verweilen, Bitte um die Drehung des Dharma-Rades und Widmung.

Verbeugungen

Wir konzentrieren uns auf die Versammlung der Buddhas im Raum vor uns und mit einem Geist des tiefen Vertrauens und des Respekts legen wir unsere Handflächen auf der Höhe unseres Herzens zusammen und rezitieren die entsprechende Zeile aus dem Gebet der siebengliedrigen Praxis.

Darbringungen

Um unseren Geist mit der positiven Energie zu ermächtigen, die benötigt wird, allen Lebewesen zuliebe volle Erleuchtung zu erlangen, machen wir der Versammlung heiliger Wesen umfangreiche Darbringungen. Wir beschränken uns nicht nur auf die Darbringungen, die wir auf unserem Altar aufgestellt haben, sondern nutzen auch unsere Vorstellungsgabe, um ihnen alle Objekte des Vergnügens, die im ganzen Universum existieren, darzubringen, wie schöne Gärten, Seen, Bäume und Berge sowie die Sonne, den Mond und die Sterne.

Bekenntnis

In der Gegenwart der großen Mitfühlenden, der Versammlung der Buddhas, bekennen wir mit einem Geist des großen Bedauerns alle Nichttugenden und negativen Handlungen, die wir in diesem Leben und in zahllosen vergangenen Leben begangen haben, und wir versprechen, dass wir sie von nun an nicht mehr ausführen werden. Auf diese Weise reinigen wir unseren Geist von der Last des negativen Karmas und entfernen die wesentlichen Hindernisse auf dem Wege zur spirituellen Entwicklung.

Sich erfreuen

Sich erfreuen heißt, das Wohl, die Tugend und das Glück anderer zu schätzen und sich daran zu erfreuen. Wenn wir uns an den positiven Qualitäten anderer erfreuen, wird dies zur Folge haben, dass wir ähnliche Qualitäten entwickeln. Während wir alle Gefühle wie Eifersucht und Rivalität überwinden, sollten wir uns an den Tugenden aller Lebewesen erfreuen – derjenigen, die noch in Samsara sind, und derjenigen, die den spirituellen Pfad zur Erleuchtung vollendet haben. Alle heutigen Buddhas wanderten einst auf den schmerzhaften Pfaden Samsaras, so wie wir es jetzt noch immer tun. Durch ihr großes Bemühen jedoch betraten sie den Bodhisattva-Pfad und, indem sie sämtliche Stufen erklommen, erlangten sie die vollkommene Erleuchtung. Aus der Tiefe unseres Herzens erfreuen wir uns an ihren tugendhaften Erlangungen und beten darum, so zu werden wie sie.

Inständige Bitte an die heiligen Wesen zu verweilen

Ohne Spirituelle Meister, die Manifestationen von Buddhas Mitgefühl sind, um fühlende Wesen entlang des Pfades zur Befreiung zu führen, würde diese Welt in spirituelle Dunkelheit stürzen. Aus der Tiefe unseres Herzens bitten wir Buddhas Emanationen, bei uns zu bleiben bis Samsara endet.

Bitte um die Drehung des Dharma-Rades

Nachdem die Götter Brahma und Indra Buddha baten, das Rad des Dharmas zu drehen, lehrte er viele Methoden zur Heilung der Krankheit der Verblendungen, die inzwischen zahllosen Wesen die Befreiung von Leiden gebracht haben. Um sicherzustellen, dass diese Unterweisungen in unserer Welt bleiben, bitten wir die heiligen Wesen, den kostbaren Dharma zu lehren.

Widmung

Am Ende jeder tugendhaften Handlung sollten wir die Verdienste, die wir erworben haben, dem ungetrübten und vollkommenen Glück aller Lebewesen widmen. Wenn wir unsere Verdienste nicht auf diese Weise widmen, könnten sie leicht durch Wut oder andere starke Verblendungen zerstört oder durch die Erfüllung unserer egozentrischen Wünsche vergeudet werden. Indem wir jedoch unsere Verdienste unserer eigenen Erleuchtung und der Erleuchtung anderer widmen, sichern wir sie und gewährleisten, dass sie niemals versiegen. Insbesondere widmen wir alle unsere tugendhaften Handlungen, sowohl vergangene als auch gegenwärtige, so dass wir die Realisationen der *Acht Verse der Geistesschulung* und somit das höchste Glück der vollen Erleuchtung erlangen.

Diese sieben Übungen werden «Glieder» genannt, weil sie unsere Meditation unterstützen, so wie unsere Glieder unseren Körper unterstützen. Ohne Gliedmaßen können wir körperliche Handlungen nicht ausführen und in ähnlicher Weise können wir bei der Meditation ohne die Glieder des Ansammelns von Verdiensten und des Reinigens von Negativität nicht viel erreichen. Die Übungen der Verbeugungen, der Darbringungen, des inständigen Bittens und des Ersuchens, das Dharma-Rad zu drehen, sammeln Verdienste an; die Übungen des Sicherfreuens und der Widmung vervielfachen die Verdienste; und die Übung des Bekenntnisses reinigt negatives Karma. Eine detaillierte Erklärung der sieben Glieder ist im *Freudvollen Weg* zu finden.

Das Mandala darbringen

Das Wort «Mandala» bedeutet in diesem Zusammenhang «Universum». Wenn wir den heiligen Wesen ein Mandala darbringen, bringen wir alles dar – das gesamte Universum mit allen Wesen darin. Da die Verdienste, die wir erschaffen, wenn wir eine Darbringung machen, der Natur der Darbringung entsprechen, verwandeln wir, anstatt ein gewöhnliches, unreines Universum darzubringen, das ganze Universum geistig in ein Reines Land mit kostbaren Objekten, in dem reine Wesen leben. Wir stellen uns vor, dass wir dieses reine Universum in unseren Händen halten und bringen es allen erleuchteten Wesen dar. Auf diese weise bringen wir alles dar, was wir besitzen oder uns wünschen könnten. Mandala-Darbringungen sind sehr kraftvoll und wenn wir uns Glück und spirituelle Erlangungen wünschen, sollten wir jeden Tag ein Mandala darbringen. Eine detaillierte Erklärung über Mandala-Darbringungen befindet sich im *Führer ins Dakiniland*.

DIE HEILIGEN WESEN UM IHRE SEGNUNGEN BITTEN

Um Segnungen bitten

Das tibetische Wort für Segnung ist «jin gyi lab», was wörtlich «umwandeln» heißt. Wenn wir um Segnungen bitten, wünschen wir, dass unser Geist von einem Zustand der Nichttugend in einen Zustand der Tugend und von einem unglücklichen in einen glücklichen Zustand umgewandelt wird. Am wichtigsten jedoch ist, dass wir unseren Geist in den Geist eines erleuchteten Wesens umwandeln und aus diesem Grund bitten wir die heiligen Wesen darum, unserem Geist ihre Segnungen zu gewähren, damit wir die Realisationen der Stufen des Pfades zur Erleuchtung erlangen mögen. Deshalb rezitieren wir *Das Gebet der Stufen des Pfades* während wir uns auf seine Bedeutung konzentrieren.

Segnungen empfangen

Wir stellen uns nun vor, dass aufgrund unseres tiefempfundenen Bittens die heiligen Wesen ihre Segnungen gewähren, die in Form von Licht und Nektar aus ihren Herzen herabströmen. Diese treten in unseren Körper und

Geist ein, beseitigen unsere Negativität und Hindernisse, vermehren unsere Verdienste, unsere Lebenserwartung, unseren inneren Frieden und unsere Dharma-Realisationen. Wir meditieren eine kurze Zeit über diese Erfahrung.

Nachdem wir die Segnungen aller heiligen Wesen empfangen haben, stellen wir uns nun vor, dass alle heiligen Wesen, die Guru Buddha Shakyamuni umgeben, sich in Licht auflösen und sich in ihm sammeln. Er wiederum löst sich in Buddha Amitabha bei seinem Herzen auf, der zum Scheitel unseres Kopfes kommt. Wir verbeugen uns geistig und machen eine kurze Mandala-Darbringung an unseren Spirituellen Meister in Gestalt von Buddha Amitabha auf unserem Scheitel, und beten zu ihm, indem wir die *Acht Verse der Geistesschulung* rezitieren:

Mit der Absicht, das endgültige, höchste Ziel zu erreichen,
Das selbst das wunscherfüllende Juwel übertrifft,
Möge ich ohne Unterlass
Alle Lebewesen schätzen.

Wann immer ich mit anderen verkehre,
Möge ich mich selbst als den geringsten von allen sehen
Und mit einer perfekten Absicht
Möge ich andere über alles schätzen.

Während all meiner Handlungen untersuche ich mein Geisteskontinuum,
Und sobald sich eine Verblendung entwickelt,
Aufgrund derer ich mich oder andere sich unangemessen verhalten würden,
Möge ich ihr beharrlich gegenübertreten und sie abwenden.

Wann immer ich bedauernswerte Wesen sehe,
Auf denen Böses und schweres Leiden lastet,
Möge ich sie schätzen,
Als ob ich einen seltenen und kostbaren Schatz gefunden hätte.

Sogar wenn jemand, dem ich geholfen
Und in den ich große Hoffnungen gesetzt habe,
Mir grundlos Schaden zufügt,
Möge ich ihn als meinen heiligen Spirituellen Meister sehen.

Wenn andere mich aus Neid
Verletzen oder beleidigen,
Möge ich selbst die Niederlage annehmen
Und ihnen den Sieg anbieten.

Kurz gesagt, möge ich direkt und indirekt
Allen meinen Müttern Glück und Hilfe geben
Und im Geheimen allen Schaden
Und all ihr Leiden auf mich nehmen.

Möge ich außerdem durch alle diese Methodenübungen
Zusammen mit einem Geist, der unbefleckt ist von den Verunreinigungen der Vorstellungen der acht Extreme
Und der alle Phänomene als Illusion erkennt,
Von der Fessel fehlerhafter Erscheinung und Vorstellung befreit sein.

Wir rezitieren die *Acht Verse* mit tiefem Vertrauen zu Guru Amitabha und wiederholen den speziellen Vers dreimal, über den wir meditieren wollen. Wir stellen uns dann vor, dass durch die Kraft unseres Gebetes Licht- und Nektarströme von Guru Amitabhas Körper herabfließen, die unseren Körper und Geist von aller Negativität, von allen Verblendungen und Hindernissen befreien, und die unser Potential heranreifen lassen, um die Realisationen der Meditation zu erlangen. Dann führen wir die Meditation aus und schließen mit den entsprechenden Widmungsgebeten.

Nagarjuna

Andere schätzen lernen

Mit der Absicht, das endgültige, höchste Ziel zu erreichen,
Das selbst das wunscherfüllende Juwel übertrifft,
Möge ich ohne Unterlass
Alle Lebewesen schätzen.

Was ist das «endgültige, höchste Ziel» des menschlichen Lebens? Wir sollten uns fragen, was wir für das Wichtigste halten – was wünschen wir uns, wonach streben wir, wovon träumen wir? Für manche Leute ist es materieller Besitz, wie ein großes Haus mit den neuesten Luxusgegenständen, ein schnelles Auto oder ein gut bezahlter Job. Für andere ist es ein guter Ruf, gutes Aussehen, Macht, Zerstreuung oder Abenteuer. Viele versuchen den Sinn ihres Lebens in der Beziehung zu ihrer Familie und ihrem Freundeskreis zu finden. Alle diese Dinge können uns eine kurze Weile glücklich machen, aber sie können uns auch viele Sorgen und viel Leid bereiten. Sie können uns niemals das perfekte und dauerhafte Glück verschaffen, nach dem wir uns alle im tiefsten Herzen sehnen. Haben wir sie zum Hauptzweck unseres Lebens erkoren, so werden sie uns eines Tages im Stich lassen, da wir sie nicht mit uns nehmen können, wenn wir sterben. Weltliche Errungenschaften sind als Selbstzweck hohl; sie stellen nicht den eigentlichen Sinn des menschlichen Lebens dar.

Es heißt, dass der kostbarste weltliche Besitz das legendäre wunscherfüllende Juwel sei. In unserer degenerierten Zeit ist es unmöglich, ein solches Juwel zu finden; in der Vergangenheit jedoch, als Menschen noch eine Vielzahl von Verdiensten besaßen, gab es magische Juwelen, welche über die Kraft verfügten, Wünsche zu erfüllen. Diese Juwelen konnten jedoch nur Wünsche nach verunreinigtem Glück erfüllen – aber niemals das reine Glück gewähren, welches einem reinen Geist entspringt. Außerdem hatte ein wunscherfüllendes Juwel nur die Kraft, Wünsche innerhalb eines Lebens zu erfüllen – es konnte seine Besitzerin oder seinen Besitzer nicht in ihren oder seinen zukünftigen Leben beschützen. Somit ist sogar ein wunscherfüllendes Juwel letztendlich trügerisch.

Das einzige, was uns niemals täuschen wird, ist das Erlangen der vollen Erleuchtung. Nur indem wir Erleuchtung erlangen, können wir unser tiefstes Verlangen nach reinem und anhaltendem Glück befriedigen, denn in dieser unreinen Welt hat nichts die Kraft, diesen Wunsch zu erfüllen. Erst wenn wir ein voll erleuchteter Buddha sind, werden wir den tiefgründigen und anhaltenden Frieden erfahren, der durch eine beständige Beendigung aller Verblendungen und derer Prägungen erwächst. Dann werden wir frei sein von allen Fehlern und von geistiger Verdunkelung und die Eigenschaften besitzen, die nötig sind, um allen Lebewesen unmittelbar zu helfen. Wir werden dann ein Zufluchtsobjekt für alle Lebewesen sein. Mit diesem Verständnis können wir klar erkennen, dass das Erlangen der Erleuchtung das endgültige, erhabene Ziel und der wahre Sinn unseres kostbaren menschlichen Lebens ist. Da es unser größter Wunsch ist, immer glücklich und vollkommen frei zu sein von allen Fehlern und allen Leiden, müssen wir die feste Absicht entwickeln, Erleuchtung zu erlangen. Wir sollten denken: «Ich muss Erleuchtung erlangen, weil es nirgendwo in Samsara wahres Glück gibt.»

Die Hauptursache der Erleuchtung ist Bodhichitta, und die Wurzel von Bodhichitta ist Mitgefühl. Da die Entwicklung von Mitgefühl davon abhängt, andere zu schätzen, ist der erste Schritt zum höchsten Glück der Erleuchtung, andere schätzen zu lernen. Eine Mutter schätzt ihre Kinder, und wir mögen unsere Freunde bis zu einem gewissen Grad schätzen, aber diese Wertschätzung ist nicht unparteiisch und ist normalerweise mit Anhaftung verbunden. Wir sollten deshalb einen reinen Geist entwickeln, der alle Lebewesen ohne Voreingenommenheit oder Bevorzugung schätzt.

Ein jedes Lebewesen trägt den Samen oder das Potential in sich, ein Buddha zu werden – das ist unsere Buddha-Natur. In Buddhas Lehren haben wir die beste Methode gefunden, dieses Potential zu verwirklichen. Unsere Aufgabe ist es nun, diese Unterweisungen in die Praxis umzusetzen. Nur Menschen ist dies möglich. Tiere können für ihren Lebensunterhalt sorgen, ihre Feinde besiegen und ihre Familien beschützen, aber sie können den spirituellen Pfad weder verstehen noch ihm folgen. Es wäre sehr schade, wenn wir unser menschliches Leben nur darauf verwenden würden, das anzustreben, was auch Tiere erreichen können, und damit diese einzigartige Gelegenheit, eine Quelle des Nutzens für alle Lebewesen zu werden, verschwenden.

Wir haben die Wahl: Entweder fahren wir damit fort, unser Leben zu vergeuden, indem wir weltlichen Vergnügungen nachgehen, die uns keine wirkliche Befriedigung verschaffen und bei unserem Tod verschwinden, oder wir können unser Leben der Verwirklichung unseres vollen spirituellen Potentials widmen. Wenn wir uns bemühen, Buddhas Lehren zu folgen, werden wir auf jeden Fall Erleuchtung erlangen, unterlassen wir es jedoch, wird sich die Erleuchtung niemals von allein einstellen, ganz gleich wie lange wir warten. Um dem buddhistischen Pfad zur Erleuchtung zu folgen, ist es nicht nötig, unseren äußeren Lebensstil zu ändern. Wir brauchen unsere Familie, Freunde oder Freuden nicht aufzugeben und müssen uns nicht in eine Höhle in den Bergen zurückzuziehen.

Wir müssen lediglich das Objekt unserer Wertschätzung ändern.

Bisher haben wir unser eigenes Wohl über das Wohl anderer gestellt, und solange wir dies weiterhin tun, wird unser Leiden niemals enden. Lernen wir jedoch, alle Lebewesen mehr als uns selbst zu schätzen, werden wir schon bald die Glückseligkeit der Buddhaschaft genießen. Der Pfad zur Erleuchtung ist eigentlich ganz einfach – wir müssen lediglich aufhören, uns selbst zu schätzen, und lernen, andere zu schätzen. Alle weiteren spirituellen Realisationen ergeben sich dann von selbst.

Wir halten uns selbst instinktiv für wichtiger als alle anderen, während die erleuchteten Wesen andere für wichtiger erachten als sich selbst. Welche dieser zwei Betrachtungsweisen ist nützlicher? Seit anfangsloser Zeit sind wir in jedem unserer Leben Sklaven unseres Geistes der Selbst-Wertschätzung gewesen. Wir haben ihm blindlings vertraut und alle seine Befehle befolgt, im guten Glauben, dass der Weg, unsere Probleme zu lösen und Glück zu finden, darin bestehe, uns an die erste Stelle zu rücken. Wir haben so hart und so lange für uns selbst gearbeitet, doch was haben wir vorzuweisen? Haben wir alle unsere Probleme gelöst und das anhaltende Glück, nach dem wir uns sehnen, gefunden? Nein. Es ist offensichtlich, dass das Verfolgen unserer eigenen egoistischen Interessen uns getäuscht hat. Nachdem wir uns über so viele Leben hinweg unserer Selbst-Wertschätzung hingegeben haben, ist es nun an der Zeit, uns einzugestehen, dass es so schlichtweg nicht funktioniert. Jetzt ist es an der Zeit, das Objekt unserer Wertschätzung von uns selbst auf andere zu übertragen.

Bodhisattva Langri Tangpa und zahllose andere erleuchtete Wesen haben erkannt, dass sie Frieden und wahres Glück erfuhren, nachdem sie die Selbst-Wertschätzung aufgegeben hatten und ausschließlich andere schätzten. Wenn wir die Methoden anwenden, die sie lehrten, besteht kein Grund, warum wir nicht fähig sein sollten, es ihnen gleich zu tun. Wir können nicht erwarten, unseren Geist über Nacht zu ändern, aber durch geduldiges und konsequentes Praktizieren der Anweisungen, die in den *Acht Versen* enthalten sind, und gleichzeitiges Ansammeln von Verdiensten, Reinigen von Negativität und Empfangen von Segnungen können wir allmählich unsere gewöhnliche Haltung der Selbst-Wertschätzung durch die höchste Gesinnung, die alle Lebewesen schätzt, ersetzen.

Um dies zu erreichen, müssen wir zwar nicht unseren Lebensstil ändern, jedoch unsere Sichtweisen und Absichten. Allgemein sind wir der Auffassung, dass wir das Zentrum des Universums sind, und die Bedeutung anderer Menschen und Dinge ergibt sich in erster Linie daraus, wie sie sich auf uns auswirken. Unser Auto beispielsweise ist wichtig, nur weil es das *unsrige* ist, und unsere Freunde sind wichtig, weil sie *uns* glücklich machen. Fremde hingegen erscheinen uns nicht so wichtig, da sie sich nicht unmittelbar auf unser Glück auswirken. Wird das Auto eines Fremden beschädigt oder gestohlen, so sind wir nicht besonders betroffen. Wie wir in den folgenden Kapiteln sehen werden, beruht diese egozentrische Sichtweise der Welt auf Unwissenheit und steht nicht im Einklang mit der Wirklichkeit. Diese Sichtweise ist der Ursprung unserer gesamten gewöhnlichen, egoistischen Absichten. Gerade weil wir denken: «Ich bin wichtig, ich brauche dies, ich habe jenes verdient», begehen wir negative Handlungen, die zu einer endlosen Flut von Problemen für uns selbst und andere führen.

Indem wir die Anweisungen, die in den *Acht Versen* enthalten sind, befolgen, können wir eine realistische Weltanschauung entwickeln, die auf dem Verständnis beruht, dass alle Lebewesen gleich und voneinander abhängig sind. Wenn es uns gelingt, jedes einzelne Wesen als wichtig zu betrachten, werden wir den Lebewesen gegenüber ganz selbstverständlich gute Absichten entwickeln. Während die Geisteshaltung, die nur uns selbst schätzt, die Grundlage für alle unreinen, samsarischen Erfahrungen ist, stellt die Geisteshaltung, die andere wertschätzt, die Basis für alle guten Eigenschaften der Erleuchtung dar.

Andere zu schätzen ist gar nicht so schwierig – alles, was wir tun müssen, ist zu verstehen, warum wir andere schätzen sollten, und dann eine klare Entscheidung treffen, dies in die Tat umzusetzen. Indem wir über diese Entscheidung meditieren, werden wir ein tiefes und kraftvolles Gefühl der Wertschätzung für alle Lebewesen entwickeln. Dann bringen wir dieses besondere Gefühl in unser tägliches Leben ein.

Es gibt zwei Hauptgründe, warum wir alle Lebewesen schätzen sollten. Erstens haben sie uns große Güte entgegengebracht, und zweitens bringt uns das Wertschätzen anderer enorme Vorteile. Dies wird nun erklärt.

DIE GÜTE ANDERER LEBEWESEN

Alle Lebewesen verdienen es, geschätzt zu werden, weil sie uns enorme Güte erwiesen haben. Unser gesamtes vorübergehendes und endgültiges Glück entspringt ihrer Güte. Selbst unser Körper ist das Ergebnis der Güte anderer. Wir haben ihn nicht aus unserem vergangenen Leben mitgebracht – er entwickelte sich aus der Vereinigung des Spermas unseres Vaters und der Eizelle unserer Mutter. Nach unserer Empfängnis erlaubte uns unsere Mutter aus Güte im Mutterleib zu verweilen, nährte unseren Körper mit ihrem Blut und ihrer Wärme, erduldete großes Unwohsein und ertrug uns zuliebe schließlich den schmerzhaften Vorgang des Gebärens. Nackt und mit leeren Händen traten wir in diese Welt und bekamen sofort ein Zuhause, Essen, Kleidung und alles, was wir sonst noch benötigten. Als wir ein hilfloses Baby waren, beschützte uns unsere Mutter vor Gefahren, fütterte, wusch und liebte uns. Ohne ihre Güte wären wir heute nicht am Leben.

Indem wir ständig Essen, Trinken und Zuwendung erhielten, entwickelte sich unser winziger, hilfloser Babykörper allmählich zu dem Körper, den wir jetzt besitzen. Unsere Nahrung wurde direkt oder indirekt von zahllosen Lebewesen bereitgestellt. Jede Zelle unseres Körpers ist daher das Resultat der Güte anderer. Sogar diejenigen, die ihre Mutter nie kannten, haben Nahrung und liebevolle Zuwendung von anderen Menschen erhalten. Die bloße Tatsache, dass wir jetzt am Leben sind, ist Beweis für die große Güte anderer.

Alle Freuden und Möglichkeiten des menschlichen Lebens können wir aufgrund dieses gegenwärtigen und mit menschlichen Fähigkeiten ausgestatteten Körpers genießen. Selbst einfache Freuden, wie spazieren gehen oder einen schönen Sonnenuntergang betrachten, können als Folge der Güte unzähliger Lebewesen gesehen werden. Unsere Fertigkeiten und Fähigkeiten stammen alle aus der Güte anderer; man musste uns essen, laufen, sprechen, lesen und schreiben lehren. Sogar die Sprache, die wir sprechen, ist nicht unsere eigene Erfindung, sondern das Werk vieler Generationen. Ohne sie könnten wir mit anderen nicht kommunizieren oder Ideen austauschen. Wir könnten weder dieses Buch lesen, Dharma lernen noch klar denken. Alle Einrichtungen, die wir für selbstverständlich halten, wie Häuser, Autos, Straßen, Geschäfte, Schulen, Krankenhäuser und Kinos, werden ausschließlich durch die Güte anderer erschaffen. Wenn wir mit dem Bus oder Auto reisen, nehmen wir die Straßen als selbstverständlich hin, doch es haben viele Menschen sehr hart daran gearbeitet, sie zu bauen und sicher zu machen, damit wir sie benutzen können.

Die Tatsache, dass manche Leute, die uns helfen, gar nicht die Absicht haben, dies zu tun, ist irrelevant. Da wir Nutzen aus ihren Handlungen ziehen, erweisen sie uns, aus unserer Perspektive betrachtet, Güte. Anstatt sich mit ihrer Motivation zu befassen, die wir ohnehin nicht kennen, sollten wir uns auf den tatsächlichen Nutzen konzentrieren, der sich daraus ergibt. Jeder, der in irgendeiner Form zu unserem Glück und Wohl beiträgt, verdient unsere Dankbarkeit und unseren Respekt. Müssten wir alles zurückgeben, was wir von anderen empfangen haben, stünden wir mit leeren Händen da.

Wir mögen vielleicht argumentieren, dass wir Dinge nicht kostenlos erhalten, sondern dafür arbeiten müssen. Wenn wir einkaufen gehen, müssen wir bezahlen, und wenn wir in einem Restaurant essen, müssen wir die Rechnung begleichen. Wir verfügen vielleicht über ein Auto, jedoch mussten wir das Auto kaufen, und jetzt müssen wir für Benzin, Steuer und Versicherungskosten aufkommen. Niemand gibt uns etwas umsonst. Aber woher bekommen wir dieses Geld? Es ist wahr, dass wir im Allgemeinen für unser Geld arbeiten müssen, doch es sind andere, die uns einstellen oder unsere Ware kaufen, und somit sind sie es, die uns indirekt mit Geld versorgen. Zudem können wir eine bestimmte Arbeit nur verrichten, weil wir die notwendige Ausbildung oder Bildung besitzen, die wir von anderen erhalten haben. Wo immer wir auch hinschauen, erblicken wir nur die Güte anderer. Wir alle sind in einem Netz der Güte miteinander verflochten, von dem wir uns unmöglich trennen können. Alles, was wir besitzen und genießen, einschließlich unseres Lebens, entspringt der Güte anderer. Tatsächlich entsteht das ganze Glück der Welt durch die Güte anderer.

Auch unsere spirituelle Entwicklung und das reine Glück der vollen Erleuchtung hängen von der Güte anderer Lebewesen ab. Buddhistische Zentren, Dharma-Bücher und Meditationskurse fallen nicht einfach vom Himmel, sondern sind das Ergebnis harter Arbeit und der Hingabe vieler Menschen. Dass wir Buddhas Lehren lesen, über sie nachdenken und meditieren können, hängt völlig von der Güte anderer ab. Zudem können wir ohne Lebewesen, denen wir etwas geben, die unsere Geduld auf die Probe stellen und für die wir Mitgefühl entwickeln können, niemals die tugendhaften Eigenschaften entwickeln, die nötig sind, um Erleuchtung zu erlangen.

Kurz gesagt, wir benötigen andere für unser körperliches, emotionales und spirituelles Wohl. Ohne andere sind wir nichts. Unser Gefühl, eine Insel, ein unabhängiges, autarkes Individuum zu sein, ist weit von der Realität entfernt. Die Vorstellung, eine Zelle im unermesslichen Körper des Lebens zu sein, die individuell und doch eng mit allen Lebewesen verbunden ist, kommt der Wahrheit schon näher. Ohne andere können wir nicht existieren, und sie wiederum werden durch alles, was wir tun, beeinflusst. Der Gedanke, unser eigenes Wohl absichern zu können, gleichzeitig jedoch das Wohlergehen anderer zu vernachlässigen oder sogar auf ihre Kosten zu leben, ist vollkommen unrealistisch.

Indem wir über die unzähligen Arten der Hilfe nachdenken, die wir durch andere erfahren, sollten wir zum festen Entschluss kommen: «Ich muss alle Lebewesen schätzen, weil sie mir große Güte erweisen.» Aufgrund dieses Entschlusses entwickeln wir ein Gefühl der Wertschätzung – ein Gefühl, dass alle Lebewesen wichtig sind und dass ihr Glück von Bedeutung ist. Wir versuchen, unseren Geist einsgerichtet mit diesem Gefühl zu vermischen und es solange wie möglich aufrechtzuerhalten, ohne es zu vergessen. Wenn wir uns von der Meditation erheben, versuchen wir, dieses Gefühl der Liebe beizubehalten, so dass wir immer, wenn wir jemandem begegnen oder uns an jemanden erinnern, ganz spontan denken: «Diese Person ist wichtig, das Glück dieser Person ist von Bedeutung.» Auf diese Weise können wir das Schätzen von Lebewesen zu unserer Hauptpraxis machen.

DIE VORTEILE, ANDERE ZU SCHÄTZEN

Ein weiterer Grund dafür, dass wir andere schätzen sollten, besteht darin, dass dies die beste Methode ist, sowohl unsere eigenen als auch die Probleme anderer zu lösen.

Chandrakirti

Probleme, Sorgen, Schmerzen und Kummer sind Geistesarten; es sind Gefühle und sie existieren nicht außerhalb des Geistes. Wenn wir jeden, dem wir begegnen oder an den wir denken, schätzen, wird es keine Grundlage für die Entwicklung von Neid, Wut oder von anderen schädlichen Gedanken geben, und unser Geist wird die ganze Zeit friedvoll bleiben. Neid beispielsweise ist ein Geisteszustand, der das Glück eines anderen nicht ertragen kann; wenn wir jedoch diese Person schätzen, wie kann ihr Glück dann unseren Geist stören? Wie können wir den Wunsch hegen, anderen zu schaden, wenn wir doch das Glück eines jeden als von höchster Wichtigkeit erachten? Indem wir alle Lebewesen aufrichtig schätzen, werden wir immer mit liebender Güte handeln, auf freundliche und rücksichtsvolle Art, und sie werden unsere Liebenswürdigkeit erwidern. Andere werden sich uns gegenüber nicht unfreundlich verhalten, und es wird keine Grundlage für Konflikte oder Auseinandersetzungen geben. Unsere Mitmenschen werden uns mögen, und unsere Beziehungen werden sich stabiler und befriedigender gestalten.

Andere zu schätzen schützt uns außerdem vor den Problemen, die durch begehrende Anhaftung entstehen. Wir fühlen uns oft stark zu einer anderen Person hingezogen, von der wir das Gefühl haben, dass sie uns helfen wird, unsere Einsamkeit zu überwinden, indem sie uns den Trost, die Sicherheit oder die Abwechslung bietet, die wir ersehnen. Haben wir hingegen allen gegenüber eine liebevolle Geisteshaltung, fühlen wir uns nicht einsam. Anstatt uns an andere zu klammern, um unsere eigenen Wünsche zu befriedigen, werden wir den Wunsch haben, ihre Bedürfnisse und Wünsche zu erfüllen. Alle Lebewesen zu schätzen löst alle unsere Probleme, denn diese entspringen samt und sonders dem Geist der Selbst-Wertschätzung. Würde uns unser Partner oder unsere Partnerin jetzt zum Beispiel wegen einer anderen Person verlassen, so wären wir sicherlich sehr betroffen. Wenn wir jedoch beide wirklich schätzten, so würden wir uns wünschen, dass sie glücklich sind, und wir würden uns an ihrem Glück erfreuen. Somit gäbe es keine Grundlage für uns, eifersüchtig oder deprimiert zu sein; obwohl wir die Situation vielleicht als Herausforderung empfänden, würde sie für uns kein Problem darstellen. Andere zu schätzen bietet den höchsten Schutz vor Leiden und Problemen und ermöglicht es uns, stets ruhig und friedvoll zu bleiben.

Unsere Nachbarn und die Menschen in unserer unmittelbaren Umgebung zu schätzen führt ganz natürlich zu Harmonie in der Gemeinde und in der Gesellschaft insgesamt, und dies wiederum macht jeden glücklicher. Wir mögen zwar keine bekannte oder einflussreiche Persönlichkeit sein, doch wenn wir jeden, dem wir begegnen, aufrichtig schätzen, können wir einen nachhaltigen Beitrag zum Wohle unserer Gemeinde leisten. Dies trifft auch auf diejenigen zu, die den Wert der Religion abstreiten. Es gibt Leute, die nicht an vergangene und zukünftige Leben oder an heilige Wesen glauben, die aber trotzdem versuchen, Eigenliebe aufzugeben und dem Wohl anderer zu dienen. Das ist eine sehr positive Haltung, die zu guten Ergebnissen führen wird. Wenn eine Lehrerin ihre Schüler schätzt und frei von Eigenliebe ist, werden die Schüler sie respektieren und nicht nur den Stoff lernen, den sie unterrichtet, sondern auch die liebenswürdigen und bewundernswerten Eigenschaften übernehmen, die sie auszeichnen. Eine solche Lehrerin wird zwangsläufig ihr Umfeld in positiver Weise beeinflussen und ihre Anwesenheit wird vorteilhafte Veränderungen in der ganzen Schule herbeiführen. Es heißt, dass es einen magischen Kristall gibt, der die Kraft hat, jede Flüssigkeit, in die er getaucht wird, zu reinigen. Jene Menschen, die alle Lebewesen schätzen, sind wie dieser Kristall – durch ihre bloße Anwesenheit entfernen sie die Negativität der Welt und ersetzen sie durch Liebe und Freundlichkeit.

Selbst jemand, der klug und mächtig ist, aber andere nicht liebt, wird früher oder später Problemen begegnen und es schwierig finden, seine Wünsche zu erfüllen. Wenn der Herrscher eines Landes sein Volk nicht schätzt, sondern sich nur um seine eigenen Interessen kümmert, wird er Kritik und Misstrauen ernten und schließlich seine Position verlieren. Wenn ein spiritueller Lehrer seine Schüler nicht schätzt und keine gute Beziehung zu ihnen unterhält, wird er ihnen nicht helfen können, und die Schüler werden keine Realisationen erlangen.

Im *Leitfaden für die Lebensweise eines Bodhisattvas* sagt der indische, buddhistische Meister Shantideva, dass die Arbeitnehmer unglücklich sein werden, wenn der Arbeitgeber nur seinen Eigeninteressen folgt und sich nicht um das Wohl seiner Angestellten kümmert. Sie werden wahrscheinlich ineffizient arbeiten und sicherlich die Wünsche des Arbeitgebers nicht bereitwillig erfüllen. Somit wird der Arbeitgeber aufgrund seiner eigenen fehlenden Rücksicht gegenüber den Arbeitnehmern Nachteile erleiden. Ähnlich verhält es sich, wenn die Arbeitnehmer nur damit beschäftigt sind, die Firma auszunützen, wo sie nur können: dies wird den Arbeitgeber verärgern, der möglicherweise ihre Löhne kürzt oder sie entlässt. Die Firma könnte sogar in Konkurs gehen, so dass in der Folge alle ihre Arbeitsstelle verlieren. Auf diese Weise leiden die Arbeitnehmer wegen ihrer fehlenden Rücksicht gegenüber ihrem Arbeitgeber. Für Menschen in jedem Tätigkeitsbereich führt der sicherste Weg zum Erfolg über die Verringerung der Selbst-Wertschätzung und über eine größere Rücksichtnahme auf andere. Manchmal mag es so erscheinen, als ob Selbst-Wertschätzung kurzfristige Vorteile bringt, langfristig jedoch führt sie immer zu Problemen. Die Lösung für alle Alltagsprobleme ist, andere zu schätzen.

Alle Leiden, die wir erfahren, sind die Auswirkungen negativen Karmas, und die Quelle allen negativen Karmas ist die Selbst-Wertschätzung. Weil wir so ein übertriebenes Gefühl unserer eigenen Wichtigkeit haben, durchkreuzen wir die Pläne anderer Menschen, nur um unsere eigenen Wünsche zu erfüllen. Da wir von unseren selbstsüchtigen

Vorstellungen getrieben werden, ist es uns gleichgültig, dass wir dadurch den Geistesfrieden anderer zerstören und ihnen Kummer bereiten. Solche Handlungen säen einzig und allein Samen für zukünftiges Leid. Wenn wir andere aufrichtig schätzen, werden wir nicht den Wunsch hegen, sie zu verletzen, sondern werden unsere destruktiven und schädlichen Handlungen einstellen. Wir werden ganz natürlich moralische Disziplin üben, auf das Töten sowie auf grausames Verhalten gegenüber anderen Lebewesen verzichten, sie nicht bestehlen oder uns in ihre Beziehungen einmischen. Dafür müssen wir dann in Zukunft nicht die unangenehmen Folgen solcher negativen Handlungen tragen. Auf diese Weise schützt uns das Schätzen anderer vor allen zukünftigen Problemen, die durch negatives Karma entstehen.

Indem wir andere schätzen, sammeln wir ununterbrochen Verdienste an, die wiederum die Hauptursache für den Erfolg all unserer Tätigkeiten sind. Wenn wir alle Lebewesen schätzen, werden wir ganz natürlich viele tugendhafte und hilfreiche Handlungen ausführen. Allmählich werden alle unsere Handlungen des Körpers, der Rede und des Geistes rein und nützlich sein, und wir werden zu einer Quelle des Glücks und der Inspiration für jeden, dem wir begegnen. Wir werden aus eigener Erfahrung erkennen, dass dieser kostbare Geist der Liebe das wirkliche wunscherfüllende Juwel ist, da es nicht nur unsere reinen Wünsche, sondern auch die aller Lebewesen erfüllt.

Der Geist, der andere schätzt, ist das edelste gute Herz. Haben wir solch ein gutes Herz, wird es uns selbst und allen, die um uns sind, nur Glück bringen. Dieses gute Herz ist der Inbegriff des Mahayana-Pfades und die Hauptursache von Großem Mitgefühl, dem Wunsch, alle Lebewesen vor Angst und Leiden zu beschützen. Indem wir unser großes Mitgefühl vertiefen, werden wir schließlich das allumfassende Mitgefühl eines Buddhas erlangen, welches tatsächlich die Kraft hat, alle Lebewesen vor Leid zu schützen. So führt uns die Wertschätzung anderer zur Buddhaschaft. Aus diesem Grund beginnt Langri Tangpa die *Acht Verse* mit dem Gebet über die Wertschätzung aller Lebewesen, um das endgültige, erhabene Ziel der vollen Erleuchtung zu erlangen.

Indem wir über diese vielen Vorteile der Wertschätzung anderer nachdenken, fassen wir den folgenden Entschluss:

Ich werde alle Lebewesen ohne Ausnahme schätzen, weil dieser kostbare Geist der Liebe die beste Methode ist, alle Probleme zu lösen und alle Wünsche zu erfüllen. Schließlich wird er mir das höchste Glück der Erleuchtung schenken.

Wir meditieren so lange wie möglich mit einsgerichteter Konzentration über diesen Entschluss und entwickeln ein starkes Gefühl der Wertschätzung für jedes einzelne Lebewesen. Wenn wir uns von der Meditation erheben, versuchen wir, dieses Gefühl aufrechtzuerhalten und unseren Vorsatz umzusetzen. Wann immer wir mit anderen Menschen zusammentreffen, sollten wir uns ständig vergegenwärtigen, dass ihr Glück und ihre Wünsche mindestens genauso wichtig sind wie unsere eigenen. Natürlich können wir nicht alle Lebewesen spontan schätzen; wenn wir jedoch unseren Geist in dieser Einstellung schulen, indem wir mit unserer Familie und unseren Freunden beginnen, können wir allmählich den Rahmen unserer Liebe vergrößern, bis er alle Lebewesen umfasst. Wenn wir auf diese Weise alle Lebewesen aufrichtig schätzen, sind wir keine gewöhnliche Person mehr, sondern sind ein großes Wesen geworden und gleichen einem Bodhisattva.

Vajradhara

Wertschätzende Liebe vertiefen

Wann immer ich mit anderen verkehre,
Möge ich mich selbst als den geringsten von allen sehen
Und mit einer perfekten Absicht
Möge ich andere über alles schätzen.

Im ersten Vers erklärt Bodhisattva Langri Tangpa, wie man alle Lebewesen schätzt, und im vorliegenden Vers erläutert er nun, wie dieser Geist der Liebe vertieft wird. Der beste Weg, dies zu tun, ist, sich mit der Wertschätzung aller Lebewesen vertraut zu machen, indem wir unseren Entschluss, sie zu schätzen, Tag und Nacht in die Praxis umsetzen. Um uns in diesem Entschluss zu bestärken, gibt uns Langri Tangpa weitere Anweisungen über das Vertiefen der wertschätzenden Liebe.

Wir alle kennen jemanden, den wir als besonders kostbar betrachten, wie unser Kind, unseren Partner oder unsere Mutter. Diese Person scheint mit einzigartigen Qualitäten ausgestattet zu sein, die sie von anderen abhebt. Wir halten diese Person für kostbar und möchten ihr besondere Zuneigung zeigen. Wir müssen lernen, alle Lebewesen in ähnlicher Weise zu betrachten, indem wir den außergewöhnlichen und einzigartigen Wert eines jeden Wesens erkennen. Wir schätzen zwar bereits unsere Familie und engen Freunde, mögen aber keine Fremden, und unsere Feinde mögen wir erst recht nicht. Die überwiegende Mehrheit aller Lebewesen spielt für uns keine besondere Rolle. Indem wir Langri Tangpas Anweisungen praktizieren, können wir diese Voreingenommenheit beseitigen und im Laufe der Zeit jedes einzelne Lebewesen so wertschätzen wie eine Mutter ihr liebstes Kind. Je mehr wir unsere Liebe in dieser Weise vertiefen und verbessern können, um so stärker wird unser Mitgefühl und Bodhichitta werden und um so schneller werden wir Erleuchtung erlangen.

UNSERE FEHLER IM SPIEGEL DES DHARMAS ERKENNEN

Der Hauptgrund, warum wir nicht alle Lebewesen schätzen, ist der, dass wir sehr stark mit uns selbst beschäftigt sind und deshalb sehr wenig Bereitschaft in unserem Geist vorhanden ist, andere anzuerkennen. Haben wir den Wunsch, andere aufrichtig zu schätzen, so müssen wir unser zwanghaftes Selbstinteresse verringern. Weshalb halten wir uns selbst für so kostbar, andere jedoch nicht? Weil wir mit Selbst-Wertschätzung sehr vertraut sind. Seit anfangsloser Zeit haben wir an einem wahrhaft existierenden Ich festgehalten. Dieses Festhalten am Ich führt automatisch zur Selbst-Wertschätzung, die instinktiv fühlt: «Ich bin wichtiger als andere.» Für gewöhnliche Wesen sind das Festhalten am eigenen Ich und die Selbst-Wertschätzung zwei Seiten der gleichen Medaille: Das Festhalten am Ich hält an einem wahrhaft existierenden Ich fest, während die Selbst-Wertschätzung dieses Ich als kostbar betrachtet und es schätzt. Die grundlegende Ursache dafür ist unsere Tag und Nacht und selbst im Schlaf anhaltende Vertrautheit mit unserer Selbst-Wertschätzung.

Da wir unser Selbst oder Ich als so unglaublich kostbar und wichtig erachten, übertreiben wir unsere eigenen guten Eigenschaften und entwickeln eine aufgeblasene Sicht der eigenen Person. Fast alles kann diesem arroganten Geist als Grundlage dienen, wie unser Aussehen, Besitz, Wissen, unsere Erfahrungen oder unser Ansehen. Wenn wir eine witzige Bemerkung machen, denken wir: «Ich bin ja so geistreich!» Haben wir die Welt bereist, meinen wir, dies allein mache uns zu einer faszinierenden Person. Sogar für Dinge, für die wir uns schämen sollten, wie unser Geschick, andere zu täuschen, oder für Fähigkeiten, die wir uns nur einbilden, können wir Stolz entwickeln. Andererseits finden wir es sehr schwierig, unsere Fehler und Unzulänglichkeiten einzugestehen. Wir verbringen so viel Zeit damit, über unsere echten oder imaginären guten Eigenschaften nachzudenken, dass wir uns unserer Fehler nicht mehr bewusst sind. In Wirklichkeit ist unser Geist mit groben Verblendungen angefüllt. Diese ignorieren wir jedoch und machen uns vielleicht selbst etwas vor und meinen, keine derart widerwärtigen Geisteszustände zu besitzen. Das ist das gleiche wie sich einzureden, dass der Schmutz in unserem Haus verschwunden ist, nachdem wir ihn unter den Teppich gekehrt haben.

Es ist oft so schmerzlich zuzugeben, dass wir Fehler besitzen, dass wir alle möglichen Ausflüchte machen, anstatt unsere übersteigerte Selbsteinschätzung zu verändern. Eine der häufigsten Methoden, den eigenen Fehlern nicht ins Auge sehen zu müssen, ist, andere zu beschuldigen. Haben wir beispielsweise eine schwierige Beziehung zu jemandem, kommen wir selbstverständlich zum Schluss, dass die andere Person ganz allein die Schuld trägt – wir sind nicht fähig, auch nur eine Teilschuld zu akzeptieren. Anstatt die Verantwortung für unsere Handlungen zu übernehmen und die Anstrengung zu machen, unser Verhalten zu verändern, streiten wir uns und bestehen darauf, dass es der andere ist, der sich ändern muss. Somit führt ein übertriebenes Gefühl unserer eigenen Wichtigkeit zu einer kritischen Einstellung gegenüber anderen Menschen und macht es fast unmöglich, Konflikte zu vermeiden. Die Tatsache, dass wir uns unserer Fehler nicht bewusst sind, hält andere jedoch nicht davon ab, sie zu bemerken und auf sie hinzuweisen. Wenn sie dies aber tun, halten wir sie für ungerecht. Statt unser eigenes Verhalten aufrichtig zu beurteilen, um herauszufinden, ob die Kritik der anderen gerechtfertigt ist oder nicht, geht unser Geist der Selbst-Wertschätzung in die Defensive und übt Vergeltung, indem er Fehler bei den anderen findet.

Ein weiterer Grund, weshalb wir andere nicht als kostbar betrachten, liegt darin, dass wir ihren Fehlern Beachtung schenken, während wir ihre guten Eigenschaften ignorieren. Unglücklicherweise sind wir sehr geschickt darin geworden, die Fehler anderer zu erkennen, und wir setzen sehr viel geistige Energie dafür ein, sie aufzulisten, zu analysieren und sogar über sie zu meditieren! Wenn wir mit einer solch kritischen Haltung eine Meinungsverschiedenheit mit unserem Partner oder Kollegen haben, so suchen wir immer wieder nach Gründen, warum wir im Recht und sie im Unrecht sind, statt zu versuchen, ihren Standpunkt zu verstehen. Indem wir uns ausschließlich auf ihre Fehler und ihre Unzulänglichkeiten konzentrieren, werden wir ärgerlich und nachtragend, und anstatt sie zu schätzen, entwickeln wir den Wunsch, ihnen zu schaden oder sie zu diskreditieren. Auf diese Weise können kleine Unstimmigkeiten schnell zu Konflikten führen, die sich über Monate hinziehen.

Sich mit unseren eigenen Vorzügen und den Fehlern anderer zu befassen, führt niemals zu etwas Gutem. Daraus entwickelt sich nur eine höchst verzerrte, selbstgefällige Sichtweise unserer Person und eine überhebliche, respektlose Einstellung anderen gegenüber. Wie Shantideva im *Leitfaden für die Lebensweise eines Bodhisattvas* sagt:

> Wer sich selbst als hoch und andere als niedrig betrachtet,
> Wird in den niederen Bereichen wieder geboren.
> Wenn er später aber als Mensch wieder geboren wird,
> Wird er ein Diener sein oder einer niederen Schicht angehören.

Als Folge davon, uns selbst als überlegen und andere als unterlegen zu betrachten, begehen wir viele negative Handlungen, die später zu einer Wiedergeburt in den niederen Bereichen führen werden. Aufgrund dieser hochmütigen Einstellung werden wir, wenn wir schließlich wieder als Mensch geboren werden, einer niederen Schicht angehören und wie ein Diener oder Sklave leben. Aus Stolz halten wir uns vielleicht für hoch intelligent, in Wirklichkeit jedoch macht uns unser Stolz töricht und füllt unseren Geist mit Negativität. Es hat keinen Wert, sich selbst wichtiger zu nehmen als andere und uns nur mit unseren eigenen guten Eigenschaften zu befassen. Dies vergrößert weder unsere Vorzüge noch reduziert es unsere Fehler und hat auch nicht zur Folge, dass andere unsere erhabene Meinung über uns teilen.

Konzentrieren wir uns statt dessen auf die guten Eigenschaften anderer, wird sich unser verblendeter Stolz verringern, und wir werden sie als wichtiger und kostbarer als uns selbst betrachten. Infolgedessen wird sich unsere Liebe und unser Mitgefühl vergrößern, und wir werden von selbst tugendhafte Handlungen ausführen. Folglich werden wir in den höheren Bereichen als Mensch oder Gott wieder geboren, und wir werden den Respekt und die Freundschaft vieler Menschen gewinnen. Über die guten Eigenschaften anderer nachzudenken, kann nur zu Gutem führen. Deshalb beachten Bodhisattvas einzig und allein die guten Eigenschaften, während gewöhnliche Wesen nach Fehlern in anderen suchen.

Im *Rat aus dem Herzen Atishas* steht:

> Sucht nicht bei anderen nach Fehlern, sondern sucht nach euren eigenen Fehlern, und reinigt sie wie schlechtes Blut.
>
> Denkt nicht über eure eigenen guten Qualitäten nach, sondern denkt über die guten Qualitäten der anderen nach, und respektiert alle, wie es ein Diener tun würde.

Wir müssen über unsere eigenen Fehler nachdenken, denn wenn sie uns nicht bewusst sind, werden wir nicht motiviert sein, sie zu überwinden. Indem sie ihren Geist ständig nach Fehlern und Unvollkommenheiten untersuchten und dann großes Bemühen aufbrachten, diese aufzugeben, konnten diejenigen, die nun erleuchtet sind, ihren Geist von den Verblendungen, dem Ursprung aller Fehler, befreien. Buddha sagte, dass diejenigen, die ihre eigenen Fehler verstünden, weise seien, während diejenigen, die sich ihrer eigenen Fehler nicht bewusst seien und bei anderen nach Fehlern suchten, Narren seien. Über unsere eigenen Qualitäten und die Fehler anderer nachzudenken, dient nur dazu, unsere Selbst-Wertschätzung zu vergrößern und unsere Liebe für andere zu verringern; alle erleuchteten Wesen sind sich jedoch darin einer Meinung, dass Selbst-Wertschätzung die Wurzel allen Übels und andere zu schätzen die Quelle allen Glückes ist. Die einzigen, die diese Ansicht nicht vertreten, sind diejenigen, die sich noch in Samsara befinden. Wir können unsere gewöhnliche Sicht beibehalten, wenn wir möchten, oder wir können die Sichtweise aller heiligen Wesen annehmen. Wir haben die Wahl, doch wäre es weise, die letztere anzunehmen, wenn wir wahren Frieden und wahres Glück genießen möchten.

Manche Leute vertreten die Ansicht, dass fehlende Selbstachtung eines unserer Hauptprobleme sei und wir uns deshalb ausschließlich auf unsere guten Eigenschaften konzentrieren sollten, um unser Selbstvertrauen zu steigern. Es stimmt, dass wir Vertrauen in unser spirituelles Potential benötigen und unsere guten Eigenschaften anerkennen und verbessern müssen, um wirklichen spirituellen Fortschritt zu machen. Wir müssen aber auch ein ausgeprägtes und realistisches Bewusstsein für unsere derzeitigen Fehler und Unzulänglichkeiten haben. Wenn wir ehrlich mit uns sind, werden wir erkennen, dass unser Geist zur Zeit mit Unreinheiten wie Wut, Anhaftung und

Unwissenheit angefüllt ist. Diese geistigen Krankheiten werden nicht einfach verschwinden, indem wir so tun, als ob sie nicht existierten. Der einzige Weg, sie jemals abzulegen, ist ihre Existenz ehrlich zuzugeben und sich dann um ihre Beseitigung zu bemühen.

Eine der Hauptfunktionen von Dharma-Unterweisungen ist es, uns einen Spiegel vorzuhalten, in dem wir unsere eigenen Fehler erkennen können. Wenn zum Beispiel Wut in unserem Geist aufsteigt, müssen wir, anstatt Ausreden zu erfinden, zu uns sagen: «Diese Wut ist das innere Gift der Verblendung. Sie hat keinen Wert und ist nicht gerechtfertigt; ihre einzige Funktion ist es zu schaden. Ich werde ihre Gegenwart in meinem Geist nicht billigen.» Wir können den Spiegel des Dharmas auch benutzen, um zwischen begehrender Anhaftung und Liebe zu unterscheiden. Diese beiden Begriffe können leicht verwechselt werden. Es ist jedoch unbedingt notwendig, sie auseinander zu halten, denn Liebe wird uns nur Glück bringen, während der Geist der Anhaftung uns nur Leiden bringen wird und uns immer enger an Samsara bindet. Sobald wir bemerken, dass Anhaftung in unserem Geist entsteht, sollten wir auf der Hut sein – ganz gleich wie angenehm es erscheinen mag, unserer Anhaftung zu folgen. Es ist als ob wir Honig von einer Rasierklinge lecken würden und führt langfristig unweigerlich zu weiterem Leiden.

Obwohl wir uns unserer Fehler genauestens bewusst sein sollten, dürfen wir es uns niemals erlauben, uns durch sie überwältigen oder entmutigen zu lassen. Wir mögen zwar viel Wut in unserem Geist haben, dies bedeutet jedoch nicht, dass wir eine inhärent wütende Person sind. Wie viele Verblendungen wir auch haben oder wie stark diese auch sind, sie sind kein wesentlicher Bestandteil unseres Geistes. Sie sind Verunreinigungen, die vorübergehend unseren Geist verschmutzen, aber seine reine, essentielle Natur nicht beflecken. Sie sind wie Schlamm, der das Wasser zwar verschmutzt, jedoch niemals ein grundlegender

Bestandteil von ihm wird. So wie Schlamm immer entfernt werden kann und reines, klares Wasser zurückbleibt, so können auch die Verblendungen entfernt werden und die Reinheit und Klarheit unseres Geistes wird aufgedeckt. Obwohl wir uns eingestehen, dass wir Verblendungen besitzen, sollten wir uns nicht mit ihnen identifizieren und denken: «Ich bin ein selbstsüchtiger, wertloser Mensch» oder «Ich bin ein wütender Mensch». Statt dessen sollten wir uns mit unserem reinen Potential identifizieren und die Weisheit und den Mut entwickeln, unsere Verblendungen zu überwinden.

Wenn wir äußere Dinge betrachten, können wir normalerweise diejenigen, die nützlich und wertvoll sind, von denjenigen unterscheiden, die es nicht sind. Wir müssen lernen, unseren Geist in gleicher Weise zu betrachten. Obwohl die Natur unseres Ursprungsgeistes rein und klar ist, steigen viele begriffliche Gedanken in ihm auf, wie Luftblasen im Meer oder Lichtstrahlen, die einer einzigen Flamme entstammen. Manche dieser Gedanken sind nützlich und führen sowohl jetzt als auch in der Zukunft zu Glück, während andere zu Leiden und dem extremen Elend der Wiedergeburt in niederen Bereichen führen. Wir müssen unseren Geist ständig überwachen und lernen, zwischen nutzbringenden und schädlichen Gedanken zu unterscheiden, die unaufhörlich in uns aufsteigen. Diejenigen, denen dies gelingt, sind wahrhaftig weise.

Ein schlechter Mann, der Tausende von Menschen getötet hatte, traf einmal auf einen Bodhisattva namens König Chandra, der ihm half, indem er ihn Dharma lehrte und ihm seine Fehler aufzeigte. Der Mann sagte: «Nachdem ich in den Spiegel des Dharmas geschaut habe, verstehe ich nun, wie schlecht meine Taten gewesen sind, und ich fühle großes Bedauern.» Motiviert durch seine tiefe Reue, führte er aufrichtig Reinigungsübungen durch und wurde schließlich ein hoch realisierter Yogi. Diese Geschichte zeigt, dass sogar der schlechteste Mensch durch das Erkennen seiner Fehler im Spiegel des Dharmas und durch anschließendes zielstrebiges Bemühen, diese zu entfernen, ein vollkommen reines Wesen werden kann.

In Tibet gab es einmal einen berühmten Dharma-Praktizierenden namens Geshe Ben Gungyal, der weder Gebete rezitierte, noch in der traditionellen Meditationshaltung meditierte. Seine einzige Praxis bestand darin, seinen Geist sehr aufmerksam zu beobachten und Verblendungen entgegenzutreten, sobald sie auftraten. Wann immer er bemerkte, dass sein Geist auch nur ein bisschen unruhig wurde, war er besonders wachsam und weigerte sich, irgendeinem negativen Gedanken zu folgen. Wenn er zum Beispiel das Gefühl hatte, dass Selbst-Wertschätzung in seinem Geist am Entstehen war, pflegte er sich sofort an ihre Nachteile zu erinnern und dann diesen Geisteszustand daran zu hindern, sich zu manifestieren, indem er das Gegenmittel anwendete, nämlich die Praxis der Liebe. Immer wenn sein Geist von sich aus friedvoll und positiv war, entspannte er sich und erlaubte sich, seine tugendhaften Geisteszustände zu genießen.

Um seinen Fortschritt zu beurteilen, legte er jedes Mal, wenn ein negativer Gedanke auftauchte, einen schwarzen Kieselstein vor sich hin und bei jedem positiven Gedanken einen weißen. Am Ende des Tages zählte er die Kieselsteine. Waren es mehr schwarze Kiesel, so tadelte er sich und bemühte sich am nächsten Tag noch intensiver. Waren es jedoch mehr weiße Kieselsteine, so lobte und ermutigte er sich. Zunächst überwogen die schwarzen Kiesel bei weitem. Über die Jahre hinweg verbesserte sich sein Geist aber derart, dass er den Punkt erreichte, an dem Tage vergingen, ohne dass sich schwarze Kiesel ansammelten. Bevor Geshe Ben Gungyal ein Dharma-Praktizierender wurde, hatte er den Ruf, wild und widerspenstig zu sein, indem er jedoch streng über seinen Geist wachte und ihn mit vollkommener Aufrichtigkeit im Spiegel des Dharmas beurteilte, wurde aus ihm allmählich ein sehr reines und heiliges Wesen. Warum können wir es ihm nicht gleichtun?

Die Kadampa-Geshes lehrten, dass es die Aufgabe eines Spirituellen Meisters ist, die Fehler seiner Schüler aufzuzeigen, denn dadurch erlangt der Schüler oder die Schülerin ein klares Verständnis für seine oder ihre Unzulänglichkeiten und hat die Möglichkeit, diese zu überwinden. Heutzutage würde es die Schüler aber wahrscheinlich aus der Fassung bringen, wenn ein Lehrer oder eine Lehrerin sie auf Fehler aufmerksam machen würde, und vielleicht würden sie sogar ihr Vertrauen zu ihm oder ihr verlieren. Deshalb muss der Lehrer fast immer sanfter vorgehen. Wie dem auch sei, selbst wenn unser Spiritueller Meister aus Taktgefühl vielleicht darauf verzichtet, direkt auf unsere Fehler hinzuweisen, müssen sie uns dennoch bewusst werden, indem wir unseren Geist im Spiegel seiner Lehren kritisch betrachten. Indem wir die Unterweisungen unseres Spirituellen Meisters über Karma und Verblendungen auf unsere eigene Situation beziehen, werden wir fähig sein zu verstehen, was wir aufgeben und was wir praktizieren müssen.

Ein kranker Mensch kann nicht von seiner Krankheit geheilt werden, indem er bloß die Anweisungen auf einer Medikamentenpackung liest. Er kann aber durch das tatsächliche Einnehmen der Arznei geheilt werden. Buddha gab Dharma-Unterweisungen als das höchste Heilmittel, um die innere Krankheit unserer Verblendungen zu heilen. Wir können diese Krankheit aber nicht heilen, indem wir einfach nur Dharma-Bücher lesen oder studieren. Wir können unsere alltäglichen Probleme erst lösen, wenn wir uns den Dharma zu Herzen nehmen und ihn aufrichtig praktizieren.

ALLE LEBEWESEN ALS ERHABEN BETRACHTEN

Bodhisattva Langri Tangpa spricht das Gebet:

Und mit einer perfekten Absicht
Möge ich andere über alles schätzen.

Wenn wir den Wunsch haben, Erleuchtung zu erlangen oder den höheren Bodhichitta zu entwickeln, der aus dem Austauschen vom Selbst mit anderen entsteht, müssen wir auf jeden Fall die Sichtweise annehmen, dass andere kostbarer als wir selbst sind. Diese Sicht beruht auf Weisheit und führt uns zu unserem Endziel, während die Sicht, die uns selbst für kostbarer als andere hält, auf der Unwissenheit des Festhaltens am Selbst beruht und uns entlang den Pfaden Samsaras führt.

Was entscheidet eigentlich darüber, ob etwas wertvoll ist? Wenn wir gefragt würden, was wertvoller sei, ein Diamant oder ein Knochen, würden wir uns für den Diamanten entscheiden, denn ein Diamant ist nützlicher für uns. Für einen Hund hingegen würde ein Knochen kostbarer sein, weil er den Knochen fressen kann, während er mit einem Edelstein nichts anfangen kann. Dies lässt erkennen, dass der Wert nicht eine grundlegende Eigenschaft eines Objektes ist, sondern von den Bedürfnissen und Wünschen des Individuums abhängt, und diese wiederum sind abhängig von seinem Karma. Für jemanden, dessen größter Wunsch es ist, die spirituellen Realisationen der Liebe, des Mitgefühls, des Bodhichittas und der großen Erleuchtung zu erlangen, sind Lebewesen wertvoller als ein ganzes Universum angefüllt mit Diamanten oder gar mit wunscherfüllenden Juwelen. Warum ist das so? Lebewesen helfen diesem Menschen, Liebe und Mitgefühl zu entwickeln und den Wunsch nach Erleuchtung zu erfüllen, eine Aufgabe, die selbst ein ganzes Universum voller Juwelen niemals leisten könnte.

Niemand möchte für immer ein gewöhnliches, unwissendes Wesen bleiben; tatsächlich haben wir alle den Wunsch, uns zu verbessern und immer höhere Stufen zu erklimmen. Die höchste aller Stufen ist die volle Erleuchtung, und der entscheidende Weg dahin führt über die Realisationen der Liebe, des Mitgefühls, des Bodhichittas und die Praxis der Sechs Vollkommenheiten. Wir können diese

Eigenschaften nur in Abhängigkeit von anderen Lebewesen entwickeln. Wie können wir lieben lernen, ohne jemanden zu haben, den wir lieben können? Wie können wir Geben praktizieren ohne jemanden, dem wir etwas geben können, oder Geduld üben, ohne jemanden, der uns ärgert? Immer wenn wir ein anderes Lebewesen sehen, können wir unsere spirituellen Qualitäten, wie Liebe und Mitgefühl, verbessern und dadurch kommen wir der Erleuchtung und der Erfüllung unserer tiefsten Wünsche näher. Wie gütig doch Lebewesen sind, uns als Gegenstand der Liebe und des Mitgefühls zu dienen. Wie kostbar sie sind!

Während Atisha in Tibet war, hatte er einen indischen Assistenten, der ihn ständig kritisierte. Als die Tibeter ihn fragten, warum er diesen Gehilfen behalte, wenn es doch so viele ergebene Tibeter gebe, die überglücklich wären, ihm zu dienen, antwortete Atisha: «Ohne diesen Mann gäbe es niemanden, mit dem ich mich in Geduld schulen könnte. Er ist sehr gütig zu mir. Ich brauche ihn!» Atisha erkannte, dass der einzige Weg zur Erfüllung seines sehnlichsten Wunsches, allen Lebewesen zu helfen, über die Erlangung der Erleuchtung führte und daß er dazu seine Geduld vervollkommnen mußte. Für Atisha war dieser griesgrämige Assistent kostbarer als materieller Besitz, Lob oder andere weltliche Erlangungen.

Unsere spirituellen Realisationen sind unser innerer Reichtum, da sie uns in allen Situationen beistehen und der einzige Besitz sind, den wir mit uns nehmen können, wenn wir sterben. Wenn wir erst einmal lernen, den inneren Reichtum der Geduld, des Gebens, der Liebe und des Mitgefühls höher als äußere Bedingungen zu schätzen, werden wir jedes einzelne fühlende Wesen als höchst kostbar betrachten, ganz gleich wie es uns behandelt. Dies wird es uns sehr leicht machen, alle zu schätzen.

In unserer Meditationssitzung denken wir über die Gründe nach, die oben aufgeführt wurden, bis wir den folgenden Entschluss fassen:

Fühlende Wesen sind äußerst kostbar, weil ich ohne sie nicht den inneren Reichtum spiritueller Realisationen ansammeln kann, der mir schließlich das endgültige Glück der vollen Erleuchtung bringt. Da ich ohne diesen inneren Reichtum für alle Ewigkeit in Samsara bleiben muss, werde ich fühlende Wesen immer als äußerst wichtig betrachten.

Wir meditieren so lange wie möglich einsgerichtet über diesen Entschluss. Wenn wir uns von der Meditation erheben, versuchen wir, ihn weiterhin zu bewahren, indem wir erkennen, wie sehr wir jedes einzelne fühlende Wesen für unsere spirituelle Praxis benötigen. Wenn wir diese Erkenntnis beibehalten, werden unsere inneren Probleme der Wut, der Anhaftung, der Eifersucht und so weiter abnehmen, und wir werden andere instinktiv schätzen. Insbesondere wenn andere Menschen unsere Pläne durchkreuzen oder uns kritisieren, sollten wir uns daran erinnern, dass wir diese Leute brauchen, um die spirituellen Realisationen zu entwickeln, die den wahren Sinn unseres menschlichen Lebens ausmachen. Wenn uns jeder mit der Güte und dem Respekt begegnen würde, die unsere Selbst-Wertschätzung für angebracht hält, würde es unsere Verblendungen nur verstärken und unsere Verdienste erschöpfen. Man stelle sich vor, wie wir wären, wenn wir immer bekommen würden, was wir wollten! Wir wären wie ein verzogenes Kind, welches das Gefühl hat, die Welt drehe sich nur um es, und das bei jedem unbeliebt ist. Tatsächlich brauchen wir alle jemanden wie Atishas Assistenten, denn solche Leute geben uns die Möglichkeit, unsere Selbst-Wertschätzung zu zerstören und unseren Geist zu schulen, und geben so unserem Leben einen wahren Sinn.

Da die obige Argumentation das genaue Gegenteil unserer normalen Denkweise darstellt, müssen wir über sie sehr gewissenhaft nachdenken, bis wir davon überzeugt sind, dass jedes einzelne Lebewesen tatsächlich wichtiger ist als jede äußere Errungenschaft. In Wirklichkeit sind Buddhas und fühlende Wesen gleich wichtig – Buddhas, weil sie den Pfad zur Erleuchtung aufzeigen, und fühlende

Wesen, weil sie Gegenstand der tugendhaften Geisteszustände sind, die wir benötigen, um Erleuchtung zu erlangen. Wir sollten Buddhas und fühlende Wesen deshalb als gleich wichtig und kostbar erachten, denn ihre Güte, aufgrund derer wir fähig sind, unser höchstes Ziel, die Erleuchtung, zu erreichen, ist gleichwertig. Wie Shantideva im *Leitfaden für die Lebensweise eines Bodhisattvas* sagt:

> Das höchste Ziel der Erleuchtung zu erlangen
> Ist gleichermaßen abhängig von fühlenden Wesen
> und Buddhas;
> Warum respektieren wir also fühlende Wesen nicht
> In gleicher Weise, wie wir Buddhas respektieren?

LEBEWESEN HABEN KEINE FEHLER

Obwohl es der Wahrheit entspricht, dass wir von fühlenden Wesen abhängig sind, die uns als Gegenstand unserer Geduld, unseres Mitgefühls und so weiter dienen, mögen wir vielleicht den Einwand erheben, dass es dennoch unmöglich ist, diese Wesen als kostbar zu betrachten, da sie mit so vielen Fehlern behaftet sind. Wie können wir jemanden als kostbar betrachten, dessen Geist von Anhaftung, Wut und Unwissenheit durchdrungen ist? Die Antwort zu dieser Frage ist ziemlich tiefsinnig. Obwohl der Geist fühlender Wesen mit Verblendungen angefüllt ist, sind fühlende Wesen selbst nicht mit Fehlern behaftet. Wir sagen, dass Meerwasser salzig ist. Tatsächlich aber ist das Salz im Wasser die Ursache dafür, daß es salzig schmeckt und nicht das Wasser selbst. In Wirklichkeit schmeckt Wasser nicht salzig. Ebenso sind alle Fehler, die wir in Menschen wahrnehmen, in Wahrheit die Fehler ihrer Verblendungen, nicht die der Menschen selbst. Buddhas erkennen, dass Verblendungen viele Fehler haben, doch sie betrachten Menschen niemals als fehlerhaft, weil sie zwischen den Menschen und ihren Verblendungen unterscheiden. Wenn jemand ärgerlich ist, denken wir: «Er ist ein schlechter und ärgerlicher Mensch», während Buddhas denken: «Er ist ein leidendes, von der inneren Krankheit der Wut gepeinigtes Wesen.» Wenn ein Freund an Krebs leiden würde, würden wir ihn für sein körperliches Leiden nicht verantwortlich machen. Wenn jemand unter Wut oder Anhaftung leidet, sollten wir ihm wegen der Krankheiten seines Geistes ebenfalls keine Vorwürfe machen.

Verblendungen sind die Feinde fühlender Wesen. Einem Opfer geben wir nicht die Schuld für das Fehlverhalten seines Angreifers, warum sollten wir dann fühlende Wesen für die Fehler ihrer inneren Feinde verantwortlich machen? Wenn jemand vorübergehend von dem inneren Feind der Wut überwältigt wird, ist es unangebracht, ihm die Schuld zu geben, denn er und die Wut in seinem Geist sind zwei verschiedene Phänomene. So wie der Defekt eines Mikrofons nicht der eines Buches und der Makel einer Tasse nicht der einer Teekanne ist, so sind auch die Fehler der Verblendungen nicht die Fehler der Person. Das einzig richtige Verhalten denjenigen gegenüber, die durch ihre Verblendungen getrieben werden, anderen Schaden zuzufügen, ist, Mitgefühl zu empfinden. Manchmal ist es unumgänglich, dass wir Menschen, die sich auf eine sehr verblendete Art und Weise verhalten, zum eigenen Schutz und zur Sicherheit anderer in Gewahrsam nehmen, aber es ist niemals sinnvoll, sie zu beschuldigen oder mit ihnen ärgerlich zu werden.

Üblicherweise sprechen wir von unserem Körper und Geist als «mein Körper» und «mein Geist», ganz ähnlich wie wir von unserem sonstigen Besitz sprechen. Dies weist darauf hin, dass beide sich von unserem Ich unterscheiden. Unser Körper und Geist sind die Basis, auf der wir unser Ich begründen, sie sind nicht das Ich selbst. Verblendungen sind Eigenschaften des Geistes einer Person, sie sind nicht die Person selbst. Da wir niemals Fehler in fühlenden Wesen an sich finden können, besagt dies, dass sie in dieser Hinsicht Buddhas gleichen.

Genauso wie wir zwischen einer Person und ihren Verblendungen unterscheiden, so sollten wir uns daran erinnern, dass Verblendungen nur vorübergehende, zufällige Eigenschaften des Geistes dieser Person und nicht ihre wirkliche Natur sind. Verblendungen sind verzerrte begriffliche Gedanken, die im Geist aufsteigen, wie Wellen im Meer. So wie es für Wellen möglich ist abzuflachen, ohne dass das Meer verschwindet, so ist es auch für unsere Verblendungen möglich, sich aufzulösen, ohne dass unser geistiges Kontinuum aufhört zu bestehen.

Weil Buddhas zwischen Verblendungen und Personen unterscheiden, ist es ihnen möglich, die Fehler der Verblendungen zu erkennen, ohne jemals einen einzigen Fehler in irgendeinem fühlenden Wesen wahrzunehmen. Folglich nimmt ihre Liebe und ihr Mitgefühl für fühlende Wesen niemals ab. Weil wir diese Unterscheidung nicht treffen, sehen wir hingegen ständig Fehler in anderen Leuten, erkennen jedoch die Fehler der Verblendungen nicht, nicht einmal diejenigen in unserem eigenen Geist.

Ein Gebet lautet:

> Diesen Fehler, den ich sehe, ist nicht der Fehler der
> Person,
> Sondern der Fehler der Verblendungen.
> Indem ich dies erkenne, möge ich niemals die
> Fehler anderer wahrnehmen,
> Sondern alle Wesen als erhaben betrachten.

Sich auf die Fehler anderer zu konzentrieren ist der Ursprung für einen Großteil unserer Negativität und eines der Haupthindernisse, andere als äußerst kostbar betrachten zu können. Wenn wir aufrichtig daran interessiert sind, wertschätzende Liebe zu entwickeln, müssen wir zwischen einer Person und ihren Verblendungen unterscheiden lernen und erkennen, dass es die Verblendungen sind, die Schuld sind an den Fehlern, die wir wahrnehmen.

Es scheint, als ob ein Widerspruch zwischen diesem Abschnitt und dem vorherigen bestünde, in dem uns geraten wird, unsere eigenen Fehler zu erkennen. Wenn wir selbst Fehler haben, so haben sicher auch andere Leute Fehler! In gewisser Hinsicht stimmt das, denn fühlende Wesen haben Verblendungen in ihrem Geist, und Verblendungen sind Fehler. Hier steht jedoch nicht so sehr zur Debatte, ob fühlende Wesen von sich aus Fehler haben oder nicht, sondern welche Betrachtungsweise ihnen gegenüber am hilfreichsten ist. Von einem praktischen Standpunkt aus gesehen, ist unsere wichtigste spirituelle Aufgabe, Verblendungen von unserem eigenen Geist zu entfernen und unsere Liebe für andere fühlende Wesen zu verbessern. Um diese Aufgabe zu erfüllen, ist es von großem Vorteil, unsere eigenen Fehler zu betrachten – unsere Verblendungen und nichttugendhaften Handlungen – und es ist äußerst nachteilig, sich mit den Fehlern anderer zu befassen. Erst wenn wir unsere eigenen Verblendungen entfernt haben und andere Leute aus der Tiefe unseres Herzens lieben und respektieren, können wir ihnen wirklich helfen und sie von Leiden befreien.

Wenn eine Mutter beobachtet wie ihr Kind einen Wutanfall bekommt, ist ihr bewusst, dass das Kind sich in verblendeter Art und Weise verhält. Dies beeinträchtigt ihre Liebe jedoch nicht. Obwohl sie gegenüber der Wut ihres Kindes nicht blind ist, zieht sie nicht die Schlussfolgerung, dass das Kind bösartig oder grundlegend wütend ist. Indem sie zwischen der Verblendung und der Person unterscheidet, sieht sie ihr Kind weiterhin als wertvoll und voller Entwicklungsmöglichkeiten an. In gleicher Weise sollten wir alle fühlenden Wesen als äußerst kostbar betrachten, während wir gleichzeitig verstehen, dass sie von der Krankheit der Verblendung geplagt sind.

Wir können die obige Argumentation auch auf uns selbst anwenden, indem wir erkennen, dass unsere Fehler in Wahrheit die Fehler unserer Verblendungen sind und nicht unserer Person. Dies hält uns davon ab, uns mit unseren Fehlern zu identifizieren und somit Schuldgefühle zu haben sowie uns unzulänglich zu fühlen, und

Tilopa

es hilft uns, unsere Verblendungen in realistischer und praktischer Weise zu sehen. Wir müssen unsere Verblendungen anerkennen und die Verantwortung dafür übernehmen, sie zu überwinden; damit dies aber wirkungsvoll ist, müssen wir uns von ihnen distanzieren. Zum Beispiel können wir denken: «Derzeit befindet sich Selbst-Wertschätzung in meinem Geist, das bin jedoch nicht ich. Ich kann sie zerstören, ohne mich selbst zu zerstören.» In dieser Weise können wir vollkommen rücksichtslos mit unseren Verblendungen, jedoch freundlich und geduldig mit uns selbst umgehen. Wir brauchen uns nicht wegen unserer vielen Verblendungen, die wir aus früheren Leben geerbt haben, Vorwürfe zu machen. Wenn wir jedoch unserem zukünftigen Selbst den Genuss von Frieden und Glück wünschen, ist es unsere eigene Verantwortung, diese Verblendungen aus unserem Geist zu entfernen.

Wie schon erwähnt, ist einer der besten Wege, andere als kostbar anzusehen, uns an ihre Güte zu erinnern. Wiederum könnten wir einwenden: «Wie kann ich andere als gütig betrachten, wenn sie so viele grausame und schädigende Taten begehen?» Um dies zu beantworten, müssen wir verstehen, dass Menschen von ihren Verblendungen kontrolliert werden, wenn sie anderen schaden. Verblendungen sind wie ein starkes Halluzinogen, das Menschen dazu zwingt, sich in einer Weise zu verhalten, die ihrer wirklichen Wesensart widerspricht. Eine Person, die unter dem Einfluss von Verblendungen steht, ist nicht bei klarem Verstand, weil sie sich selbst schreckliches Leid zufügt, denn niemand, der bei Sinnen ist, würde für sich selbst Leiden erschaffen. Alle Verblendungen basieren auf einer fehlerhaften Betrachtungsweise. Wenn wir die Dinge so wahrnehmen, wie sie wirklich sind, verschwinden unsere Verblendungen auf natürliche Art, und tugendhafte Geisteszustände manifestieren sich von selbst. Geistesarten wie Liebe und Güte beruhen auf der Wirklichkeit und sind Ausdruck unserer reinen Natur. Wenn wir daher andere als gütig betrachten, sehen wir über ihre Verblendungen hinaus und stehen in Verbindung mit ihrer reinen Natur, ihrer Buddha-Natur.

Buddha verglich unsere Buddha-Natur mit einem Goldklumpen im Schmutz; unabhängig davon, wie abstoßend die Verblendungen einer Person auch sein mögen, die wahre Natur ihres Geistes bleibt unbefleckt wie reines Gold. Selbst im Herzen der grausamsten und verkommensten Menschen existiert das Potential für grenzenlose Liebe, grenzenloses Mitgefühl und grenzenlose Weisheit. Im Gegensatz zu den Samen unserer Verblendungen, die zerstört werden können, ist dieses Potential völlig unzerstörbar und stellt die reine, essentielle Natur eines jeden Lebewesens dar. Wann immer wir mit anderen Menschen verkehren, sollten wir uns auf das Gold ihrer Buddha-Natur konzentrieren und nicht auf ihre Verblendungen. Damit wird es uns nicht nur gelingen, sie als etwas Besonderes und Einzigartiges zu betrachten, sondern es wird auch dazu beitragen, ihre guten Qualitäten zum Vorschein zu bringen. Indem wir aus Liebe und Mitgefühl jeden Einzelnen als einen zukünftigen Buddha ansehen, werden wir auf natürliche Weise diesem Potential helfen und es dazu anregen heranzureifen.

Weil wir so daran gewöhnt sind, uns selbst mehr als andere zu schätzen, haben wir Schwierigkeiten zu erkennen, dass alle fühlenden Wesen von höchster Wichtigkeit sind. Damit diese Sichtweise für uns zur Selbstverständlichkeit wird, müssen wir unseren Geist jahrelang geduldig schulen. So wie ein Ozean durch viele winzige Wassertropfen entsteht, die sich über eine sehr lange Zeit ansammeln, so sind auch die Realisationen der Liebe und des Mitgefühls fortgeschrittener Praktizierender das Ergebnis ständiger Schulung. Anfangs sollten wir versuchen, unsere Eltern, unsere Familie und engen Freunde zu schätzen, und dieses Gefühl dann auf die Menschen in unserer Gemeinde ausweiten. Allmählich können wir den Rahmen unserer Wertschätzung vergrößern, bis er alle fühlenden Wesen einschließt.

Es ist wichtig, mit unserem unmittelbaren Umfeld zu beginnen, denn wenn wir versuchen, alle fühlenden Wesen ganz allgemein zu lieben, während wir die einzelnen Individuen, mit denen wir Umgang haben, vernachlässigen, wird unsere Wertschätzung abstrakt und unecht sein. Wir mögen vielleicht positive Gefühle während der Meditation entwickeln, diese werden jedoch schnell vergehen, nachdem wir uns aus der Meditation erhoben haben, und unser Geist wird grundsätzlich unverändert bleiben. Wenn wir jedoch am Ende jeder Meditationssitzung den ausdrücklichen Entschluss fassen, alle zu schätzen, mit denen wir unsere Zeit verbringen und dann diesen Entschluss in die Praxis umsetzen, wird unsere Wertschätzung wirklichkeitsnah und aufrichtig sein. Indem wir uns intensiv bemühen, unser Umfeld zu lieben, selbst wenn man uns das Leben schwer macht, wird unsere Selbst-Wertschätzung ständig abgetragen und wir werden allmählich ein stabiles Fundament der Wertschätzung anderer in unserem Geist aufbauen. Von diesem Fundament aus wird es nicht schwierig sein, unsere Liebe auf mehr und mehr fühlende Wesen auszuweiten, bis wir die allumfassende Liebe und das allumfassende Mitgefühl eines Bodhisattvas entwickeln.

Unsere Fähigkeit, anderen zu helfen, hängt auch von unserer karmischen Verbindung ab, die wir in diesem und in früheren Leben zu ihnen hatten. Wir alle haben einen engen Freundeskreis, zu dem wir in diesem Leben in einer besonderen karmischen Verbindung stehen. Obwohl wir lernen müssen, alle Lebewesen in gleicher Weise zu schätzen, bedeutet dies nicht, dass wir jeden auf exakt gleiche Weise behandeln müssen. Es wäre zum Beispiel unangebracht, mit unserem Arbeitgeber genauso umzugehen wie mit unseren engen Freunden oder unserer Familie. Es gibt auch Menschen, die einfach in Ruhe gelassen werden wollen oder jegliches Zeichen der Zuneigung ablehnen. Andere zu lieben ist in erster Linie eine Geisteshaltung, und wie wir diese ausdrücken, hängt sowohl von den

Bedürfnissen und Wünschen eines jeden Einzelnen als auch von unserer karmischen Verbindung mit ihnen ab. Wir können uns nicht aktiv um jeden Einzelnen kümmern, wir können jedoch allen Lebewesen gegenüber eine fürsorgliche Einstellung entwickeln. Das ist der Hauptzweck der Geistesschulung. Wenn wir unseren Geist in dieser Weise schulen, werden wir schließlich ein Buddha werden, der die tatsächliche Kraft besitzt, alle fühlenden Wesen zu schützen.

Indem wir sorgfältig über die obigen Punkte nachdenken, kommen wir zu der folgenden Schlussfolgerung:

Weil alle fühlenden Wesen sehr wertvoll für mich sind, muss ich sie schätzen und gern haben.

Wir sollten diesen Entschluss als einen Samen betrachten, ihn ununterbrochen in unserem Geist aufrechterhalten und ihn nähren, bis er zu dem spontanen Gefühl heranwächst, uns und alle fühlenden Wesen in gleicher Weise zu schätzen. Diese Realisation wird «Gleichstellen vom Selbst und anderen» genannt. So wie wir unseren eigenen Frieden und unser eigenes Glück für wichtig halten, so sollten wir auch den Frieden und das Glück aller Lebewesen als wichtig betrachten; und so wie wir daran arbeiten, uns von Leiden und Problemen zu befreien, genauso sollten wir uns auch bemühen, andere davon zu befreien.

BESCHEIDENHEIT ENTWICKELN

Wann immer ich mit anderen verkehre,
Möge ich mich selbst als den geringsten von allen sehen.

Hier ermutigt uns Langri Tangpa dazu, den Geist der Bescheidenheit zu entwickeln und uns selbst als geringer und weniger kostbar zu betrachten als andere. Wie schon erwähnt, ist der Wert eines Objektes nicht eine inhärente Eigenschaft, sondern hängt vom Karma des Individuums ab. Weil eine Mutter eine besondere karmische Verbindung mit ihren Kindern hat, erscheinen sie ihr natürlicherweise als kostbar. Für einen Lojong-Praktizierenden sind alle fühlenden Wesen gleich wertvoll, weil sie einerseits außerordentlich gütig sind und weil sie ihm als erhabene Objekte für die Entwicklung und Vergrößerung seiner spirituellen Realisationen dienen. Für einen solchen Praktizierenden gibt es kein einziges Wesen, das minderwertig oder weniger wichtig ist, nicht einmal ein Insekt. Wenn der Wert vom Karma abhängt, fragen wir uns vielleicht, ob ein Lojong-Praktizierender alle Wesen aufgrund seiner karmischen Verbindung mit ihnen als kostbar betrachtet. Der Lojong-Praktizierende entwickelte diese besondere Sichtweise durch die Kontemplation korrekter Gründe, die sein karmisches Potential, alle Wesen als seine kostbare Mutter zu betrachten, heranreifen ließ. In Wirklichkeit ist jedes fühlende Wesen unsere Mutter, und deshalb haben wir selbstverständlich eine karmische Verbindung zu jedem Einzelnen; wegen unserer Unwissenheit jedoch haben wir keine Ahnung, dass sie unsere kostbaren Mütter sind.

Im Allgemeinen würden wir alle es vorziehen, hohes Ansehen und einen guten Ruf zu genießen, und wir sind nur wenig oder kaum daran interessiert, bescheiden zu leben. Erfahrene Lojong-Praktizierende wie Langri Tangpa streben das genaue Gegenteil an. Sie suchen sich tatsächlich untergeordnete Positionen aus und gönnen anderen das Glück eines höheren Ansehens. Es gibt drei Beweggründe, warum Lojong-Praktizierende danach streben, Bescheidenheit zu praktizieren. Erstens verbrauchen wir unsere Verdienste nicht für weltliche Erlangungen, wenn wir Bescheidenheit praktizieren, sondern heben sie für die Entwicklung innerer Realisationen auf. Wir besitzen nur eine begrenzte Anzahl von Verdiensten und verschwenden wir sie für materiellen Besitz, Ruf, Beliebtheit oder Macht, wird nicht genug positive Energie in unserem Geist übrig bleiben, um tiefe spirituelle Realisationen zu erzielen. Zweitens sammeln wir eine riesige Menge von Verdiensten an, wenn wir Bescheidenheit praktizieren und uns zugleich wünschen, dass andere eine höhere Stellung genießen. Wir sollten erkennen, dass es jetzt an der Zeit ist, Verdienste anzusammeln, und nicht, sie zu verschwenden. Drittens müssen wir Bescheidenheit praktizieren, weil es kein inhärentes Ich gibt. Wir sollten unser Selbst oder unser Ich – das Objekt unserer Selbst-Wertschätzung – als das geringste von allen betrachten, als etwas, das wir vernachlässigen oder vergessen sollten. In dieser Weise wird unsere Selbst-Wertschätzung geringer werden und unsere Liebe für andere wird zunehmen.

Obwohl alle erfahrenen Lojong-Praktizierenden Bescheidenheit üben, nehmen sie dennoch soziale Positionen an, die es ihnen ermöglichen, einer großen Zahl fühlender Wesen behilflich zu sein. Jemand, der so praktiziert, wird vielleicht ein reiches, mächtiges und geachtetes Mitglied der Gesellschaft, seine Motivation, diese Stellung anzunehmen, ist aber ausschließlich auf das Wohl anderer ausgerichtet. Weltliche Erlangungen reizen ihn nicht im geringsten, denn er weiß, dass sie trügerisch sind und die Verschwendung seiner Verdienste bedeuten. Selbst als König würde er seinen gesamten Reichtum als das Eigentum anderer ansehen, und in seinem Herzen würde er weiterhin andere als höchst wertvoll betrachten. Da er sich weder an seine Position noch an seinen Besitz klammert, könnten diese nicht dazu dienen, seine Verdienste zu erschöpfen.

Auch wenn wir mit denjenigen Umgang pflegen, die aufgrund der sozialen Konventionen mit uns gleichgestellt oder uns untergeordnet sind, müssen wir Bescheidenheit üben. Da wir in den Geist anderer keinen Einblick haben, wissen wir nicht, wer wirklich ein realisiertes Wesen ist und wer nicht. Es kann sein, dass jemand keine angesehene Position in der Gesellschaft innehat; wenn er jedoch in seinem Herzen liebende Güte gegenüber allen Lebewesen bewahrt, ist er in Wirklichkeit ein realisiertes Wesen. Zudem können sich Buddhas in jeglicher Form manifestieren, um Lebewesen zu helfen, und solange wir selbst kein Buddha sind, haben wir keine Möglichkeit festzustellen, wer eine Emanation eines Buddhas ist und wer nicht. Wir können nicht mit Sicherheit sagen, dass unser engster Freund oder schlimmste Feind, unsere Mutter oder sogar unser Hund keine Emanation ist. Nur weil wir das Gefühl haben, jemanden sehr gut zu kennen, und beobachtet haben, wie er sich in verblendeter Art und Weise verhalten hat, bedeutet dies nicht, dass er ein gewöhnliches Wesen ist. Was wir wahrnehmen ist eine Widerspiegelung unseres eigenen Geistes. Ein gewöhnlicher, verblendeter Geist sieht zwangsläufig eine Welt voller gewöhnlicher, verblendeter Menschen.

Nur wenn wir unseren Geist reinigen, werden wir fähig sein, reine, heilige Wesen direkt wahrzunehmen. Bis zu diesem Zeitpunkt können wir nicht mit Sicherheit wissen, ob jemand eine Emanation ist oder nicht. Vielleicht sind alle, die wir kennen, Emanationen eines Buddhas! Dies mag etwas unwahrscheinlich erscheinen, aber nur deshalb, weil wir normalerweise unsere Mitmenschen für gewöhnlich halten. Wir wissen es einfach nicht. Es ist daher realistisch zu sagen, dass jemand eine Emanation sein könnte oder auch nicht. Dies ist eine sehr nützliche Denkweise, denn wenn wir glauben, dass jemand eine Emanation eines Buddhas sein könnte, werden wir ihn selbstverständlich respektieren und es vermeiden, ihm zu schaden. Die Wirkung, die eine derartige Sichtweise auf unseren Geist hat, nämlich zu denken, dass jemand ein Buddha sein könnte, ist fast mit dem Gedanken gleichzusetzen, dass er ein Buddha ist. Da wir selbst die einzige Person sind, von der wir mit Sicherheit sagen können, dass sie kein Buddha ist, werden wir durch die Schulung in dieser Denkweise mit der Zeit jeden als überlegen und kostbarer als uns selbst erachten.

Uns selbst als den geringsten von allen zu betrachten ist zuerst nicht so einfach zu akzeptieren. Wenn wir zum Beispiel einem Hund begegnen, sollen wir uns dann als niedriger als den Hund ansehen? Wir können die Geschichte

Asangas betrachten, der einem sterbenden Hund begegnete, der sich dann später als eine Emanation Buddha Maitreyas entpuppte. Der Hund vor uns mag als gewöhnliches Tier erscheinen, die Tatsache bleibt jedoch bestehen, dass wir seine wahre Natur nicht kennen. Vielleicht wurde auch er von Buddha ausgestrahlt, um uns zu helfen, Mitgefühl zu entwickeln. Da wir so oder so nicht sicher sein können, sollten wir, anstatt unsere Zeit mit der Spekulation zu verschwenden, ob der Hund ein gewöhnliches Tier oder eine Emanation ist, einfach denken: «Dieser Hund könnte eine Emanation Buddhas sein.» In diesem Sinne können wir glauben, dass wir geringer sind als der Hund, und dieser Gedanke wird uns vor jeglichen Gefühlen der Überlegenheit bewahren.

Einer der Vorteile der Bescheidenheit ist, dass sie es uns ermöglicht, von jedem zu lernen. Eine stolze Person kann von anderen Menschen nicht lernen, denn sie hat das Gefühl, sie wüsste alles besser. Eine bescheidene Person andererseits, die jeden respektiert und erkennt, dass andere unter Umständen sogar Emanationen Buddhas sein könnten, besitzt die Offenheit des Geistes, von jedem und aus jeder Situation zu lernen. Genauso wie Wasser sich nicht auf Berggipfeln sammeln kann, so können gute Qualitäten und Segnungen sich nicht auf den felsigen Gipfeln des Stolzes sammeln. Wenn wir statt dessen eine bescheidene, respektvolle Haltung gegenüber jedem bewahren, werden ständig gute Qualitäten und Inspirationen in unseren Geist strömen, so wie Bäche in ein Tal fließen.

Austauschen vom Selbst mit anderen

Während all meiner Handlungen untersuche ich mein Geisteskontinuum,
Und sobald sich eine Verblendung entwickelt,
Aufgrund derer ich mich oder andere sich unangemessen verhalten würden,
Möge ich ihr beharrlich gegenübertreten und sie abwenden.

Während die ersten beiden Verse die Praxis des Gleichstellens vom Selbst und anderen erklären, d. h. wie wir uns selbst und alle Lebewesen in gleicher Weise schätzen, enthüllt dieser Vers die Praxis des Austauschens vom Selbst mit anderen. Dies bedeutet, dass wir unsere Selbst-Wertschätzung aufgeben und lernen, ausschließlich andere zu schätzen. Da die Haupthindernisse zur Erlangung dieser Realisation unsere Verblendungen sind, erläutert Bodhisattva Langri Tangpa nun, wie wir unsere Verblendungen und insbesondere unsere Selbst-Wertschätzung überwinden können.

Normalerweise unterteilen wir die äußere Welt in Dinge, die wir entweder als gut oder kostbar, als schlecht oder wertlos oder als keines von beiden ansehen. Meistens sind diese Unterscheidungen falsch oder haben wenig Bedeutung. Beispielsweise ist unsere gewohnheitsmäßige Art, Menschen als Freunde, Feinde oder Fremde zu kategorisieren, je nachdem, was für ein Gefühl sie uns geben, sowohl falsch als auch ein großes Hindernis für die Entwicklung von unvoreingenommener Liebe für alle

Naropa

Lebewesen. Statt so fest an unseren Unterteilungen der äußeren Welt festzuhalten, wäre es viel nützlicher, zwischen wertvollen und wertlosen Geisteszuständen unterscheiden zu lernen.

Um eine bestimmte Verblendung zu überwinden, müssen wir fähig sein, sie richtig zu identifizieren und sie von anderen Geisteszuständen klar zu unterscheiden. Es ist relativ einfach, Verblendungen wie Wut oder Eifersucht zu identifizieren und zu sehen, wie sie uns schaden. Verblendungen wie Anhaftung, Stolz, Festhalten am Selbst und Selbst-Wertschätzung hingegen sind viel schwieriger zu erkennen und können leicht mit anderen Geisteszuständen verwechselt werden. Wir haben zum Beispiel viele Begehren, aber nicht alle sind durch begehrende Anhaftung motiviert. Wir können den Wunsch haben, zu schlafen, zu essen, unsere Freunde zu treffen oder zu meditieren, ohne von Anhaftung beeinflusst zu sein. Ein Begehren, das Anhaftung ist, stört zwangsläufig unseren Geist. Da es uns jedoch in subtiler, indirekter Weise beeinflussen kann, haben wir vielleicht Schwierigkeiten zu erkennen, wenn es in unserem Geist entsteht.

WAS IST SELBST-WERTSCHÄTZUNG?

Von all den unzähligen begrifflichen Gedanken, die aus dem Ozean unseres Ursprungsgeistes entstehen, ist Selbst-Wertschätzung der schädlichste und der Geist, der andere wertschätzt, der nützlichste. Was genau ist Selbst-Wertschätzung? Selbst-Wertschätzung ist als ein Geist definiert, der uns selbst für überaus wichtig und kostbar hält und der sich aus der Erscheinung der wahren Existenz des Selbst entwickelt. Die Verblendung der Selbst-Wertschätzung arbeitet fast die ganze Zeit in unserem Geist und ist der eigentliche Kern unserer samsarischen Erfahrung.

Unsere Selbst-Wertschätzung ist es, die uns das Gefühl gibt, unser Glück und unsere Freiheit seien wichtiger als das Glück und die Freiheit anderer, unsere Wünsche und Gefühle hätten größere Bedeutung und unser Leben und unsere Erfahrungen seien interessanter. Wegen unserer Selbst-Wertschätzung fühlen wir uns betroffen, sobald wir selbst kritisiert oder beleidigt werden, nicht aber, wenn es unseren Freund trifft; und wird jemand gekränkt, den wir ablehnen, gefällt es uns vielleicht sogar. Haben wir Schmerzen, ist es das Wichtigste auf der Welt für uns, diese so schnell wie möglich zu lindern, mit den Schmerzen eines anderen jedoch sind wir wesentlich geduldiger. Wir sind mit Selbst-Wertschätzung so vertraut, dass wir es schwierig finden, uns ein Leben ohne sie vorzustellen. Für uns ist sie fast so selbstverständlich wie das Atmen. Überprüfen wir dies jedoch mit unserer Weisheit, werden wir erkennen, dass Selbst-Wertschätzung ein völlig fehlerhafter Geist ohne Bezug zur Wirklichkeit ist. Es gibt absolut keine gültigen Gründe anzunehmen, wir seien wichtiger als andere. Für Buddhas, die einen fehlerfreien Geist haben und die die Dinge genau so sehen wie sie sind, sind alle Lebewesen gleich wichtig.

Selbst-Wertschätzung ist ein falsches Gewahrsein, weil ihr beobachtetes Objekt, das inhärent existierende Selbst oder Ich, nicht existiert. Wenn wir unseren Geist beobachten, während sich Selbst-Wertschätzung stark manifestiert, beispielsweise wenn wir Angst haben, beschämt oder entrüstet sind, wird uns auffallen, dass wir ein sehr lebhaftes Ich-Gefühl haben. Aufgrund der Unwissenheit des Festhaltens am Selbst erscheint uns unser Ich als eine solide, reale Wesenheit, die aus sich selbst heraus existiert, unabhängig von unserem Körper oder Geist. Dieses unabhängige Ich wird das «inhärent existierende Ich» genannt und existiert überhaupt nicht. Das Ich, an das wir uns so sehr klammern, das wir so sehr schätzen und dem wir unser ganzes Leben widmen, um ihm zu dienen und es zu beschützen, ist lediglich eine Erfindung unserer Unwissenheit. Wenn wir tief über diesen Punkt nachdenken, werden wir erkennen, wie albern es ist, etwas wertzuschätzen, was nicht existiert. Eine Erklärung, wie das inhärent existierende Ich nicht existiert, wird im Kapitel über den endgültigen Bodhichitta gegeben.

Aufgrund der Prägungen des Festhaltens am Selbst, die wir seit anfangsloser Zeit angesammelt haben, erscheint unserem Geist alles, einschließlich unseres Ichs, als inhärent existierend. Indem wir an unserem eigenen Ich als inhärent existierend festhalten, halten wir auch am Selbst anderer als inhärent existierend fest und stellen uns dann vor, das Selbst und andere seien inhärent verschieden. Wir erzeugen dann Selbst-Wertschätzung, die instinktiv fühlt: «Ich bin äußerst wichtig und kostbar.» Zusammenfassend kann man sagen: Unser Festhalten am Selbst hält an unserem Ich als inhärent existierend fest, und unsere Selbst-Wertschätzung schätzt dann dieses inhärent existierende Ich mehr als alle anderen. Für gewöhnliche Wesen stehen das Festhalten am Selbst und die Selbst-Wertschätzung in sehr enger Beziehung zueinander und sind fast miteinander vermischt. Wir können sagen, dass es sich bei beiden um eine Art von Unwissenheit handelt, denn beide halten irrtümlicherweise an einem nichtexistierenden Objekt fest, dem inhärent existierenden Ich. Weil jede Handlung, die durch solche Geistesarten motiviert wird, eine verunreinigte Handlung ist, die verursacht, dass wir in Samsara wiedergeboren werden, trifft es zu, dass für gewöhnliche Wesen, sowohl das Festhalten am Selbst als auch Selbst-Wertschätzung die Wurzel Samsaras sind.

Es gibt noch eine subtilere Art der Selbst-Wertschätzung, die nicht mit dem Festhalten am Selbst verbunden ist und daher keine Art von Unwissenheit ist. Diese Art der Selbst-Wertschätzung existiert im Geist von Hinayana-Feindzerstörern, die sowohl die Unwissenheit des Festhaltens am Selbst als auch alle anderen Verblendungen vollkommen aufgegeben haben. Sie besitzen jedoch noch immer eine subtile Form der Selbst-Wertschätzung, die aus den Prägungen des Festhaltens am Selbst erwächst und die sie daran hindert, zum Wohle aller fühlenden Wesen zu arbeiten. Eine Erklärung dieser Art von Selbst-Wertschätzung würde den Rahmen dieses Buches sprengen. Hier bezieht sich Selbst-Wertschätzung auf die Selbst-Wertschätzung gewöhnlicher Wesen. Diese ist ein verblendeter Geist, der ein nichtexistierendes Selbst schätzt und es als äußerst wichtig betrachtet.

DIE FEHLER DER SELBST-WERTSCHÄTZUNG

Es ist unmöglich, auch nur ein einziges Problem, Unglück oder eine schmerzliche Erfahrung zu finden, ohne dass der Grund dafür die Selbst-Wertschätzung ist. Wie Shantideva sagt:

> Das ganze Glück der Welt
> Entsteht aus dem Wunsch, dass andere glücklich
> sein mögen.
> Das ganze Leid der Welt
> Entsteht aus dem Wunsch, selbst glücklich zu sein.

Wie sollen wir dies verstehen? Wie schon erwähnt, sind alle unsere Erfahrungen Auswirkungen von Handlungen, die wir in der Vergangenheit begangen haben: Angenehme Erfahrungen sind Auswirkungen von positiven Handlungen und unangenehme Erfahrungen sind Auswirkungen von negativen Handlungen. Wenn wir niemals negative Handlungen begehen würden, wäre es unmöglich für uns, irgendwelche unangenehmen Auswirkungen zu erfahren. Alle negativen Handlungen sind durch Verblendungen motiviert, die wiederum aus der Selbst-Wertschätzung stammen. Zuerst wächst der Gedanke: «Ich bin wichtig», und daraus entwickeln wir das Gefühl, dass die Erfüllung unserer Wünsche von höchster Wichtigkeit ist. Dann begehren wir die Dinge, die uns attraktiv erscheinen, und entwickeln Anhaftung; fühlen Abneigung den Dingen gegenüber, die unattraktiv erscheinen, und entwickeln Wut; und fühlen schließlich Gleichgültigkeit gegenüber den Dingen, die neutral erscheinen, und entwickeln Unwissenheit. Aus diesen drei Verblendungen entstehen alle anderen Verblendungen. Festhalten am Selbst und Selbst-Wertschätzung sind die Wurzeln des Baumes der Leiden, Verblendungen, wie Wut und Anhaftung, sind sein Stamm, negative Handlungen sind seine Äste und das Elend und der Schmerz Samsaras sind seine bitteren Früchte.

Wenn wir verstehen wie Verblendungen sich entwickeln, können wir erkennen, dass die Selbst-Wertschätzung der Kern unserer Negativität und unseres Leidens ist. Indem wir das Glück anderer missachten und unsere eigenen Interessen selbstsüchtig verfolgen, begehen wir viele nichttugendhafte Handlungen, deren Folgen einzig und allein Leiden sind. Das Elend von Krankheit, Gebrechen, Naturkatastrophen und Krieg können auf Selbst-Wertschätzung zurückgeführt werden. Es ist unmöglich, Krankheit oder irgendein anderes Unglück zu erleiden, wenn wir nicht irgendwann in der Vergangenheit ihre Ursache erzeugt hätten, welche zwangsläufig eine nichttugendhafte Handlung war, die durch Selbst-Wertschätzung motiviert wurde.

Wir sollten daraus aber nicht folgern, dass dies bedeutet, dass das Leid einer Person selbstverschuldet ist und dass es daher unangebracht ist, Mitgefühl zu entwickeln. Motiviert durch ihre Verblendungen, begehen Lebewesen negative Handlungen, und immer wenn sie unter dem Einfluss von Verblendungen stehen, haben sie keine Kontrolle über ihren Geist. Ein Arzt würde die Behandlung eines Geisteskranken, der seinen Kopf verletzt hat, als er ihn gegen eine Wand schlug, nicht mit der Begründung verweigern, dass es seine eigene Schuld ist. Ganz ähnlich ist es, wenn jemand in einem früheren Leben eine negative Handlung begangen hat, die jetzt zur Folge hat, dass er an einer schweren Krankheit leidet: Es besteht kein Grund, dass wir ihm deshalb unser Mitgefühl versagen sollten. Tatsächlich wird durch unser Verständnis, dass Lebewesen nicht frei von Verblendungen, der Ursache all ihres Leidens, sind, unser Mitgefühl sogar viel stärker werden. Um anderen wirksam helfen zu können, benötigen wir eine äußerst mitfühlende Absicht, die sich wünscht, andere von ihrem manifesten Leiden *und* seinen zugrundeliegenden Ursachen zu befreien.

Es ist nicht schwer zu verstehen, wie die Selbst-Wertschätzung, die wir in diesem Leben besitzen, uns Leiden zufügt. Jede Disharmonie, alle Streitigkeiten und Kämpfe rühren von der Selbst-Wertschätzung der betroffenen Menschen her. Mit Selbst-Wertschätzung halten wir an unseren Meinungen und Interessen stark fest und sind nicht gewillt, eine Situation aus einer anderen Perspektive zu betrachten. Als Folge davon werden wir schnell ärgerlich und wollen anderen verbal oder sogar körperlich schaden. Selbst-Wertschätzung deprimiert uns jedes Mal, wenn unsere Wünsche nicht in Erfüllung gehen, wir unsere Ambitionen nicht verwirklichen können oder sich unser Leben nicht so gestaltet, wie wir es geplant hatten. Wenn wir alle Anlässe untersuchen, bei denen wir uns elend gefühlt haben, werden wir entdecken, dass sie von übermäßiger Sorge um unser eigenes Wohl geprägt waren. Wenn wir unsere Arbeitsstelle, unser Heim, unseren Ruf oder unsere Freunde verlieren, sind wir traurig, aber nur, weil wir uns so sehr an diese Dinge geklammert haben. Wir sind nicht annähernd so besorgt, wenn andere Leute ihre Arbeitsstelle verlieren oder von ihren Freunden getrennt werden.

Äußere Bedingungen sind an sich weder gut noch schlecht. Reichtum beispielsweise wird allgemein als begehrenswert angesehen, besitzen wir jedoch starke Anhaftung an Reichtum, so wird er uns lediglich viel Kummer bereiten und dazu dienen, unsere Verdienste zu erschöpfen. Wird unser Geist andererseits in erster Linie durch die Wertschätzung anderer bestimmt, so kann es sogar nützlich sein, unser ganzes Geld zu verlieren, denn dies bietet uns die Gelegenheit, das Leiden derjenigen zu verstehen, die sich in ähnlichen Situationen befinden, und es entstehen weniger Ablenkungen von unserer spirituellen Praxis. Selbst wenn wir tatsächlich alle Wünsche unserer Selbst-Wertschätzung erfüllten, besteht keine Garantie, dass wir glücklich wären, denn jede samsarische Errungenschaft zieht neue Probleme nach sich und führt ausnahmslos zu neuem Begehren. Die unerbittliche Jagd nach den selbstsüchtigen Wünschen gleicht dem Trinken von Salzwasser, um unseren Durst zu löschen. Je mehr wir unserem Verlangen nachgeben, desto größer wird unser Durst.

Wenn sich Menschen umbringen, liegt dies normalerweise an ihren unerfüllten Wünschen. Nur weil ihre Selbst-Wertschätzung ihnen das Gefühl gab, ihre Wünsche seien das Wichtigste auf der Welt, war die Enttäuschung unerträglich für sie. Es liegt an unserer Selbst-Wertschätzung, dass wir unsere Wünsche und Pläne so ernst nehmen und unfähig sind, die Schwierigkeiten, die uns das Leben bereitet, zu akzeptieren und aus ihnen zu lernen. Wir werden kein besserer Mensch, indem wir uns einfach unsere Wünsche nach weltlichem Erfolg erfüllen. Die Eigenschaften, die von wirklicher Bedeutung sind, wie Weisheit, Geduld und Mitgefühl, werden wir mit gleicher Wahrscheinlichkeit durch unsere Misserfolge wie durch unsere Erfolge entwickeln.

Oft haben wir das Gefühl, dass es andere sind, die uns unglücklich machen, und wir können ziemlich nachtragend sein. Wenn wir die Situation jedoch genau betrachten, werden wir feststellen, dass es immer unsere eigene geistige Haltung ist, die für unser Unglück verantwortlich ist. Die Handlungen eines anderen Menschen machen uns nur unglücklich, wenn wir es ihnen erlauben, eine negative Reaktion in uns hervorzurufen. Kritik beispielsweise

Atisha

hat von sich aus nicht die Kraft, uns zu verletzen; wir sind nur wegen unserer Selbst-Wertschätzung gekränkt. Mit Selbst-Wertschätzung sind wir derart abhängig von der Meinung und Anerkennung anderer, dass wir unsere Freiheit verlieren, auf konstruktive Art und Weise zu reagieren und zu handeln.

Manchmal glauben wir, dass der Grund für unser Unglück ist, dass sich jemand in Schwierigkeiten befindet, den wir lieben. Wir müssen daran denken, dass unsere Liebe für andere derzeit fast immer mit Anhaftung vermischt ist, die ein egozentrischer Geist ist. Die Liebe beispielsweise, die Eltern im Allgemeinen für ihre Kinder empfinden, ist zwar tief und aufrichtig, doch ist sie nicht immer reine Liebe. Mit ihr vermischt sind unterschiedliche Gefühle: das Bedürfnis, die Liebe und Anerkennung erwidert zu bekommen; der Glaube, dass die Kinder Teil ihrer selbst seien; der Wunsch, andere Leute mit ihren Kindern zu beeindrucken, und die Hoffnung, dass die Kinder irgendwie die Ambitionen und Träume ihrer Eltern erfüllen werden. Es ist manchmal sehr schwer, zwischen unserer Liebe und unserer Anhaftung für andere zu unterscheiden. Sind wir aber einmal dazu fähig, werden wir erkennen, dass die Ursache unseres Leidens zweifelsfrei die Anhaftung ist. Reine bedingungslose Liebe verursacht niemals Schmerz oder Sorge, sondern nur Frieden und Freude.

Alle Probleme der menschlichen Gesellschaft, wie Krieg, Verbrechen, Umweltverschmutzung, Drogenabhängigkeit, Armut, Unrecht und auch Disharmonie innerhalb von Familien, sind das Resultat von Selbst-Wertschätzung. Im Glauben, dass ausschließlich Menschen von Bedeutung sind und dass die Natur nur dazu dient, menschliche Bedürfnisse zu stillen, haben wir Tausende von Tierarten ausgerottet und unseren Planeten derart verschmutzt, dass die große Gefahr besteht, dass er auch für Menschen bald nicht mehr bewohnbar sein wird. Würde jeder den anderen wertschätzen, wären viele der größten Probleme dieser Welt innerhalb von wenigen Jahren gelöst.

Selbst-Wertschätzung ist wie eine eiserne Kette, die uns in Samsara gefangen hält. Die grundlegende Ursache unseres Leidens liegt darin, dass wir uns in Samsara befinden, und wir sind in Samsara, weil wir unaufhörlich die verblendeten, egozentrischen Handlungen ausführen, die den Zyklus der unkontrollierten Wiedergeburt in Gang halten. Samsara ist die Erfahrung eines egozentrischen Geistes. Die sechs Bereiche Samsaras, vom Götterbereich bis zur Hölle, sind allesamt traumgleiche Projektionen eines Geistes, der durch Selbst-Wertschätzung und Festhalten am Selbst entstellt ist. Indem sie uns dazu führen, unser Leben als einen ständigen Kampf anzusehen, unserem eigenen Ich zu dienen und es zu beschützen, treiben uns diese zwei Geistesarten dazu, unzählige destruktive Taten zu begehen, die uns im Alptraum Samsaras gefangen halten. Solange wir diese zwei Geistesarten nicht zerstören, werden wir niemals wahre Freiheit oder wahres Glück kennen lernen, werden zu keiner Zeit unseren Geist wirklich unter Kontrolle haben und werden nicht vor der Bedrohung niederer Wiedergeburt sicher sein.

Auch wenn wir unsere Selbst-Wertschätzung nur gelegentlich kontrollieren, ist dies von großem Wert. Alle Sorgen, Ängste und Traurigkeit beruhen auf Selbst-Wertschätzung. In dem Augenblick, in dem wir von unserer zwanghaften Sorge um unser eigenes Wohl ablassen, wird sich unser Geist sofort entspannen und erleichtert sein. Selbst wenn wir schlechte Nachrichten erhalten, wird unser Geist friedvoll bleiben, solange wir es schaffen, unsere gewohnte egozentrische Reaktion zu überwinden. Gelingt es uns andererseits nicht, unsere Selbst-Wertschätzung zu bezwingen, werden uns selbst die belanglosesten Dinge stören. Wenn uns ein Freund kritisiert, bringt uns das gleich aus der Fassung und sogar die Nichterfüllung kleinster Wünsche macht uns niedergeschlagen. Sagt ein Dharma-Lehrer oder eine -Lehrerin etwas, das uns missfällt, werden wir vielleicht auf ihn oder sie ärgerlich oder verlieren sogar unser Vertrauen zu ihm oder ihr. Viele Leute geraten außer sich, nur weil eine Maus in ihr Zimmer kommt. Mäuse fressen keine Menschen. Welchen Grund gibt es also, sich aufzuregen? Es ist nur der törichte Geist der Selbst-Wertschätzung, der uns stört. Wenn wir die Maus so sehr liebten wie uns selbst, würden wir die Maus in unserem Zimmer willkommen heißen und denken: «Sie hat das gleiche Recht, hier zu sein wie ich!»

Für diejenigen, die danach streben, erleuchtet zu werden, ist Selbst-Wertschätzung der schlimmste Fehler. Selbst-Wertschätzung ist das Haupthindernis auf dem Weg zur Wertschätzung anderer. Andere nicht zu schätzen ist das Haupthindernis für die Entwicklung von Großem Mitgefühl, und das Versäumnis, Großes Mitgefühl zu entwickeln, ist das Haupthindernis Bodhichitta zu erzeugen und in den Mahayana-Pfad einzutreten. Da Bodhichitta die Hauptursache für die große Erleuchtung ist, können wir erkennen, dass Selbst-Wertschätzung auch das Haupthindernis für die Erlangung der Buddhaschaft darstellt.

Obwohl wir vielleicht zustimmen, dass wir objektiv gesehen in keiner Weise wichtiger als andere sind und dass Selbst-Wertschätzung viele Fehler hat, haben wir vielleicht trotzdem immer noch das Gefühl, dass sie unentbehrlich ist. Wenn wir selbst uns nicht schätzen und für uns sorgen, so wird es sicherlich niemand anders tun! Das ist eine falsche Denkweise. Obwohl es stimmt, dass wir uns um uns selbst kümmern müssen, sollten wir nicht durch Selbst-Wertschätzung motiviert sein. Wir können auf unsere Gesundheit achten, einer Arbeit nachgehen und uns um unser Haus und unseren Besitz kümmern, einzig und allein aus Sorge um das Wohlergehen anderer. Wenn wir unseren Körper als ein Werkzeug betrachten, mit dem wir anderen von Nutzen sein können, sind wir imstande, ihn zu ernähren, zu kleiden, zu waschen und ausruhen zu lassen, alles ohne Selbst-Wertschätzung. So wie sich ein Krankenwagenfahrer um sein Fahrzeug kümmern kann, ohne es sein eigen zu nennen, so können wir uns zum Wohle anderer um unseren Körper und Besitz kümmern. Der einzige Weg, wie wir allen Lebewesen je wirklich helfen können, ist ein Buddha zu werden, und die menschliche Gestalt ist das bestmögliche Werkzeug, dies zu vollbringen. Deshalb müssen wir unseren Körper gut pflegen. Tun wir dies mit der Motivation des Bodhichittas, so werden alle unsere Handlungen, die das Wohl unseres Körpers betreffen, Teil des Pfades zur Erleuchtung.

Manchmal verwechseln wir Selbst-Wertschätzung vielleicht mit Selbstvertrauen und Selbstachtung. In Wirklichkeit jedoch haben sie nichts miteinander zu tun. Wir wollen nicht aus Selbstachtung immer nur das Beste für uns selbst, und wir wollen nicht aus Selbstachtung andere täuschen oder ausnutzen oder unsere Verantwortung ihnen gegenüber vernachlässigen. Wenn wir dies ehrlich überprüfen, werden wir erkennen, dass es unsere Selbst-Wertschätzung ist, die uns veranlasst, in einer Weise zu handeln, die uns unsere Selbstachtung raubt und unser Selbstvertrauen zerstört. Manche Leute werden wegen ihrer Selbst-Wertschätzung in den Abgrund des Alkoholismus oder der Drogenabhängigkeit getrieben und verlieren dabei selbst das letzte Quäntchen Selbstachtung. Andererseits wird unsere Selbstachtung und unser Selbstvertrauen um so größer, je mehr wir andere schätzen und bemüht sind, ihnen zu helfen. Das Bodhisattva-Gelübde beispielsweise, in dem der Bodhisattva verspricht, alle Fehler und Hindernisse zu überwinden, alle guten Qualitäten zu erlangen und so lange zu arbeiten, bis alle Lebewesen von den Leiden Samsaras befreit sind, ist Ausdruck enormen Selbstvertrauens, völlig jenseits von dem eines egozentrischen Wesens.

Wir fragen uns vielleicht auch: «Wenn ich keine Selbst-Wertschätzung hätte, würde dies nicht bedeuten, dass ich mich selbst nicht leiden kann? Sicherlich ist es nötig, sich selbst anzunehmen und zu lieben, denn wie kann ich andere lieben, wenn ich mich selbst nicht liebe?» Das ist eine wichtige Frage. In der *Geistesschulung in sieben Punkten* erklärt Geshe Chekhawa einige Verpflichtungen der Geistesschulung, die als Richtlinien für Lojong-Praktizierende dienen. Die erste besagt: «Lass es nicht zu, dass deine Geistesschulung unangemessenes Verhalten verursacht.» Diese Verpflichtung rät Lojong-Praktizierenden, mit sich selbst glücklich zu sein. Sind wir übermäßig selbstkritisch, werden wir uns in uns selbst zurückziehen und entmutigt sein, und dies wird es uns erschweren, unseren Geist auf die Wertschätzung anderer zu richten. Obwohl es notwendig ist, sich eigener Fehler bewusst zu werden, sollten wir uns ihretwegen nicht hassen. Diese Verpflichtung rät uns zusätzlich, dass wir uns um uns selbst und unsere Bedürfnisse kümmern sollten. Versuchen wir, ohne die Grundbedürfnisse, wie ausreichende Nahrung und eine Unterkunft, auszukommen, werden wir wahrscheinlich unserer Gesundheit schaden und unsere Fähigkeit, anderen zu helfen, beeinträchtigen. Wenn uns zudem Leute beobachten, wie wir uns in extremer Weise verhalten, folgern sie vielleicht, dass wir unausgeglichen sind und man uns deshalb weder vertrauen noch glauben kann. Unter solchen Umständen werden wir nicht in der Lage sein, den Menschen zu helfen. Selbst-Wertschätzung vollkommen aufzugeben ist nicht einfach und wird eine lange Zeit in Anspruch nehmen. Sind wir mit uns selbst nicht zufrieden oder vernachlässigen unser eigenes Wohl in törichter Weise, werden wir weder das Selbstvertrauen noch die Energie besitzen, um eine so radikale spirituelle Veränderung herbeizuführen.

Sind wir einmal frei von Selbst-Wertschätzung, verlieren wir nicht unseren Wunsch, glücklich zu sein, sondern erkennen, dass echtes Glück in der Wertschätzung anderer zu finden ist. Wir haben eine unerschöpfliche Quelle des Glücks innerhalb unseres eigenen Geistes entdeckt – unsere Liebe für andere. Schwierige äußere Umstände deprimieren uns nicht und angenehme Ereignisse lassen uns nicht in übertriebene Begeisterung ausbrechen, denn wir sind fähig, beides umzuwandeln und zu genießen. Statt sich auf das Ansammeln von guten äußeren Bedingungen zu konzentrieren, ist unser Wunsch nach Glück auf den Entschluss gerichtet, Erleuchtung zu erlangen. Wir erkennen darin den einzigen Weg zu reinem Glück. Obwohl wir uns danach sehnen, die endgültige Glückseligkeit der vollen Erleuchtung zu genießen, tun wir dies ausschließlich zum Wohle anderer, denn Erleuchtung zu erlangen ist lediglich das Mittel dafür, uns unseren wahren Wunsch zu erfüllen, nämlich das gleiche Glück allen Lebewesen zuteil werden zu lassen. Wenn wir ein Buddha werden, erstrahlt unser Glück für immer als Mitgefühl, nährt alle Lebewesen und versetzt sie allmählich in den gleichen Zustand.

Kurz gesagt, Selbst-Wertschätzung ist ein vollkommen wertloser und unnötiger Geisteszustand. Wir mögen hoch intelligent sein, wenn wir uns jedoch nur um unser eigenes Wohl sorgen, können wir unseren grundlegenden Wunsch, Glück zu finden, niemals erfüllen. In Wirklichkeit macht uns Selbst-Wertschätzung einfältig. Sie bewirkt, dass wir in diesem Leben Unglück erfahren, verleitet uns zu zahllosen negativen Handlungen, die zu Leiden in allen zukünftigen Leben führen, fesselt uns an Samsara und blockiert den Pfad zur Erleuchtung. Andere wertzuschätzen bewirkt das genaue Gegenteil. Schätzen wir ausschließlich andere, werden wir in diesem Leben glücklich sein und viele tugendhafte Handlungen ausführen, die zu Glück in zukünftigen Leben führen, wir werden frei von den Verblendungen sein, die uns in Samsara halten und schnell alle notwendigen Qualitäten entwickeln, um Erleuchtung zu erlangen.

WIE SELBST-WERTSCHÄTZUNG ZERSTÖRT WIRD

Indem wir über die Fehler der Selbst-Wertschätzung und die Vorteile der Wertschätzung anderer nachdenken, werden wir den festen Entschluss fassen, Selbst-Wertschätzung aufzugeben und ausschließlich andere zu schätzen.

Wir sollten diesen Entschluss so lange wie möglich in der Meditation aufrechterhalten. Wenn wir uns von der Meditation erheben, sollten wir versuchen, unseren Entschluss in die Praxis umzusetzen und ihn während all unserer Aktivitäten beizubehalten. Es ist unmöglich, Selbst-Wertschätzung sofort zu beenden, da sie eine so tief verwurzelte und alles durchdringende Geistesgewohnheit ist, die uns seit anfangsloser Zeit begleitet. Indem wir jedoch ihre Nachteile erkennen und großes Bemühen aufbringen, können wir sie langsam abbauen. Wir können die schlimmsten Exzesse der Selbst-Wertschätzung sofort beenden und die subtileren Arten der Selbst-Wertschätzung allmählich beseitigen.

Nachdem wir die Absicht entwickelt haben, unsere Selbst-Wertschätzung zu überwinden, ist der nächste Schritt, sie sofort zu erkennen, sobald sie in unserem Geist entsteht. Um dies zu erreichen, rät uns Geshe Langri Tangpa unser geistiges Kontinuum während all unserer Handlungen zu untersuchen. Dies bedeutet, dass wir nach Geshe Ben Gungyals Vorbild praktizieren sollten und unseren eigenen Geist oder geistiges Kontinuum bei allen unseren Aktivitäten beobachten. Normalerweise passen wir auf, was andere tun, jedoch wäre es viel besser, wenn wir verfolgen würden, was in unserem eigenen Geist vor sich geht. Was auch immer wir tun, ob wir arbeiten, uns unterhalten, entspannen oder Dharma studieren, ein Teil unseres Geistes sollte ständig aufmerksam unsere aufsteigenden Gedanken überprüfen. Sobald sich eine Verblendung zu entwickeln droht, sollten wir versuchen, dies zu verhindern. Wenn wir eine Verblendung in einem frühen Stadium ertappen, ist es recht einfach, sie abzuwenden, erlauben wir ihr jedoch, sich voll zu entfalten, wird es sehr schwierig sein, sie zu kontrollieren.

Eine unserer destruktivsten Verblendungen ist Wut. Der Grund, weshalb wir ärgerlich werden, ist der, dass wir unserem Geist erlauben, auf einem Objekt zu verweilen, das mit Wahrscheinlichkeit Wut in uns auslöst. Erwischen wir unseren Geist, sobald er beginnt, sich auf ein solches Objekt zu konzentrieren, ist es ziemlich einfach, Wut am Aufsteigen zu hindern und unsere Gedanken in eine konstruktivere Richtung zu lenken. Wir müssen uns nur sagen: «Dies ist eine unangebrachte Art zu denken und führt bald zu Wut, die viele Fehler hat.» Versäumen wir es jedoch, frühzeitig unsere Wut zu erkennen und erlauben ihr, sich zu entfalten, wird sie schnell zu einem tobenden Feuer, welches man sehr schwer löschen kann. Gleiches gilt auch für alle anderen Verblendungen, einschließlich der Selbst-Wertschätzung. Werden wir uns rechtzeitig eines selbstsüchtigen Gedankenganges bewusst, können wir ihn leicht abwenden, erlauben wir ihm jedoch sich zu entwickeln, wird er stärker werden, bis es beinahe unmöglich ist, ihn zu verhindern.

Es gibt drei Stufen, auf denen man Verblendungen aufgeben kann. Die erste ist, eine bestimmte Verblendung bei ihrer Entstehung zu erkennen, sich an ihre Nachteile zu erinnern und sie daran zu hindern, manifest zu werden. Solange wir unseren Geist überwachen, ist dies recht einfach. Wir sollten deshalb versuchen, diese Praxis ständig anzuwenden, ganz gleich womit wir gerade beschäftigt sind. Wir müssen uns insbesondere darum bemühen, äußerst wachsam zu sein, sobald uns auffällt, dass unser Geist angespannt oder unglücklich ist, denn ein solcher Geist bildet eine perfekte Brutstätte für Verblendungen. Aus diesem Grund sagt Geshe Chekhawa in der *Geistesschulung in sieben Punkten*: «Vertraue immer einzig auf einen glücklichen Geist.»

Die zweite Stufe, unsere Verblendungen aufzugeben, besteht darin, sie zu bändigen, indem wir die entsprechenden Gegenmittel einsetzen. Um beispielsweise unsere Anhaftung zu bezwingen, können wir über die Fehler von Samsara meditieren und unsere Anhaftung durch den entgegengesetzten Geist der Entsagung ersetzen. Indem wir in regelmäßiger und systematischer Weise über Lamrim und Lojong meditieren, verhindern wir nicht nur die

Entstehung verblendeter Gedanken- und Gefühlsmuster, sondern ersetzen sie auch durch starke und stabile tugendhafte Denkmuster, die auf Weisheit anstelle von Unwissenheit beruhen. Auf diese Weise können wir die Entstehung der meisten Verblendungen von vornherein verhindern. Sind wir beispielsweise tief vertraut mit der Sichtweise, dass andere wichtiger sind als wir selbst, dann wird Selbst-Wertschätzung nur selten entstehen.

Die dritte Stufe, Verblendungen aufzugeben, besteht darin, sie zusammen mit ihren Samen vollends aufzugeben, indem wir eine direkte Realisation von Leerheit gewinnen. Auf diese Weise zerstören wir das Festhalten am Selbst, die Wurzel aller Verblendungen.

Wie bereits erwähnt, erklärt Langri Tangpa in den ersten zwei Versen in erster Linie die Praxis des Gleichstellens vom Selbst und anderen, wodurch wir lernen, andere ebenso sehr zu schätzen wie uns selbst. Wir denken: «Genauso wichtig wie mein eigenes Glück ist das Glück eines jeden anderen.» So teilen wir unser Gefühl der Wertschätzung. Da dies an unser Gerechtigkeitsgefühl appelliert und unseren Geist der Selbst-Wertschätzung nicht unmittelbar herausfordert, ist es einfacher zu akzeptieren und zu praktizieren. Wir können auch darüber nachdenken, dass es völlig gleichgültig ist, wie sehr wir leiden, denn wir sind lediglich eine einzelne Person, während die Lebewesen zahllos sind. Daher ist es offensichtlich wichtig, dass sie zumindest etwas Frieden und Glück erfahren. Obwohl wir jeden unserer Finger und Daumen als kostbar erachten, wären wir dazu bereit, einen zu opfern, um die anderen neun zu retten, aber neun zu opfern, um einen zu retten, wäre absurd. In ähnlicher Weise sind neun Menschen wichtiger als eine einzelne Person, und deshalb sind zahllose Lebewesen natürlich wichtiger als ein einzelnes Selbst. Das heißt, dass es logisch ist, andere mindestens ebenso sehr zu schätzen wie uns selbst.

Nachdem wir uns etwas mit der Praxis des Gleichstellens vom Selbst und anderen vertraut gemacht haben, sind wir bereit, uns dem Geist der Selbst-Wertschätzung direkter zu stellen, und im dritten Vers legt uns Langri Tangpa ans Herz, genau dies zu tun. Mit den Worten «Aufgrund derer ich mich oder andere sich unangemessen verhalten würden» erklärt er, wie unsere Selbst-Wertschätzung uns nicht nur dazu bringt, uns unangemessen zu verhalten, sondern wie sie auch bewirkt, dass sich andere in nichttugendhafter Weise benehmen, indem sie ihren Geist stört und ein schlechtes Beispiel setzt. Da Selbst-Wertschätzung so viele Fehler hat, ermutigt uns Langri Tangpa dazu «ihr beharrlich gegenüberzutreten und sie abzuwenden», sobald sie sich in unserem Geist entwickelt.

Während wir unseren Geist ununterbrochen aufmerksam beobachten, können wir uns darin schulen, Selbst-Wertschätzung zu erkennen, sobald sie entsteht, und uns dann sofort an ihre Nachteile erinnern. Geshe Chekhawa rät uns «alle Schuld zusammenzufassen», womit er meint, dass wir die Selbst-Wertschätzung für unsere gesamten Probleme und Leiden verantwortlich machen sollten. Normalerweise beschuldigen wir andere, wenn etwas misslingt, jedoch ist der wahre Grund für alle unsere Probleme unser Geist der Selbst-Wertschätzung. Haben wir die Selbst-Wertschätzung erst einmal richtig identifiziert, sollten wir sie als unseren ärgsten Feind betrachten und ihr die Schuld für alle unsere Leiden geben. Obwohl es gut ist, Toleranz zu üben und anderen ihre Schwächen zu verzeihen, sollten wir unsere Selbst-Wertschätzung niemals tolerieren, denn je nachsichtiger wir mit ihr sind, um so mehr wird sie uns schaden. Es ist viel besser, vollkommen rücksichtslos mit ihr zu sein, und sie für alles, was missglückt, verantwortlich zu machen. Wenn wir uns über etwas ärgern wollen, sollten wir mit dem «Dämon» unserer Selbst-Wertschätzung ärgerlich werden. In Wirklichkeit ist Wut, die gegen Selbst-Wertschätzung gerichtet ist, keine echte Wut, denn sie beruht auf Weisheit anstatt auf Unwissenheit, und sorgt dafür, dass unser Geist rein und friedvoll wird.

So zu praktizieren erfordert großes Geschick. Weisen wir unserer Selbst-Wertschätzung die Schuld für alle unsere Probleme zu und entwickeln wir daraufhin ein schlechtes Gewissen und fühlen uns unzulänglich, so zeigt dies, dass wir bei der Schuldzuweisung nicht klar unterschieden haben zwischen unserer Selbst-Wertschätzung und uns selbst. Obwohl es stimmt, dass Selbst-Wertschätzung für jedes unserer Probleme verantwortlich ist, bedeutet dies nicht, dass wir selbst Schuld tragen. Einmal mehr müssen wir lernen, zwischen uns selbst und unseren Verblendungen zu unterscheiden. Werden wir angegriffen, so ist es nicht unsere Schuld, sondern die Schuld unserer Selbst-Wertschätzung. Warum? Weil es die karmische Auswirkung einer nichttugendhaften Handlung ist, die wir in einem früheren Leben unter dem Einfluss von Selbst-Wertschätzung begangen haben. Zudem schadet uns unser Angreifer lediglich wegen seiner Selbst-Wertschätzung, und ihn zu beschuldigen ist daher nicht hilfreich, denn dies wird uns nur verbittern. Wenn wir jedoch unserem Geist der Selbst-Wertschätzung die ganze Schuld geben und uns entschließen, ihn zu zerstören, werden wir nicht nur unbehelligt bleiben, sondern untergraben gleichzeitig die Grundlage für alles zukünftige Leid.

Die Unterweisung über das Erkennen der Fehler unserer Selbst-Wertschätzung und die nachfolgende Entwicklung des Wunsches, diese zu überwinden, ist nicht einfach in die Praxis umzusetzen. Wir müssen daher geduldig sein. Eine Praxis, die für eine bestimmte Person geeignet ist, ist nicht unbedingt für jemand anderen geeignet, und eine Praxis, die für jemanden zu einer bestimmten Zeit angebracht ist, ist nicht ohne weiteres für die gleiche Person zu einer anderen Zeit geeignet. Buddha erwartete nicht von uns, dass wir alle seine Lehren sofort in die Praxis umsetzen; sie sind für eine große Vielfalt von Praktizierenden verschiedener Entwicklungsstufen und Veranlagungen gedacht. Es gibt auch einige Anweisungen, die nicht praktiziert werden können, solange wir andere Übungen betonen, so wie es nicht angebracht ist, Tee und Kaffee gleichzeitig zu trinken. Dharma-Anweisungen sind wie Medikamente und müssen geschickt verabreicht werden, indem wir die Wesensart des Einzelnen und seine besonderen Bedürfnisse berücksichtigen. Um uns beispielsweise zu ermutigen, Entsagung zu entwickeln – den Wunsch, Befreiung von Samsara zu erlangen –, gab Buddha ausführliche Unterweisungen darüber, daß das gewöhnliche Leben die Natur des Leidens hat. Nicht jeder jedoch kann diese Unterweisungen sofort anwenden. Manche Menschen werden durch das Meditieren über Leiden nur entmutigt. Anstatt einen freudigen Geist der Entsagung zu entwickeln, werden sie lediglich deprimiert. Für diese Leute ist es besser, vorübergehend nicht über Leiden zu meditieren, sondern später darauf zurückzukommen, wenn ihr Geist stärker und ihre Weisheit klarer ist.

Praktizieren wir fortgeschrittene Unterweisungen und stellen dabei fest, dass sich unser Stolz oder unsere Verwirrung verstärken, weist dies darauf hin, dass wir für solche Unterweisungen noch nicht bereit sind und zunächst den Aufbau eines stabilen Fundamentes grundlegender Übungen betonen sollten. Wenn irgendeine Meditation oder Praxis keine gute Wirkung auf unseren Geist hat, uns unglücklich macht oder unsere Verblendungen vergrößert, so ist dies ein klares Zeichen dafür, dass wir falsch praktizieren. Anstatt hartnäckig und ehrgeizig die Praxis fortzusetzen, mag es besser sein, sie einstweilig zur Seite zu legen und Rat bei erfahrenen Praktizierenden einzuholen. Wir können auf diese Praxis zurückkommen, sobald wir verstehen, wo unser Fehler liegt und wie man richtig praktiziert. Was wir jedoch niemals tun sollten, ist eine Dharma-Anweisung abzulehnen und zu denken: «Das werde ich niemals praktizieren.»

Gehen wir zum Einkaufen, so fühlen wir uns nicht gezwungen, alles im Geschäft zu kaufen. Es ist jedoch hilfreich, sich zu merken, was der Laden führt, so dass wir später zurückkommen können, falls wir etwas benötigen.

Das gleiche gilt für Dharma-Unterweisungen. Wenn wir sie anhören, sind wir vielleicht nicht sofort in der Lage, alles zu praktizieren, was wir hören. Es ist jedoch trotzdem wichtig, sich alles zu merken, so dass wir ein umfassendes Verständnis des Dharmas aufbauen können. Wir können dann später, wenn wir dazu bereit sind, die Anweisungen, die wir gehört haben, in die Praxis umsetzen. Einer der großen Vorteile von Lamrim, den Stufen des Pfades zur Erleuchtung, ist, dass es uns eine Struktur oder ein Lagerhaus zur Verfügung stellt, wo wir den ganzen Dharma, den wir gehört haben, einordnen können.

Erinnern wir uns nur an diejenigen Unterweisungen, die wir sofort in unserer gegenwärtigen Situation gebrauchen können, bleibt uns nichts, worauf wir zurückgreifen könnten, wenn sich unsere Umstände ändern. Können wir uns jedoch an alle Unterweisungen, die wir erhalten haben, erinnern, werden wir eine gewaltige Palette von Anweisungen zur Verfügung haben, die wir zu gegebener Zeit anwenden können. Eine Praxis, die uns momentan schwer verständlich und relativ unwichtig erscheinen mag, könnte später zu einem wesentlichen Teil unserer spirituellen Übungen werden. Wichtig ist, dass wir umsichtig und unserem eigenen Tempo entsprechend vorgehen, sonst fühlen wir uns vielleicht verwirrt oder entmutigt und könnten schließlich Dharma sogar völlig ablehnen.

Es gibt keine größere spirituelle Praxis, als Selbst-Wertschätzung zu erkennen, sobald sie entsteht, und ihr dann alle Schuld für unsere Probleme zuzuweisen. Es ist unwichtig, wie viel Zeit wir damit verbringen; selbst wenn es Jahre dauert oder gar unser ganzes Leben, wir müssen damit fortfahren, bis unsere Selbst-Wertschätzung vollkommen zerstört ist. Wir sollten es nicht eilig haben, Ergebnisse zu sehen, sondern statt dessen geduldig und aufrichtig praktizieren. Schnelle Ergebnisse zu erwarten beruht ebenfalls auf Selbst-Wertschätzung und ist das Rezept für Enttäuschungen. Praktizieren wir mit Freude und Beharrlichkeit, während wir gleichzeitig Negativität reinigen, Verdienste ansammeln und Segnungen empfangen, werden wir auf jeden Fall darin erfolgreich sein, unsere Selbst-Wertschätzung zu verringern und sie schließlich aufzugeben.

Selbst wenn unsere Meditationen nicht zufriedenstellend verlaufen, können wir Achtsamkeit und Wachsamkeit im täglichen Leben praktizieren und Selbst-Wertschätzung verhindern, sobald sie entsteht. Es ist eine einfache Praxis, sie erbringt aber großartige Resultate. Wenn wir diese Übung ständig durchführen, werden unsere Probleme verschwinden, und wir werden von selbst immer glücklich sein. Es gibt Menschen, denen es gelungen ist, ihre Selbst-Wertschätzung vollkommen aufzugeben, und die jetzt ausschließlich andere wertschätzen. Folglich haben sich alle ihre Probleme gelöst und ihr Geist ist immer von Freude erfüllt. Ich kann Ihnen garantieren, dass Sie um so glücklicher sein werden, je weniger Sie sich selbst und je mehr Sie andere schätzen.

Wir sollten eine feste Entschlossenheit in unserem Herzen bewahren, unseren Geist der Selbst-Wertschätzung aufzugeben. Wenden wir für diesen Entschluss Tag für Tag und Jahr für Jahr rüstungsgleiches Bemühen an, wird unsere Selbst-Wertschätzung allmählich nachlassen und schließlich enden. Die frühen Kadampas pflegten oft zu sagen, dass alles, was wir tun müssen, um ein tugendhaftes Leben zu führen, ist, unseren Verblendungen möglichst großen Schaden zuzufügen und anderen Lebewesen möglichst großen Nutzen zu bringen. Mit diesem Verständnis sollten wir ständig gegen unseren inneren Feind, die Selbst-Wertschätzung, zu Felde ziehen und danach streben, andere zu schätzen und ihnen zu nutzen.

Um unsere Selbst-Wertschätzung vollkommen zu zerstören, müssen wir uns auf die Praxis des Austauschens vom Selbst mit anderen verlassen, wobei wir uns nicht mehr an unser eigenes Glück klammern, sondern erkennen, dass andere Menschen und ihre Bedürfnisse und

Wünsche von höchster Wichtigkeit sind. Unsere einzige Sorge gilt dem Wohl anderer.

Für jemanden, der sich vollkommen mit anderen ausgetauscht hat und der keine Selbst-Wertschätzung besitzt, bedeutet dies jedoch nicht, dass er sich selbst vernachlässigt. Er kümmert sich sehr wohl um sich selbst, doch nur anderen zuliebe. Er betrachtet sich selbst als einen Diener aller Lebewesen und als deren Besitz; aber selbst Diener müssen essen und ruhen, wollen sie tatkräftig sein. Im Allgemeinen wäre es zum Beispiel sehr töricht, wenn wir unsere ganze Habe verschenken würden und nichts für den eigenen Lebensunterhalt oder für unsere spirituelle Praxis übrig ließen. Da es unser eigentlicher Wunsch ist, allen Lebewesen zu helfen, und dieses Ziel nur erreichbar ist, wenn wir selbst ein Buddha werden, müssen wir unsere spirituelle Praxis schützen, indem wir unser Leben so gestalten, dass wir auf möglichst effektive Weise praktizieren können. Darüber hinaus sollten wir auch sicherstellen, wenn wir anderen behilflich sind, dass wir, indem wir einer Person helfen, nicht unsere Fähigkeit untergraben, vielen anderen Menschen zu helfen. Obwohl wir von Herzen gerne alles weggeben würden, was wir besitzen, um einem Menschen zu helfen, müssen wir doch unsere Zeit und unsere Ressourcen so verwalten, dass wir von größtem Nutzen für alle Lebewesen sind.

Die Praxis des Austauschens vom Selbst mit anderen gehört einer besonderen Weisheitsüberlieferungslinie an, die auf Buddha Shakyamuni zurückgeht und durch Manjushri und Shantideva bis zu Atisha und den Kadampa-Geshes überliefert wurde. Der Bodhichitta, der durch diese Methode entwickelt wird, ist tiefgründiger und kraftvoller als der Bodhichitta, der durch andere Methoden erzeugt wird. Obwohl jeder, der Interesse an spiritueller Entwicklung hat, fähig ist, seine Selbst-Wertschätzung zu verringern, und lernen kann, andere zu schätzen, ist eine vollkommene Realisation des Austauschens vom Selbst mit anderen eine sehr tiefgründige Erlangung. Um unseren Geist auf eine derart radikale Art und Weise umzuwandeln, benötigen wir tiefes Vertrauen in diese Praxis, eine Fülle von Verdiensten und kraftvolle Segnungen von einem Spirituellen Meister, der persönliche Erfahrung in diesen Unterweisungen hat. Mit Hilfe dieser förderlichen Bedingungen ist die Praxis des Austauschens vom Selbst mit anderen nicht schwierig.

Wir fragen uns vielleicht, weshalb es nötig ist, andere mehr zu schätzen als uns selbst. Wäre es nicht besser, einfach mehr Gewicht darauf zu legen, den Menschen gleich jetzt in praktischer Weise zu helfen, anstatt nach so hohen spirituellen Realisationen zu streben? Der Grund, weshalb wir unseren Geist im Austauschen vom Selbst mit anderen schulen müssen, liegt darin, dass unsere Selbst-Wertschätzung nicht nur unsere Absicht, sondern auch unsere Fähigkeit beeinträchtigt, anderen zu nutzen. Mit Selbst-Wertschätzung besitzen wir keine unvoreingenommene, allumfassende Liebe für alle Lebewesen, und solange unser Wunsch, ihnen zu helfen, mit Selbst-Wertschätzung vermischt ist, können wir niemals sicher sein, dass unsere Handlungen ihnen tatsächlich nutzen. Obwohl wir vielleicht manchen Menschen aufrichtig helfen möchten, wie unserer Familie, unseren Freunden oder Notleidenden, erwarten wir normalerweise, dass wir etwas zurückbekommen, und sind gekränkt und enttäuscht, wenn dies ausbleibt. Da unser Wunsch, anderen zu nutzen, mit selbstsüchtigen Interessen verbunden ist, bleibt unsere Hilfe fast immer an Erwartungen oder persönliche Vorteile geknüpft. Da unsere Absicht unrein ist, fehlt es unserer Fähigkeit zu helfen an Kraft, und sie bleibt begrenzt.

Wenn wir uns nicht bemühen, unsere Selbst-Wertschätzung zu beseitigen, aber behaupten, für das Wohl aller Lebewesen zu arbeiten, kommt unsere Behauptung aus unserem Munde und nicht aus unserem Herzen. Selbstverständlich sollten wir anderen in praktischer Weise helfen, wann immer wir können, jedoch sollten wir stets daran denken, dass es unsere Hauptabsicht ist, unseren Geist zu entwickeln. Indem wir uns im Austauschen vom Selbst mit anderen schulen, werden wir schließlich das endgültige Glück der Buddhaschaft erfahren und vollkommene Macht besitzen, anderen Lebewesen zu nutzen. Erst dann werden wir in einer Position sein zu sagen: «Ich bin ein Wohltäter aller Lebewesen.» Auf diese Weise erfüllt unsere Schulung im Austauschen vom Selbst mit anderen sowohl unser eigenes als auch das Ziel anderer.

Im Augenblick ist unsere wichtigste Aufgabe, unseren Geist zu schulen und insbesondere unsere Absicht zu stärken, anderen behilflich zu sein. In seinem *Freundlichen Brief* sagt Nagarjuna, dass unsere Fähigkeit, anderen zu helfen, allmählich anwachsen würde, obwohl wir vielleicht momentan noch nicht die Kraft dazu besäßen, sofern wir die Absicht, helfen zu wollen, ständig beibehalten würden. Dies verhält sich so, weil unsere Verdienste, unsere Weisheit und unsere Fähigkeit, anderen tatsächlich zu nutzen, zunehmen werden, je mehr wir andere schätzen. Und Gelegenheiten, auf praktische Weise zu helfen, werden sich dann von selbst ergeben.

WIE IST ES MÖGLICH, SICH MIT ANDEREN AUSZUTAUSCHEN?

Das Austauschen vom Selbst mit anderen bedeutet nicht, dass wir die andere Person werden. Es bedeutet, dass wir das Objekt unserer Wertschätzung vom Selbst auf andere übertragen. Um zu erkennen, wie dies möglich ist, sollten wir verstehen, dass sich das Objekt unseres Geistes der Selbst-Wertschätzung ständig ändert. Wenn wir jung sind, ist das Objekt unserer Selbst-Wertschätzung ein junges Mädchen oder ein Junge, später jedoch ändert es sich zu einem Jugendlichen, dann zu einer Person mittleren Alters und schließlich zu einer alten Person. Momentan schätzen wir uns selbst vielleicht als einen bestimmten Menschen namens Maria oder Hans. Nach unserem Tod jedoch wird sich das Objekt unserer Wertschätzung vollkommen ändern. Auf diese Weise verändert sich das Objekt unserer

Wertschätzung ständig, sowohl innerhalb dieses Lebens, als auch von einem Leben zum nächsten. Da unsere Wertschätzung ganz von selbst von einem Objekt zu einem anderen wechselt, ist es für uns durch Schulung in Meditation auf jeden Fall möglich, das Objekt unserer Wertschätzung vom Selbst auf andere zu übertragen.

Aufgrund unserer Unwissenheit halten wir an unserem Körper sehr stark fest und denken: «Das ist mein Körper.» Indem wir diesen Körper als «meinen» identifizieren, schätzen und lieben wir ihn von ganzem Herzen und haben das Gefühl, dass er unser kostbarster Besitz ist. In Wirklichkeit jedoch gehört unser Körper anderen; wir haben ihn nicht aus unserem früheren Leben mitgebracht, sondern erhielten ihn in diesem Leben von unseren Eltern. Zum Zeitpunkt der Empfängnis ging unser Bewusstsein in die Vereinigung des Spermas unseres Vaters und der Eizelle unserer Mutter ein, die sich allmählich zu unserem gegenwärtigen Körper entwickelte. Unser Geist identifizierte sich dann mit diesem Körper, und wir begannen, ihn zu schätzen. Wie Shantideva im *Leitfaden für die Lebensweise eines Bodhisattvas* sagt, ist unser Körper nicht wirklich unser eigener, sondern gehört anderen; er wurde von anderen erschaffen, und nach unserem Tod wird er von anderen beseitigt werden. Wenn wir darüber sorgfältig nachdenken, werden wir erkennen, dass wir schon jetzt ein Objekt wertschätzen, das in Wirklichkeit anderen gehört. Weshalb also können wir nicht andere Lebewesen wertschätzen? Während die Wertschätzung unseres Körpers überdies nur zu einer Wiedergeburt innerhalb Samsaras führt, ist die Wertschätzung anderer die Ursache dafür, Nirvana zu erlangen, den Zustand jenseits von Leiden.

«Selbst» und «andere» sind relative Begriffe, in etwa vergleichbar mit «dieser Berg» und «jener Berg», nicht aber mit «Esel» und «Pferd». Wenn wir ein Pferd anschauen, können wir nicht behaupten, es sei ein Esel, und ebenso können wir nicht sagen, ein Esel sei ein Pferd. Wenn wir jedoch einen Berg im Osten besteigen, sprechen wir von «diesem Berg», und wir bezeichnen den Berg im Westen als «jenen Berg»; klettern wir jedoch vom östlichen Berg herunter und den westlichen Berg hinauf, dann bezeichnen wir den westlichen Berg als «diesen Berg» und den östlichen Berg als «jenen Berg». «Dieser» und «jener» hängen somit von unserem Standpunkt ab. Dies trifft auch auf das Selbst und andere zu. Indem wir vom «Berg des Selbst» hinabsteigen, ist es möglich, den «Berg der anderen» zu besteigen; und so ist es möglich, andere in gleicher Weise wie uns selbst zu schätzen. Das ist möglich, wenn wir erkennen, dass aus der Perspektive einer anderen Person betrachtet, sie das Selbst ist, während wir der andere sind.

Diejenigen, die geschickt in der Praxis des Geheimen Mantras oder Tantras sind, haben eine tiefgründige Erfahrung des Austauschens vom Selbst mit anderen. In der tantrischen Praxis der Selbsterzeugung tauschen wir unser gegenwärtiges Selbst mit dem eines tantrischen Buddhas aus. Stellen wir uns eine Vajrayogini-Praktizierende namens Sarah vor. Wenn sie sich nicht mit der tantrischen Praxis befasst, erscheint ihr ihr gewöhnlicher Körper, mit dem sie sich identifiziert und den sie schätzt. Wenn sie sich jedoch tief auf die Meditation der Selbsterzeugung konzentriert, verschwindet das Gefühl vollkommen, Sarah zu sein und ihren Körper zu besitzen. Anstatt sich mit Sarahs Körper zu identifizieren, identifiziert sich die Praktizierende mit dem göttlichen Körper von Buddha Vajrayogini und entwickelt den Gedanken: «Ich bin Vajrayogini.» Die Praktizierende hat nun das Objekt der Wertschätzung völlig ausgetauscht, den unreinen Körper eines gewöhnlichen Wesens nämlich gegen den nichtverunreinigten Körper eines erleuchteten Wesens – Buddha Vajrayogini. Durch Schulung in der Meditation entwickelt die Praktizierende tiefe Vertrautheit mit dem Körper der Gottheit, was dazu führt, dass sie sich mit ihm vollkommen identifiziert. Da Vajrayoginis Körper ein reiner Körper ist, ist die Identifizierung mit ihm und die Wertschätzung für ihn eine Ursache für die Erleuchtung. Somit können wir erkennen, dass es möglich ist, unsere Basis der Identifikation zu ändern. Es hängt lediglich von unserer Motivation und Vertrautheit ab.

DIE EIGENTLICHE PRAXIS DES AUSTAUSCHENS VOM SELBST MIT ANDEREN

Wenn wir über das Austauschen vom Selbst mit anderen meditieren, können wir damit beginnen, über den folgenden Vers aus *Darbringung an den Spirituellen Meister* nachzudenken:

Da meine Selbst-Wertschätzung das Tor zu allen Fehlern
Und die Wertschätzung der Mutterwesen die Grundlage aller guten Qualitäten ist,
Erbitte ich Deine Segnungen, um den Yoga des Austauschens vom Selbst mit anderen
Zu meiner wesentlichsten Praxis zu machen.

Wir können auch über Shantidevas Rat nachdenken. Er bittet uns, unsere Situation mit der der Buddhas zu vergleichen:

Die Kindischen arbeiten für ihren eigenen Nutzen,
Die Buddhas arbeiten für den Nutzen anderer –
Schau nur, was für ein Unterschied zwischen ihnen ist!

Die «Kindischen» sind gewöhnliche Wesen, die, durch Selbst-Wertschätzung motiviert, für ihr eigenes Wohl arbeiten und als Folge davon nur Leiden erfahren. Im Gegensatz dazu haben Buddhas die Selbst-Wertschätzung aufgegeben und arbeiten ausschließlich zum Wohl anderer und genießen folglich die Glückseligkeit der vollen Erleuchtung. Wir denken:

Ich habe seit anfangsloser Zeit für meine eigenen Ziele gearbeitet und versucht, Glück für mich selbst zu finden und Leiden zu vermeiden, doch was habe ich für alle meine Anstrengungen vorzuzeigen? Ich leide noch immer. Ich habe immer noch einen unkontrollierten Geist. Noch immer erfahre ich eine Enttäuschung nach der anderen. Ich bin immer noch in Samsara. Meine Selbst-Wertschätzung ist schuld. Sie ist mein schlimmster Feind und ein fürchterliches Gift, das sowohl mir selbst als auch anderen schadet.

Andere wertzuschätzen jedoch ist die Grundlage allen Glücks und aller Güte. Diejenigen, die heute Buddhas sind, erkannten die Zwecklosigkeit, für ihre eigenen Ziele zu arbeiten, und beschlossen, statt dessen für andere zu arbeiten. Folglich wurden sie zu reinen Wesen, frei von allen Problemen Samsaras, und sie erlangten das dauerhafte Glück der vollen Erleuchtung. Ich muss meine gewöhnliche, kindische Haltung grundlegend ändern. Von nun an werde ich aufhören, mich selbst zu schätzen und beginnen, ausschließlich andere zu schätzen.

Diese Entscheidung wird zu einem tiefen Gefühl wertschätzender Liebe für alle Lebewesen führen, und wir meditieren dann über dieses Gefühl so lange wir können.

Wir versuchen, dieses Gefühl während der Meditationspause beizubehalten. Wem wir auch begegnen, wir denken: «Diese Person ist wichtig. Ihr Glück und ihre Freiheit sind wichtig.» Immer wenn Selbst-Wertschätzung in unserem Geist zu entstehen beginnt, denken wir: «Selbst-Wertschätzung ist Gift, ich werde sie nicht in meinem Geist dulden.» Auf diese Weise können wir unser Objekt der Wertschätzung von uns selbst auf alle Lebewesen übertragen. Wenn wir für alle Lebewesen eine Liebe entwickelt haben, die nicht die geringste Spur von Eigeninteresse aufweist, haben wir die Realisation des Austauschens vom Selbst mit anderen erzielt.

Werden unsere Wünsche nicht erfüllt und beginnen wir, uns unglücklich zu fühlen, sollten wir uns sofort daran erinnern, dass der Fehler nicht bei der anderen Person oder in der Situation liegt, sondern an unserem eigenen

Geist der Selbst-Wertschätzung, der instinktiv meint: «Meine Wünsche sind von höchster Wichtigkeit.» Ständig an die Fehler der Selbst-Wertschätzung zu denken wird unseren Vorsatz, sie aufzugeben, stärken, und statt uns selbst zu bemitleiden, wenn wir Probleme haben, können wir unser eigenes Leiden benutzen, um uns an die Leiden der zahllosen Mutterwesen zu erinnern, und dadurch Liebe und Mitgefühl für sie entwickeln.

Im *Leitfaden für die Lebensweise eines Bodhisattvas* erklärt Shantideva eine besondere Methode, unsere Erfahrung des Austauschens vom Selbst mit anderen zu vertiefen. In dieser Meditation stellen wir uns vor, dass wir uns in die Lage einer anderen Person hineinversetzen, und versuchen, die Welt aus ihrer Perspektive zu betrachten. Normalerweise entwickeln wir den Gedanken «Ich» auf der Basis von unserem eigenen Körper und Geist. Nun jedoch versuchen wir «Ich» zu denken, während wir den Körper und Geist einer anderen Person beobachten. Diese Praxis hilft uns, ein tiefes Einfühlungsvermögen für andere Menschen zu entwickeln, und zeigt uns, dass sie ein Selbst haben, das ebenfalls ein «Ich» darstellt und ebenso wichtig ist wie unser eigenes Selbst oder Ich. Aufgrund ihrer Fähigkeit, sich mit den Gefühlen ihres Babys zu identifizieren, ist eine Mutter imstande, die Bedürfnisse und Wünsche ihres Kindes viel besser zu verstehen als andere Menschen. Das gleiche gilt, wenn wir mit dieser Meditation vertraut werden: Unser Verständnis für andere Menschen und unser Einfühlungsvermögen wird sich vergrößern.

Diese Technik ist besonders wirksam, wenn wir sie bei jemandem anwenden, mit dem wir Schwierigkeiten haben, beispielsweise bei jemandem, den wir nicht mögen, oder bei jemandem, den wir als unseren Rivalen betrachten. Indem wir uns vorstellen, dass wir selbst diese andere Person sind und die Situation aus ihrer Perspektive betrachten, werden wir es schwierig finden, weiterhin an unseren verblendeten Ansichten festzuhalten. Sofern wir die gegenseitige Abhängigkeit vom Selbst und anderen aus unserer eigenen Erfahrung verstehen und lernen, unser «Selbst» als den «anderen» zu betrachten, werden wir viel objektiver und unparteiischer gegenüber unserem Selbst werden, und unser Gefühl, dass wir das Zentrum des Universums sind, wird erschüttert werden. Wir werden den Sichtweisen anderer offener gegenüber stehen, werden toleranter und verständnisvoller sein, und wir werden andere infolgedessen mit größerem Respekt behandeln und ihnen größere Rücksicht entgegenbringen. Weitere Einzelheiten zu dieser Praxis sind in *Sinnvoll zu betrachten* zu finden.

Zusammenfassend kann man sagen, dass durch die Praxis der Lojong-Anweisungen Geshe Langri Tangpa und zahllose andere Praktizierende der Vergangenheit tiefgründige spirituelle Realisationen erlangten, einschließlich der vollkommenen Realisation des Austauschens vom Selbst mit anderen. Anfangs waren diese Praktizierenden ichbezogene Menschen wie wir. Es gelang ihnen jedoch durch ununterbrochene Beharrlichkeit, ihre Selbst-Wertschätzung vollkommen zu beseitigen. Praktizieren wir diese Anweisungen geduldig und von ganzem Herzen, besteht kein Grund, warum nicht auch wir ähnliche Realisationen erlangen sollten. Wir können nicht erwarten, dass wir unsere Selbst-Wertschätzung sofort zerstören werden, aber durch geduldiges Praktizieren wird sie allmählich immer schwächer werden, bis sie schließlich völlig verschwunden ist. Die vollkommene Beseitigung der Selbst-Wertschätzung ist eine außergewöhnliche Mahayana-Realisation, die ausschließlich durch das Austauschen vom Selbst mit anderen erreicht werden kann.

Dromtönpa

Großes Mitgefühl

Wann immer ich bedauernswerte Wesen sehe,
Auf denen Böses und schweres Leiden lastet,
Möge ich sie schätzen,
Als ob ich einen seltenen und kostbaren Schatz gefunden hätte.

Nachdem wir etwas Erfahrung mit dem Wertschätzen aller Lebewesen gewonnen haben, können wir unser Mitgefühl ausweiten und vertiefen, und die Methode dazu wird in diesem Vers dargelegt. Im Allgemeinen besitzt jeder von uns bereits etwas Mitgefühl. Wir alle empfinden Mitgefühl, wenn wir sehen, dass unsere Familie oder unsere Freunde Kummer haben, und sogar Tiere haben Mitgefühl, wenn sie sehen, dass ihre Jungen Schmerzen erleiden. Unser Mitgefühl ist unser Buddha-Same oder unsere Buddha-Natur, unser Potential, ein Buddha zu werden. Da alle Lebewesen diesen Samen besitzen, werden sie schließlich alle Buddhas werden.

Wenn eine Hündin sieht, dass ihre Welpen Schmerzen haben, entwickelt sie den Wunsch, sie zu beschützen und sie von ihren Schmerzen zu befreien, und dieser mitfühlende Wunsch ist ihr Buddha-Samen. Leider sind Tiere jedoch nicht in der Lage, sich in Mitgefühl zu schulen, und somit kann ihr Buddha-Samen nicht heranreifen. Menschen aber haben eine außergewöhnliche Gelegenheit, ihre Buddha-Natur zu entwickeln. Durch Meditation können wir unser Mitgefühl ausweiten und vertiefen, bis es sich in den Geist des Großen Mitgefühls verwandelt – den Wunsch, alle Lebewesen ohne Ausnahme vor ihren

Leiden zu beschützen. Indem dieser Geist des Großen oder allumfassenden Mitgefühls verbessert wird, wandelt er sich schließlich in das Mitgefühl eines Buddhas um, welches tatsächlich die Kraft hat, alle Lebewesen zu beschützen. Ein Buddha zu werden bedeutet deshalb, unsere mitfühlende Buddha-Natur zu erwecken und die Schulung in allumfassendem Mitgefühl zu vollenden. Nur Menschen können dies tun.

Mitgefühl ist die eigentliche Essenz des Buddhadharmas und die Hauptpraxis eines Mahayana-Buddhisten. Es ist der Ursprung der Drei Erhabenen Juwelen – Buddha, Dharma und Sangha. Es ist der Ursprung Buddhas, weil alle Buddhas aus Mitgefühl hervorgehen. Es ist der Ursprung des Dharmas, weil Buddhas die Dharma-Unterweisungen ausschließlich aus Mitgefühl für andere erteilen. Es ist der Ursprung des Sanghas, weil wir durch Zuhören und Praktizieren von Dharma-Unterweisungen, die aus Mitgefühl gegeben wurden, zu Sangha oder Höheren Wesen werden.

WAS IST MITGEFÜHL?

Was genau ist Mitgefühl? Mitgefühl ist ein Geist, der durch die Wertschätzung anderer Lebewesen motiviert ist und sich wünscht, sie von ihren Leiden zu erlösen. Manchmal können wir aus einer selbstsüchtigen Absicht heraus einer anderen Person wünschen, dass sie von ihrem Leiden befreit werde; dies ist in Beziehungen, die in erster Linie auf Anhaftung beruhen, ziemlich verbreitet. Ist unser Freund beispielsweise krank oder deprimiert, so wünschen wir uns vielleicht, dass er sich schnell erholt, so dass wir seine Gesellschaft wieder genießen können; dieser Wunsch ist im Grunde jedoch ichbezogen und kein wahres Mitgefühl. Wahres Mitgefühl beruht zwangsläufig auf der Wertschätzung anderer.

Obwohl wir bereits einen gewissen Grad an Mitgefühl besitzen, ist es gegenwärtig sehr voreingenommen und begrenzt. Wenn unsere Familie und unsere Freunde leiden, entwickeln wir leicht Mitgefühl für sie, jedoch finden wir es viel schwieriger, Sympathie für Leute, die wir für unangenehm halten, oder auch für Fremde zu empfinden. Außerdem haben wir Mitgefühl für diejenigen, die manifeste Schmerzen erleiden, aber nicht für diejenigen, die in guten Verhältnissen leben und besonders nicht für diejenigen, die schädliche Handlungen begehen. Wenn wir wirklich unser Potential verwirklichen möchten, indem wir volle Erleuchtung erlangen, müssen wir den Rahmen unseres Mitgefühls vergrößern, bis er alle Lebewesen ohne Ausnahme umfasst, so wie eine liebende Mutter Mitgefühl für alle ihre Kinder empfindet, unabhängig davon, ob sie sich gut oder schlecht benehmen. Dieses allumfassende Mitgefühl ist das Herz des Mahayana-Buddhismus. Im Gegensatz zu unserem jetzigen, begrenzten Mitgefühl, welches zeitweise bereits von selbst entsteht, muss allumfassendes Mitgefühl ganz bewusst über lange Zeit hinweg in der Meditation entwickelt werden.

WIE MITGEFÜHL ENTWICKELT WIRD

Es gibt zwei wesentliche Stufen bei der Entwicklung von allumfassendem Mitgefühl. Zuerst müssen wir alle Lebewesen lieben und dann müssen wir über ihr Leiden nachdenken. Wenn wir einen Menschen nicht lieben, können wir kein echtes Mitgefühl für ihn entwickeln, selbst wenn er Schmerzen hat; denken wir jedoch über das Leiden von jemandem nach, den wir lieben, wird Mitgefühl spontan entstehen. Deshalb empfinden wir Mitgefühl für unsere Freunde oder Verwandten, nicht aber für Leute, die wir nicht mögen. Da die Wertschätzung anderer die Grundlage für die Entwicklung von Mitgefühl ist, sagt Bodhisattva Langri Tangpa: «Möge ich sie schätzen» und nicht «Möge ich Mitgefühl für sie entwickeln». Die Methode, mit der wir unseren Geist der wertschätzenden Liebe entwickeln und vertiefen, wurde bereits erläutert. Jetzt müssen wir uns vor Augen führen, dass jedes einzelne samsarische Wesen Leiden erfährt.

Zuerst können wir an diejenigen denken, die im Augenblick intensive, manifeste Schmerzen erleiden. Es gibt so viele Menschen, die schreckliches geistiges und körperliches Leiden durch Krankheiten wie Krebs, AIDS und Parkinson erfahren. Wie viele Menschen haben ein geliebtes Kind oder einen teuren Freund durch die Geißel AIDS verloren und mussten zusehen, wie sie immer schwächer wurden, wohlwissend, dass es kein Heilmittel gibt. Jeden Tag erleben Tausende von Menschen die Qualen des Todes durch Krankheiten oder Unfälle. Wahllos werden sie für immer von allen getrennt, die sie lieben, und diejenigen, die sie zurücklassen, sind oft untröstlich in ihrer Trauer und Einsamkeit. Man stelle sich eine alte Frau vor, die ihren Ehemann und Lebenspartner verliert und nach der Beerdigung traurig heimkehrt in ein leeres Haus, um den Rest ihrer Tage allein zu verleben.

Überall auf der Welt können wir sehen, wie Millionen von Menschen durch die Gräuel des Krieges und infolge «ethnischer Säuberungen», Bombardierungen, Landminen und Massaker leiden. Stellen Sie sich vor, es wäre Ihr Kind, das zum Spielen in die Felder geht, dabei auf eine Landmine tritt und ein Bein oder sogar sein Leben verliert. Hunderttausende von Flüchtlingen in der ganzen Welt leben in schäbigen Lagern, stets in der Hoffnung, eines Tages in ihre zerstörten Häuser zurückkehren zu können. Viele warten darauf, mit ihren Angehörigen wieder vereint zu werden, in der ständigen Ungewissheit, ob sie noch am Leben oder schon tot sind.

Jedes Jahr verwüsten Naturkatastrophen wie Überschwemmungen, Erdbeben und Orkane ganze Gemeinden, machen Menschen obdachlos und verursachen Hungersnöte. Einige wenige Sekunden eines Erdbebens können Tausende von Menschenleben kosten, Häuser zerstören und alles unter Tonnen von Trümmern begraben. Überlegen Sie sich, wie Sie sich in einem solchen Fall fühlen würden. In vielen Ländern der ganzen Welt sind Hungersnot und Dürre weit verbreitet. So viele Menschen haben kaum genug Nahrung zum Überleben und kratzen täglich mühsam eine magere Mahlzeit zusammen, während andere, die weniger Glück haben, aufgeben und dem Hungertod erliegen. Stellen Sie sich die Qual vor, zuschauen zu müssen, wie Ihre Lieben langsam immer mehr abmagern, und zu wissen, dass Sie nichts ausrichten können. Immer wenn wir eine Zeitung lesen oder Fernsehnachrichten anschauen, sehen wir Lebewesen, die schreckliche Schmerzen erleiden, und wir alle kennen Menschen persönlich, die ungeheures geistiges oder körperliches Leid durchleben.

Wir können auch über die jämmerliche Lage zahlloser Tiere nachdenken, die extreme Hitze und Kälte erfahren und großen Hunger und Durst erleiden. Jeden Tag können wir überall um uns herum das Leiden von Tieren sehen. Tiere in freier Wildbahn leben fast immer in der Angst, die Beute anderer zu werden, und viele werden tatsächlich von Raubtieren bei lebendigem Leib gefressen. Denken Sie nur an die panische Angst und den Schmerz, den eine Feldmaus erfährt, wenn sie von einem Falken gefangen und in Stücke gerissen wird! Zahllose Tiere werden von Menschen zur Arbeit, zum Essen oder zur Unterhaltung benutzt und leben oft unter widerwärtigen Bedingungen, bis sie geschlachtet, vom Metzger verarbeitet und für den menschlichen Verbrauch abgepackt werden. Hungrige Geister und Höllenwesen müssen noch viel schlimmere Leiden über eine unvorstellbar lange Zeit ertragen.

Wir müssen uns auch ins Gedächtnis rufen, dass selbst diejenigen, die gegenwärtig keinen manifesten Schmerz erleben, dennoch auf andere Art leiden. Jeder in Samsara erfährt die Nichterfüllung von Wünschen. So viele Leute finden es schwierig, selbst den bescheidenen Wunsch nach menschenwürdiger Unterkunft, ausreichender Nahrung oder Freundschaft zu befriedigen; und selbst wenn diese Wünsche erfüllt werden, haben wir neue, die ihren Platz einnehmen. Je öfter wir bekommen, was wir wollen, desto stärker wird unsere Anhaftung, und je stärker unsere Anhaftung wird, um so schwieriger wird es, Zufriedenheit zu finden. Die Begehren samsarischer Wesen sind endlos. Es gibt keine gewöhnliche Person, die alle ihre Wünsche erfüllt bekommt; nur denjenigen, die selbstsüchtige Geistesarten überwunden haben, gelingt dies.

Alles Leiden ist das Ergebnis negativen Karmas. Wenn wir Mitgefühl für diejenigen entwickeln können, die die Auswirkungen ihrer vergangenen negativen Handlungen erfahren, weshalb können wir nicht auch Mitgefühl für diejenigen entwickeln, die die Ursache für zukünftiges Leid erschaffen? Langfristig gesehen, ist ein Folterknecht in einer schlimmeren Position als sein Opfer, denn sein Leiden beginnt gerade erst. Wenn das Opfer seine Schmerzen ohne Hassgefühle ertragen kann, wird es dieses bestimmte negative Karma aufbrauchen und kein weiteres erzeugen; und somit ist das Ende seines Leidens in Sicht. Der Folterer hingegen muss zuerst viele Äonen in der Hölle durchleiden, und wenn er anschließend wieder als Mensch geboren wird, muss er Schmerzen erfahren, die denen ähneln, die er seinem Opfer zugefügt hat. Aus diesem Grunde ist es völlig gerechtfertigt, starkes Mitgefühl für solche Leute zu entwickeln.

Wenn ein Kind seine Hand ins Feuer hält und sich dabei verbrennt, wird dies seine Mutter nicht davon abhalten, Mitgefühl zu empfinden, selbst wenn es vorher vor den Gefahren des Feuers gewarnt worden ist. Tatsächlich möchte niemand leiden. Lebewesen erzeugen die Ursachen für Leiden, weil sie von ihren Verblendungen kontrolliert werden. Wir sollten daher gleiches Mitgefühl für alle Lebewesen empfinden: für diejenigen, die die Ursachen von Leid erzeugen, in gleichem Maße, wie für diejenigen, die bereits die Auswirkungen ihrer ungeschickten Handlungen erleiden. Es gibt kein einziges Lebewesen, das nicht ein geeignetes Objekt für unser Mitgefühl wäre.

Vielleicht haben wir auch Schwierigkeiten, Mitgefühl für reiche, gesunde und angesehene Menschen aufzubringen, die keine manifesten Schmerzen zu haben scheinen. In Wirklichkeit jedoch erfahren auch sie eine Vielzahl von geistigen Leiden und finden es schwierig, einen friedvollen Geist zu bewahren. Sie machen sich Sorgen um ihr Geld, ihren Körper und ihren Ruf. Wie alle anderen samsarischen Wesen leiden sie unter Wut, Anhaftung und Unwissenheit und haben keine andere Wahl, als ununterbrochen und unerbittlich die Leiden der Geburt, des Alterns, der Krankheit und des Todes, Leben für Leben, durchzustehen. Zudem sind ihr Reichtum und ihre guten Lebensbedingungen völlig bedeutungslos, wenn sie diese aufgrund ihrer Unwissenheit nur benutzen, um die Ursache für zukünftiges Leiden zu schaffen.

Wenn wir auf der Grundlage tiefempfundener Liebe für alle Lebewesen über ihre Schmerzen, ihr Unvermögen, ihre Wünsche zu erfüllen, über die Samen, die sie für ihr zukünftiges Leid säen, und über ihre fehlende Freiheit nachdenken, werden wir tiefes Mitgefühl für sie entwickeln. Wir müssen uns in ihre Lage versetzen und ihre Schmerzen genauso deutlich fühlen wie unsere eigenen. Anfänglich können wir über das Leiden unserer Familie und engen Freunde nachdenken, und dann können wir unseren Geist des Mitgefühls ausweiten, bis er alle Lebewesen umfasst. Wenn dieses Gefühl allumfassenden Mitgefühls in unserem Geist entsteht, vermischen wir unseren Geist mit ihm und versuchen dieses Mitgefühl, so lange wir können, beizubehalten. Auf diese Weise können wir unseren Geist mit Großem Mitgefühl vertraut machen. Zuerst werden wir dieses Gefühl wahrscheinlich nur wenige Minuten halten können, aber durch Übung werden wir allmählich fähig sein, es immer länger zu bewahren, bis es spontan, Tag und Nacht, alle unsere Gedanken durchdringt. Von diesem Zeitpunkt an werden uns alle unsere Aktivitäten der Erleuchtung näher bringen und unser ganzes Leben wird bedeutungsvoll.

Zusammenfassend lässt sich sagen, dass jeder, der in Samsara wieder geboren wurde, Leiden erfahren muss.

Menschen haben keine andere Wahl als menschliches Leiden zu erdulden, Tiere müssen das Leiden der Tiere erfahren, und Hungrige Geister und Höllenwesen müssen alle Leiden ihrer jeweiligen Bereiche erfahren. Müssten Lebewesen dieses Leiden nur ein einziges Leben lang erfahren, wäre es nicht so schlimm, doch der Kreislauf des Leidens setzt sich Leben für Leben endlos fort. Während wir über diesen erbarmungslosen Kreislauf nachdenken, entwickeln wir den starken Wunsch, alle Lebewesen von samsarischer Wiedergeburt zu erlösen und sie zu einem Zustand immerwährender Befreiung zu führen, und wir meditieren über dieses allumfassende Mitgefühl.

DER INNERE REICHTUM DES MITGEFÜHLS

Wenn wir uns von der Meditation erheben, versuchen wir, unsere Erfahrung des Mitgefühls in die Meditationspause einzubringen. Immer wenn wir jemandem begegnen, sollten wir uns daran erinnern, wie er leidet, und daraufhin Mitgefühl für ihn entwickeln. Dann wird in Langri Tangpas Worten der bloße Anblick eines Lebewesens wie das Auffinden «eines seltenen und kostbaren Schatzes» sein. Denn das Mitgefühl, das wir bei der Begegnung mit anderen empfinden, ist ein erhabener innerer Schatz, der eine unerschöpfliche Quelle des Nutzens sowohl für unser derzeitiges als auch für unsere zukünftigen Leben darstellt.

Wie bereits erwähnt, kann uns weltlicher Reichtum in unseren künftigen Leben nicht dienen, und selbst in diesem Leben ist es ungewiss, ob er uns Glück bringt, denn häufig ist er die Ursache für viele Ängste und kann sogar unser Leben gefährden. Reiche Leute haben spezielle Sorgen, die arme Menschen nicht kennen; beispielsweise haben sie Angst vor Dieben, sind wegen ihrer Investitionen und Zinssätze, wegen des eventuellen Geldverlustes und ihres gesellschaftlichen Ranges beunruhigt. Das ist eine schwere Bürde für sie. Während die meisten Leute sich jederzeit frei bewegen können, benötigen viele wohlhabende und berühmte Leute Leibwächter und machen sich vielleicht sogar darüber Sorgen, entführt zu werden. Reiche Menschen haben wenig Freiheit oder Unabhängigkeit und können sich niemals völlig entspannen. Je höher wir in der Welt aufsteigen, um so tiefer müssen wir fallen; es ist sicherer, dem Boden näher zu sein.

Ganz gleich wie erfolgreich wir dabei sind, unsere äußeren Lebensumstände zu verbessern, sie können uns niemals weder reines Glück bringen, noch wirklichen Schutz vor Leiden bieten. Wahres Glück kann in dieser unreinen Welt nicht gefunden werden. Anstatt danach zu streben, äußeren Reichtum zu erwerben, wäre es viel besser, wenn wir den inneren Reichtum der Tugend suchten, denn im Gegensatz zu äußerem Reichtum kann uns dieser niemals täuschen und wird uns auf jeden Fall den Frieden und das Glück bringen, nach dem wir uns sehnen.

Sind wir geschickt, so können Freunde wie Schatztruhen für uns sein, aus denen wir den kostbaren Schatz der Liebe, des Mitgefühls, der Geduld und so weiter schöpfen können. Damit unsere Freunde jedoch in dieser Weise wirken können, muss unsere Liebe für sie frei von Anhaftung sein. Ist unsere Liebe für unsere Freunde mit starker Anhaftung verbunden, wird sie davon abhängig sein, dass sie sich so verhalten, wie wir es wünschen, und sobald sie etwas tun, was uns missfällt, kann unsere Zuneigung in Wut umschlagen. Tatsächlich sind es am häufigsten unsere Freunde, die die Objekte unseres Verdrusses sind, nicht unsere Feinde oder gar Fremde!

Sind wir oft mit unseren Freunden ungehalten, machen wir sie zu Maras. Ein Mara ist jemand oder etwas, wodurch unsere spirituelle Praxis beeinträchtigt wird. Niemand ist von sich aus ein Mara, lassen wir es jedoch geschehen, dass andere Menschen verblendete Geistesarten wie Wut, starke Anhaftung oder Selbst-Wertschätzung in uns hervorrufen, so werden sie für uns zu Maras. Ein Mara muss keine Hörner und keinen beängstigenden Gesichtsausdruck zur Schau tragen; ein scheinbar guter Freund, der uns schmeichelt und uns zu sinnlosen Aktivitäten verführt, kann ein größeres Hindernis für unsere spirituelle Praxis darstellen. Ob unsere Freunde kostbare Schätze oder Maras sind, hängt völlig von uns selbst ab. Praktizieren wir Dharma in geschickter Weise, können sie unbezahlbaren Juwelen gleichen, ist unsere Praxis jedoch mit den acht weltlichen Geisteshaltungen behaftet, können sie zu Maras werden.

Wir wären überglücklich, wenn wir eine vergrabene Schatzkiste entdecken oder einen großen Geldbetrag gewinnen würden, und würden uns für Glückspilze halten. Bedenken wir jedoch die trügerische Natur weltlichen Reichtums und die Überlegenheit des inneren Reichtums der Tugend, wie viel glücklicher sollten wir uns schätzen, wenn wir ein anderes Lebewesen treffen, das eine potentielle Quelle unbegrenzten inneren Reichtums darstellt? Für einen ernsthaften Mahayana-Praktizierenden ist allein der Anblick anderer Lebewesen, mit ihnen zu sprechen oder bloß an sie zu denken vergleichbar mit dem Fund eines vergrabenen Schatzes. Alle seine Begegnungen mit anderen Menschen dienen dazu, sein Mitgefühl zu vertiefen und selbst alltägliche Aktivitäten, wie einkaufen oder mit Freunden plaudern, werden zu Ursachen für die Erleuchtung.

Unter allen tugendhaften Geistesarten ist Mitgefühl die erhabenste. Mitgefühl reinigt unseren Geist, und ist unser Geist rein, so werden auch seine Objekte rein sein. Es gibt viele Berichte über spirituell Praktizierende, die ihren Geist durch das Entwickeln von starkem Mitgefühl von der Negativität reinigten, die ihren spirituellen Fortschritt über lange Zeit behindert hatte. Asanga beispielsweise, ein großer buddhistischer Meister, der im Indien des fünften Jahrhunderts n. Chr. lebte, meditierte in einer abgelegenen Berghöhle, um eine Vision von Buddha Maitreya zu erhalten. Nach zwölf Jahren war es ihm noch immer nicht gelungen und entmutigt brach er sein Retreat ab. Auf seinem Weg den Berg hinunter traf er auf einen alten Hund, der in der Mitte des Pfades lag. Sein Körper war von Maden befallen und mit Wunden übersät; er schien dem Tode nahe. Dieser Anblick rief in Asanga ein überwältigendes Mitgefühl für alle Lebewesen hervor, die innerhalb Samsaras gefangen sind. Während er mit äußerster Sorgfalt die Maden von dem sterbenden Hund entfernte, verwandelte sich dieser plötzlich in Buddha Maitreya. Maitreya erklärte, dass er seit Beginn des Retreats bei ihm gewesen sei und dass Asanga ihn wegen der Unreinheiten in seinem Geist nicht hatte wahrnehmen können. Es war das außerordentliche Mitgefühl Asangas, welches schließlich die karmischen Hindernisse beseitigte, die ihn daran gehindert hatten, Maitreya zu sehen.

Jeder, der mit einem Geist reinen Mitgefühls stirbt, wird zweifellos in einem Reinen Land wiedergeboren, wo er nie wieder die Leiden Samsaras erfahren muss. Es war der größte Wunsch des Bodhisattvas Geshe Chekhawa, in der Hölle wieder geboren zu werden, um den dort leidenden Wesen helfen zu können. Als er jedoch auf seinem Sterbebett lag, nahm er eine Vision des Reinen Landes wahr und erkannte, dass sein Wunsch nicht erfüllt werden würde. Anstatt in der Hölle wieder geboren zu werden, hatte er keine andere Wahl als ins Reine Land einzugehen! Dies geschah, weil sein Mitgefühl seinen Geist derart gereinigt hatte, dass unreine Objekte, wie Höllenbereiche, nicht mehr existierten, was seine eigene Erfahrung anbelangte: für ihn war alles rein.

Wir finden es vielleicht schwierig, diese Geschichten zu glauben. Der Grund dafür liegt darin, dass wir die Beziehung zwischen unserem Geist und seinen Objekten nicht verstehen. Wir haben das Gefühl, dass die Welt «dort draußen» existiert, unabhängig vom Geist, der sie wahrnimmt. In Wirklichkeit jedoch sind Objekte völlig vom Geist abhängig, der sie wahrnimmt. Diese unreine Welt, die wir derzeit erleben, existiert einzig und allein in Beziehung zu unserem unreinen Geist. Haben wir unseren Geist erst einmal durch die Schulung im Austauschen vom

Selbst mit anderen, durch Mitgefühl und so weiter vollkommen gereinigt, wird diese unreine Welt verschwinden und wir werden eine neue, reine Welt wahrnehmen. Unser Gefühl, dass Dinge getrennt von unserem Geist mit ihrer eigenen festen, inhärenten Natur existieren, rührt von unserer Unwissenheit des Festhaltens am Selbst her. Wenn wir die wahre Natur der Dinge verstehen, werden wir erkennen, dass unsere Welt einem Traum gleicht, in dem alles nur als bloße Erscheinung des Geistes existiert. Wir werden erkennen, dass wir unsere Welt ändern können, indem wir ganz einfach unseren Geist ändern, und dass wir lediglich unseren Geist reinigen müssen, wenn wir uns wünschen, frei von Leiden zu sein. Nachdem wir unseren eigenen Geist gereinigt haben, werden wir in der Lage sein, unseren mitfühlenden Wunsch zu erfüllen, indem wir anderen zeigen, wie sie das Gleiche erreichen können.

Wenn wir alle Vorteile des Mitgefühls bedacht haben, sollten wir uns dazu entschließen, jede Gelegenheit zu nutzen, um es zu entwickeln. Unsere Hauptaufgabe ist es, die Unterweisungen über Mitgefühl in die Praxis umzusetzen, sonst werden sie nur leere Worte für uns bleiben.

Reines Mitgefühl ist ein Geist, der das Leiden anderer unerträglich findet, aber es deprimiert uns nicht. Tatsächlich versorgt es uns mit enormer Energie, um für andere arbeiten zu können und den spirituellen Pfad zu ihrem Wohl zu vollenden. Es zerschlägt unsere Selbstgefälligkeit und macht es uns unmöglich, mit dem oberflächlichen Glück, der Erfüllung unserer weltlichen Wünsche, zufrieden zu sein. Statt dessen werden wir einen tiefen inneren Frieden kennen lernen, der nicht durch sich ändernde Bedingungen gestört werden kann. Es ist starken Verblendungen unmöglich, in einem Geist voller Mitgefühl zu entstehen. Entwickeln wir keine Verblendungen, haben äußere Bedingungen allein nicht die Kraft, uns zu stören. Wird unser Geist also von Mitgefühl bestimmt, ist er immer friedvoll. Dies ist die Erfahrung all derjenigen, die ihr Mitgefühl über das begrenzte Mitgefühl hinaus, das man normalerweise nur für seinen engen karmischen Kreis empfindet, zum selbstlosen Mitgefühl für alle Lebewesen ausgeweitet haben.

Mitgefühl und Weisheit zu entwickeln und so oft wie möglich Notleidenden zu helfen, ist der wahre Sinn des Lebens. Indem wir unser Mitgefühl vergrößern, kommen wir der Erleuchtung und der Erfüllung unserer tiefsten Wünsche näher. Wie gütig die Lebewesen doch sind, uns als Objekte unseres Mitgefühls zu dienen. Wie kostbar sie sind! Gäbe es keine leidenden Wesen mehr, denen wir helfen könnten, müssten Buddhas sie für uns ausstrahlen! In der Tat, wenn wir die Geschichte von Maitreya und Asanga überdenken, werden wir erkennen, dass es für uns keinen sicheren Weg gibt festzustellen, ob diejenigen, denen wir derzeit zu helfen versuchen, nicht tatsächlich Emanationen von Buddha sind, die zu unserem Wohl manifestiert wurden. Dass wir die Meditationen über das Wertschätzen anderer und über das Mitgefühl gemeistert haben, zeigt sich schließlich dadurch, dass wir bei jeder Begegnung mit Menschen, selbst mit jemandem, der uns schadet, immer das aufrichtige Gefühl haben, einen seltenen und kostbaren Schatz gefunden zu haben.

Geshe Potowa

Wünschende Liebe

Sogar wenn jemand, dem ich geholfen
Und in den ich große Hoffnungen gesetzt habe,
Mir grundlos Schaden zufügt,
Möge ich ihn als meinen heiligen Spirituellen
Meister sehen.

Der Hauptzweck dieses Verses ist, uns zu lehren, wie unsere Erfahrung der wünschenden Liebe entwickelt und verbessert werden kann. Es gibt drei Arten von Liebe: zuneigungsvolle Liebe, wertschätzende Liebe und wünschende Liebe. Zuneigungsvolle Liebe ist ein Geist, der eine andere Person als angenehm, sympathisch oder wertvoll ansieht und nicht mit begehrender Anhaftung vermischt ist. Betrachtet eine Mutter beispielsweise ihre Kinder, empfindet sie große Zuneigung für sie, und sie sind schön in ihren Augen, ganz gleich, wie sie anderen Leuten erscheinen. Aufgrund ihrer zuneigungsvollen Liebe sind ihre Kinder ganz natürlich kostbar und wichtig für sie; dieses Gefühl ist wertschätzende Liebe. Da sie ihre Kinder schätzt, hat sie den aufrichtigen Wunsch, sie glücklich zu sehen; dieser Wunsch ist wünschende Liebe. Wünschende Liebe entsteht aus wertschätzender Liebe, die wiederum aus zuneigungsvoller Liebe hervorgeht. Wir müssen diese drei Arten der Liebe für ausnahmslos alle Lebewesen entwickeln.

WIE WÜNSCHENDE LIEBE ENTWICKELT WIRD

Die Methode, wie wir wertschätzende Liebe entwickeln und vertiefen, wurde bereits erläutert. Jetzt müssen wir wünschende Liebe entwickeln, indem wir darüber nachdenken, wieso es diesen Lebewesen, die wir von ganzem Herzen schätzen, an wahrem Glück fehlt. Alle möchten glücklich sein, doch niemand in Samsara erfährt wahres Glück. Das Glück der Lebewesen ist im Vergleich mit der Vielzahl von Leiden, die sie ertragen müssen, rar und flüchtig, und selbst dieses Glück ist nur eine Art von verunreinigtem Glück, das in Wirklichkeit in der Natur von Leiden ist. Buddha bezeichnete die angenehmen Gefühle, die von weltlichen Vergnügungen herrühren, als «sich veränderndes Leiden», da sie lediglich die Erfahrung einer vorübergehenden Verringerung manifester Schmerzen sind. Mit anderen Worten, wir erleben Vergnügen aufgrund der Linderung unseres vorherigen Schmerzes. Beispielsweise ist die Freude, die wir am Essen haben, eigentlich nur eine vorübergehende Verringerung unseres Hungers. Das Vergnügen, das wir am Trinken haben, ist bloß eine vorübergehende Verringerung unseres Durstes, und das Vergnügen, das wir an gewöhnlichen Beziehungen haben, ist größtenteils nur eine vorübergehende Verringerung unserer grundlegenden Einsamkeit.

Wie sollen wir das verstehen? Vergrößern wir die Ursache unseres weltlichen Glückes, wird es sich allmählich in Leiden verwandeln. Essen wir unser Lieblingsgericht, so schmeckt es wunderbar, würden wir es jedoch tellerweise verspeisen, schlüge unser Vergnügen schon bald in Unbehagen, Ekel und schließlich Schmerz um. Doch mit schmerzhaften Erfahrungen passiert dies nicht. Wenn wir beispielsweise mit einem Hammer immer wieder auf unseren Finger schlagen, so kann das niemals zu einem angenehmen Gefühl werden, da es eine wahre Ursache für Leiden ist. So wie eine wahre Ursache des Leidens niemals zur Entstehung von Glück führen kann, genauso kann eine wahre Ursache von Glück niemals zu Schmerzen führen. Da sich die angenehmen Gefühle, die aus weltlichen Vergnügungen entstehen, ohne Frage in Schmerzen verwandeln, ist es klar, dass sie kein wahres Glück sein können.

Ausgiebiger Genuss von Essen, Sport, Sex oder jeder anderen gewöhnlichen Vergnügung führt ausnahmslos zu Leiden. Ganz gleich wie sehr wir auch versuchen, Glück in weltlichen Vergnügungen zu finden, wir werden niemals erfolgreich sein. Den samsarischen Vergnügen zu frönen gleicht, wie schon erwähnt, dem Trinken von Salzwasser; anstatt unseren Durst zu stillen, werden wir um so durstiger, je mehr wir trinken. In Samsara erreichen wir niemals einen Punkt, an dem wir sagen können: «Jetzt bin ich vollkommen zufriedengestellt, ich brauche nichts mehr.»

Weltliches Vergnügen ist nicht nur unechtes Glück, es hält auch nicht lange an. Die Leute widmen ihr Leben dem Erwerb von Besitz, einem gesellschaftlichen Rang, dem Aufbau eines Heimes, einer Familie und eines Freundeskreises; aber wenn sie sterben, geht alles verloren. Alles, wofür sie gearbeitet haben, verschwindet auf einmal, und sie gehen in ihr nächstes Leben über, allein und mit leeren Händen. Sie sehnen sich danach, tiefe und anhaltende Freundschaften mit anderen zu schließen, in Samsara ist dies jedoch unmöglich. Das zärtlichste Liebespaar wird schließlich auseinandergerissen werden, und wenn sich die beiden in einem zukünftigen Leben erneut begegnen, werden sie sich nicht wiedererkennen. Vielleicht glauben wir, dass diejenigen, die gute Freundschaften unterhalten und die ihre Ambitionen im Leben erfüllt haben, wirklich glücklich sind, doch in Wirklichkeit ist ihr Glück so fragil wie eine Luftblase im Wasser. Die Unbeständigkeit verschont nichts und niemanden; in Samsara werden alle unsere Träume schließlich zerschlagen. Wie Buddha in den *Vinaya-Sutras* sagt:

> Am Ende der Ansammlung steht die Auflösung.
> Am Ende des Aufstiegs steht der Fall.
> Am Ende der Begegnung steht die Trennung.
> Am Ende der Geburt steht der Tod.

Die Natur Samsaras ist Leiden, denn solange Lebewesen in Samsara wieder geboren werden, können sie niemals wahres Glück erfahren. Buddha verglich das Leben in Samsara mit dem Sitzen auf einer Stecknadel: Ganz gleich, wie sehr wir auch versuchen, unsere Position zu verändern, sie bleibt schmerzhaft, und ganz gleich, was wir auch tun, um uns der samsarischen Situation anzupassen und sie zu verbessern, sie wird uns immer irritieren und Schmerzen bereiten. Wahres Glück kann nur gefunden werden, indem wir Befreiung von Samsara erreichen. Wenn wir dies überdenken, werden wir den tiefempfundenen Wunsch entwickeln, dass alle Lebewesen reines Glück erfahren mögen, indem sie Befreiung erlangen.

Wir sollten unsere Meditation damit beginnen, uns auf unsere Familie und Freunde zu konzentrieren, und daran denken, dass sie, solange sie in Samsara weilen, niemals wahrem Glück begegnen werden, und dass ihnen selbst das begrenzte Glück, das sie gegenwärtig erleben, bald entrissen werden wird. Dann dehnen wir dieses Gefühl der wünschenden Liebe aus, um alle Lebewesen einzuschließen, indem wir denken: «Wie wundervoll wäre es, wenn alle Lebewesen das reine Glück der Befreiung erfahren könnten!» Wir vermischen unseren Geist mit diesem Gefühl der wünschenden Liebe so lange wie möglich. Wann immer wir außerhalb der Meditation ein Lebewesen sehen oder uns an eines erinnern, ob Mensch oder Tier, beten wir im Geist: «Mögen sie immer glücklich sein. Mögen sie das Glück der Erleuchtung erlangen.» Wenn wir ununterbrochen diesen Gedanken bewahren, können wir Tag und Nacht wünschende Liebe beibehalten, selbst während des Schlafes.

Meditation über Liebe ist sehr wirkungsvoll. Selbst wenn unsere Konzentration nicht sehr stark ist, sammeln wir eine Unmenge von Verdiensten an. Über Liebe zu meditieren wird somit zur Ursache, als Mensch oder Gott wieder geboren zu werden, in der Zukunft einen attraktiven Körper zu haben und von vielen Menschen geliebt und respektiert zu werden. Liebe ist der große Beschützer, sie bewahrt uns vor Wut und Eifersucht sowie vor

Schaden, der uns von Geistern zugefügt wird. Als Buddha Shakyamuni unter dem Bodhi-Baum meditierte, wurde er von allen furchterregenden Dämonen der Welt angegriffen, seine Liebe jedoch verwandelte ihre Waffen in einen Blumenregen. Letztendlich wird unsere Liebe zur allumfassenden Liebe eines Buddhas werden, die tatsächlich die Kraft hat, allen Lebewesen Glück zu gewähren.

Die meisten Beziehungen beruhen auf einer Mischung von Liebe und Anhaftung. Das ist keine reine Liebe, denn sie beruht auf dem Wunsch nach eigenem Glück: Wir schätzen die andere Person, weil sie uns ein gutes Gefühl gibt. Reine Liebe ist frei von Anhaftung und sorgt sich allein um das Glück des anderen. Sie führt niemals zu Problemen, sondern einzig und allein zu Frieden und Glück für uns selbst wie auch für andere. Wir müssen die Anhaftung aus unserem Geist entfernen. Das bedeutet jedoch nicht, dass wir unsere Beziehungen aufgeben müssen. Wir sollten lieber lernen, Anhaftung von Liebe zu unterscheiden, und allmählich versuchen, alle Spuren von Anhaftung aus unseren Beziehungen zu verbannen und unsere Liebe zu verbessern, bis sie rein wird.

WIDRIGE UMSTÄNDE UMWANDELN

Wenn das Leben problemlos verläuft, jeder freundlich zu uns ist und uns Respekt erweist, ist es nicht sehr schwierig, anderen Glück zu wünschen. Lässt unsere Liebe für unsere Mitmenschen jedoch nach, sobald sie uns Probleme verursachen oder es unterlassen, uns anzuerkennen, so zeigt dies, dass unsere Liebe nicht rein ist. Solange unsere positiven Gefühle für andere davon abhängen, ob wir von ihnen gut behandelt werden, wird unsere Liebe schwach und instabil sein, und wir werden nicht in der Lage sein, sie in allumfassende Liebe umzuwandeln. Es ist unvermeidbar, dass Leute manchmal auf undankbare und negative Weise auf unsere Freundlichkeit reagieren. Es ist deshalb unbedingt notwendig, dass wir einen Weg finden, diese Erfahrung in den spirituellen Pfad umzuwandeln.

Wenn jemand, dem wir behilflich waren, unsere Güte erwidert, indem er uns schadet, sollten wir versuchen, statt ärgerlich zu werden, in diesem Menschen einen Spirituellen Lehrer zu sehen und ihm gegenüber einen Geist der Dankbarkeit zu entwickeln. Ausdrücklich erwähnt dieser Vers nur diejenigen, denen wir in der Hoffnung geholfen haben, dass unsere Hilfe heilsame Auswirkungen sowohl für sie als auch für andere haben würde, implizit aber schließt er jeden ein, der uns schadet. Es gibt verschiedene Begründungen, die wir benutzen können, um diese besondere Erkenntnis zu entwickeln. Wir können denken:

Der einzige Grund, weshalb mir die Leute schaden, ist der, dass ich durch meine früheren negativen Handlungen die Ursache für sie geschaffen habe, sich so zu verhalten. Diese Leute lehren mich das Gesetz des Karmas. Indem sie mich betrügen und meine Hilfe durch Schaden vergelten, erinnern sie mich daran, dass ich andere in der Vergangenheit getäuscht und ihnen geschadet habe. Sie betrügen mich nur, weil ich sie oder andere in früheren Leben betrogen habe. Sie ermuntern mich dazu, mein negatives Karma zu reinigen und mich in der Zukunft von schädlichen Handlungen zurückzuhalten. Wie gütig sie sind! Sie müssen mein Spiritueller Meister sein, der von Buddha Amitabha ausgestrahlt wurde.

Indem wir auf diese Weise nachdenken, verwandeln wir eine Situation, die normalerweise zu Wut oder Selbstmitleid führen würde, in eine nachhaltige Lektion über die Notwendigkeit der Reinigung und der moralischen Disziplin.

Ein alternativer Gedankengang wäre:

Diese Erfahrung zeigt mir, dass es in Samsara keine Gewissheit gibt. Alles ändert sich. Freunde werden zu Feinden und Feinde werden zu Freunden. Weshalb ist dies so? Weil in Samsara jeder von seinen Verblendungen kontrolliert wird und niemand frei ist. Diese Situation spornt mich dazu an, samsarische Wiedergeburt aufzugeben. Deshalb muss ich, anstatt ärgerlich oder entmutigt zu werden, samsarische Wiedergeburt aufgeben und einen freudigen Geist der Entsagung erzeugen – den aufrichtigen Wunsch, den beständigen inneren Frieden der Befreiung zu erlangen. Ich bete, dass ich Befreiung von Samsara erlange und dass alle Lebewesen den gleichen Zustand erlangen mögen.

Indem wir diesem Gedankengang folgen, sehen wir die Person, die uns unfreundlich behandelt, als Spirituellen Lehrer an, der uns dazu ermuntert, Samsara zu verlassen und reines Glück zu erfahren. Diese geschickte Weise, unser Problem zu betrachten, wandelt es in eine Chance um, auf dem spirituellen Pfad fortzuschreiten. Da dieser Mensch uns eine tiefgründige Lektion über die Natur von Samsara erteilt und somit einen derart nützlichen Einfluss auf unseren Geist hat, ist er äußerst gütig zu uns.

Wir können auch denken:

Diese Person, die mir schadet oder mich stört, ermuntert mich in Wirklichkeit dazu, Geduld zu praktizieren; und da es unmöglich ist, auf dem spirituellen Pfad fortzuschreiten, ohne den starken Geist der Geduld zu entwickeln, ist sie für mich von großem Nutzen.

Geduld ist eine Geistesart, die durch eine tugendhafte Absicht motiviert ist und freudig die Schwierigkeiten und den Schaden anderer annimmt. Ein ungeduldiger Mensch besitzt keine geistige Stabilität und gerät durch den kleinsten Widerstand oder die geringste Kritik aus der Fassung. Entwickeln wir hingegen wirkliche Geduld, wird unser Geist so stabil sein wie ein Berg und so still wie die Tiefen des Ozeans. Mit solch einem ruhigen, starken Geist wird es nicht schwierig sein, die spirituellen Realisationen der allumfassenden Liebe, des Großen Mitgefühls und des Bodhichittas zu vervollkommnen.

Indem wir geschickt auf diese Weise nachdenken, können wir selbst die Menschen, die uns schaden oder betrügen, als unsere Spirituellen Lehrer ansehen. Dies ist eine sehr wichtige Erkenntnis, denn es bedeutet, dass ein jeder unser Lehrer sein kann. Ob jemand unser Spiritueller Lehrer oder unsere Spirituelle Lehrerin oder ein Hindernis für unseren spirituellen Fortschritt ist, hängt völlig von unserem Geist ab. In vielerlei Hinsicht sind diejenigen Menschen, die uns schaden, die gütigsten von allen, da sie unsere selbstzufriedene Sichtweise, die Samsara als einen Vergnügungsgarten ansieht, erschüttern, und sie inspirieren uns wie ein kraftvoller Spiritueller Meister dazu, uns um unsere spirituelle Praxis intensiver zu bemühen. Indem wir so denken, können wir den Schaden, der uns zugefügt wird, in den spirituellen Pfad umwandeln, und statt entmutigt zu sein, können wir lernen, selbst diejenigen zu schätzen, die uns Leid zufügen. Es ist besonders wichtig, diese Einstellung gegenüber unseren engen Freunden und unserer Familie zu haben. Da wir so viel Zeit mit ihnen verbringen, wäre es sehr nützlich, wenn wir sie als unsere reinen Spirituellen Lehrer betrachten würden!

Wir stellen hohe Ansprüche an unsere Freunde und hoffen, dass sie eine Quelle wahren Glückes für uns sein werden, doch in Samsara können wir niemals solche Freunde finden. Selbst wenn sie nicht absichtlich versuchen, uns zu schaden, werden sie uns zwangsläufig von Zeit zu Zeit Probleme bereiten. Wir meinen, wenn wir lange genug suchten, würden wir schließlich den richtigen Freund oder perfekten Partner finden, der uns niemals enttäuschen würde; in Samsara gibt es jedoch keine perfekten Freunde. Samsarische Beziehungen sind von Natur aus trügerisch. Wir hoffen auf eine andauernde harmonische und befriedigende Beziehung, aber irgendwie klappt es nicht. Es ist überflüssig, der anderen Person die Schuld dafür zu geben, dass sie unseren Erwartungen nicht entspricht – es ist die Schuld der samsarischen Wiedergeburt. Da wir in Samsara wieder geboren wurden, müssen wir unweigerlich unbefriedigende Beziehungen erfahren. Es ist unmöglich, reine Freunde in dieser unreinen Welt zu finden. Wollen wir uns wirklich an reinen, harmonischen Beziehungen erfreuen, müssen wir Samsara entsagen. Lassen uns unsere Freunde also im Stich, sollten wir nicht ärgerlich mit ihnen werden, sondern sie statt dessen als Spirituelle Lehrer betrachten, die uns die Fehler von Samsara aufzeigen.

Samsarische Orte sind ebenfalls von Natur aus trügerisch. Wir meinen, wenn wir umziehen, von der Stadt wegziehen oder in ein anderes Land übersiedeln, würden wir einen Platz finden, wo wir uns wirklich wohl fühlen und glücklich sein können. Solange wir jedoch in Samsara bleiben, werden wir niemals einen solchen Platz finden. Wir sind schon oft umgezogen, aber zufrieden sind wir immer noch nicht. Wenn wir eine neue Gegend besuchen, erscheint sie uns so schön, dass wir davon überzeugt sind, das Leben dort könne alle unsere Probleme lösen. Entschließen wir uns dann aber tatsächlich zum Umzug, tauchen schon bald neue Probleme auf. Es gibt keinen Platz auf dieser Welt, an dem wir ohne Probleme leben können. Wünschen wir uns ein Leben in einer reinen Umwelt oder hoffen wir, einen Ort zu finden, wo wir uns stets zu Hause fühlen können, müssen wir unseren Geist reinigen, indem wir allumfassende Liebe und allumfassendes Mitgefühl entwickeln.

Obwohl wir unser Leben damit verbringen, nach Glück in Samsara zu suchen, und dabei von Freund zu Freund wechseln und von Ort zu Ort ziehen, werden wir niemals wahres Glück finden. Wir gleichen dem Dieb, der eines Nachts in Milarepas Höhle eindrang und nach etwas Wertvollem zum Stehlen suchte. Als Milarepa ihn hörte, lachte er und sagte: «Ich kann am helllichten Tage nichts finden, was erhoffst du dir dann in der Nacht zu entdecken?» Wie können wir erwarten, Glück in der leeren Höhle Samsaras zu finden, während wir von der Dunkelheit unserer Verblendungen umnachtet sind, und selbst alle Buddhas mit ihrer allwissenden Weisheit nicht imstande waren, es zu finden? Samsara ist ein Gefängnis, aus dem wir ausbrechen müssen, anstatt unsere Zeit darin mit der nutzlosen Suche nach Glück zu verschwenden.

Wenn wir so denken, können wir scheinbar widrige Umstände in Möglichkeiten zu spirituellem Wachstum umwandeln. Es gibt zwei Wege, widrige Umstände in den Pfad umzuwandeln: mittels Methode und mittels Weisheit. Wir tragen die Samen der Buddhaschaft in uns. Um diese Samen jedoch in den vollkommenen Körper und Geist eines Buddhas umzuwandeln, müssen wir sie sowohl nähren als auch von allen Behinderungen für ihr Wachstum befreien. Übungen, die das Wachstum von Buddha-Samen nähren, wie Entsagung, Mitgefühl und Bodhichitta, sind als «Methodenübungen» bekannt; und Übungen, die die Buddha-Samen von Behinderungen befreien, werden «Weisheitsübungen» genannt. Verwenden wir Widrigkeiten, um unsere Erfahrung von Entsagung, der Wertschätzung anderer und so weiter zu stärken, so wandeln wir widrige Umstände mittels Methode in den Pfad um. Verwenden wir Widrigkeiten, um unsere Realisation der Leerheit zu vertiefen, so wandeln wir widrige Umstände mittels Weisheit in den Pfad um. Weitere Einzelheiten dazu können in *Allumfassendes Mitgefühl* gefunden werden.

Widrige Umstände in den Pfad umzuwandeln ist in diesen degenerierten Zeiten unbedingt notwendig, weil wir ständig von Schwierigkeiten umgeben sind, wie eine Kerzenflamme, die dem Wind ausgesetzt ist und einmal in diese und dann in die andere Richtung geblasen wird. Es ist nicht möglich, schwierige Situationen zu vermeiden. Können wir jedoch unsere Einstellung ihnen gegenüber ändern, werden sie kein Problem mehr für uns darstellen. Anstatt es Widrigkeiten zu erlauben, uns unglücklich zu machen oder uns zu entmutigen, können wir sie benutzen, um unsere Erfahrung über die Stufen des spirituellen Pfades zu vertiefen, und somit können wir immer einen reinen und friedvollen Geist bewahren.

Im *Rad der scharfen Waffen* erklärt Dharmarakshita, dass alle Schwierigkeiten, die wir in diesem Leben erfahren, das Resultat der negativen Handlungen sind, die wir in vergangenen Leben oder zu einem früheren Zeitpunkt in diesem Leben begangen haben. Finden wir es schwierig, unsere Wünsche zu erfüllen, liegt es daran, dass wir in der Vergangenheit andere davon abgehalten haben, sich ihre Anliegen zu erfüllen. Werden wir von unseren Freunden getrennt, liegt es daran, dass wir die Beziehungen anderer gestört haben. Können wir keine vertrauenswürdigen Freunde finden, liegt es daran, dass wir Leute getäuscht haben. Ist unser Körper von Krankheiten geplagt, liegt es daran, dass wir anderen körperliche Schmerzen zugefügt haben. Finden uns Leute unattraktiv, liegt es daran, dass wir häufig auf andere wütend waren. Sind wir arm, liegt es daran, dass wir den Besitz anderer gestohlen haben. Haben wir eine kurze Lebensspanne, liegt es daran, dass wir andere getötet haben. Dharmarakshita listet viele solche Beispiele von Handlungen und ihren Auswirkungen auf, die von Buddha in den Sutras, wie dem *Sutra der hundert Taten* und den *Vinaya-Sutras*, erklärt werden. Lesen wir diese Sutras, werden wir in der Lage sein, alle Schwierigkeiten, denen wir in unserem Alltag begegnen, als ein Rad der scharfen Waffen zu erkennen, das auf uns zurückkommt als Antwort auf den Schaden, den wir angerichtet haben.

Es ist wichtig, die Beziehung zwischen Handlungen und ihren Auswirkungen zu verstehen. Unsere normale Reaktion auf ein Problem ist zu versuchen, jemanden zu finden, den wir beschuldigen können. Betrachten wir die Situation jedoch mit Weisheit, werden wir erkennen, dass wir selbst durch unsere negativen Handlungen die Ursache für dieses Problem erzeugt haben. Die Hauptursache für alle unsere Probleme ist notwendigerweise eine negative körperliche, sprachliche oder geistige Handlung, die wir selbst in der Vergangenheit ausgeführt haben. Die Handlungen anderer Leute sind nur Nebenbedingungen, die es unserem negativen Karma ermöglichen heranzureifen. Wenn es nicht diese Leute sind, die die Bedingungen dafür schaffen, dass unser negatives Karma heranreift, wird auf jeden Fall jemand oder etwas anderes dafür sorgen. Denn ist die Hauptursache erst einmal geschaffen, können die Auswirkungen keinesfalls vermieden werden, es sei denn, wir beseitigen sie mittels einer Reinigungspraxis. Anstatt andere für unsere Probleme verantwortlich zu machen, sollten wir unser Unglück benutzen, um unser Verständnis von Karma zu vertiefen.

Wenn wir unseren Geist darin schulen, die spirituellen Lektionen in allen unseren Erfahrungen zu erkennen, können wir jeden und alles als unseren Spirituellen Lehrer betrachten, und wir können jede beliebige Situation zu unserem Vorteil nutzen. Dies ist eine sehr wichtige Erkenntnis, denn sie bedeutet, dass keine Erfahrung jemals verschwendet wird. Die Zeit, die wir aufwenden, um Dharma-Unterweisungen anzuhören oder Dharma-Bücher zu lesen, ist normalerweise ziemlich begrenzt, doch wenn wir die Dharma-Lektionen im Alltagsleben erkennen, werden wir immer in der Gegenwart unseres Spirituellen Meisters sein. Wie Milarepa sagte:

> Ich muss keine Bücher lesen; alles, was meinem Geist erscheint, ist ein Dharma-Buch. Alle Dinge bestätigen die Wahrheit von Buddhas Lehren und vergrößern meine spirituelle Erfahrung.

Weil Milarepa alles als seinen Spirituellen Lehrer betrachtete, schritt er sehr schnell auf dem spirituellen Pfad voran und erlangte Erleuchtung noch in jenem Leben.

Die Lamrim-Unterweisungen erklären, dass es die Funktion eines Buddhas ist, heiligen Dharma zu enthüllen und Segnungen zu gewähren. Weil unser Spiritueller Meister diese Funktionen ausübt, ist er von unserem Standpunkt aus ein Buddha. In ähnlicher Weise sind für einen qualifizierten Lojong-Praktizierenden alle Lebewesen Spirituelle

Lehrer und alle Situationen sind Dharma-Lektionen. Können wir diese besondere Erkenntnis mit Achtsamkeit beibehalten, wird es bei unserer spirituellen Praxis kein Hindernis mehr geben, weil alle unsere Alltagserfahrungen bedeutungsvoll werden und dazu dienen, unsere guten Eigenschaften zu vermehren.

Sind wir geschickt, so kann jeder, dem wir begegnen, uns das Gesetz des Karmas lehren. Sehen oder hören wir Berichte über arme Leute, können wir darüber nachdenken, dass das Erleben von Armut die Folge davon ist, dass Geben in der Vergangenheit nicht praktiziert wurde. Dies wird uns ermuntern, Geben zu praktizieren. Sehen wir Tiere, können wir darüber nachdenken, dass sie eine niedere Wiedergeburt angenommen haben, weil sie keine moralische Disziplin praktizierten, und sie lehren uns somit, dass wir jetzt reine moralische Disziplin einhalten müssen. In ähnlicher Weise lehren uns diejenigen, die unter Wut leiden, wie wichtig es ist, Geduld zu üben; und all diejenigen, die im Gefängnis von Samsara gefangen sind, lehren uns, dass wir Faulheit aufgeben und großes Bemühen aufbringen müssen, um eine beständige Beendigung samsarischer Wiedergeburt zu erlangen und jedem zu helfen, gleiches zu tun. Wenn wir so denken, werden wir allmählich die tiefe Erfahrung gewinnen, dass uns alle Lebewesen das unbezahlbare Geschenk von Dharma-Unterweisungen geben. Anstatt auf diejenigen, die Leiden erfahren, herabzublicken, werden wir sie als unsere unvergleichlich kostbaren Spirituellen Meister respektieren und schätzen.

Je Tsongkhapa

Die Niederlage annehmen und den Sieg anbieten

Wenn andere mich aus Neid
Verletzen oder beleidigen,
Möge ich selbst die Niederlage annehmen
Und ihnen den Sieg anbieten.

Der sechste Vers enthüllt, dass wir, nachdem wir etwas Erfahrung in Liebe und Mitgefühl für alle Lebewesen gewonnen haben, nun dieses gute Herz in unseren Alltag einbringen müssen. Wenn uns jemand beispielsweise aus Wut oder Eifersucht schadet oder beleidigt, sollten wir mit einem Geist, der voller Liebe und Mitgefühl bleibt, den Schaden freudig annehmen und nicht Vergeltung üben: das ist die Bedeutung von die Niederlage annehmen und anderen den Sieg anbieten. Diese Praxis schützt uns unmittelbar vor Entmutigung und Unzufriedenheit. Bodhisattva Langri Tangpas Hauptabsicht in diesem Vers ist, uns zu ermutigen, Geduld zu praktizieren. Das aufrichtige Praktizieren von Geduld ist die Grundlage für die Realisation des Nehmens und Gebens, das im nächsten Kapitel erläutert wird.

Wenn uns leblose Objekte oder auch Menschen Probleme bereiten und wir alles mögliche unternommen haben, um die Situation zu verbessern, bleibt uns nichts anderes übrig, als unser Leiden geduldig zu ertragen, ohne ärgerlich zu werden oder die Fassung zu verlieren. Sind die Auswirkungen unseres negativen Karmas bereits herangereift, ist es unmöglich, diese zu vermeiden, und nicht einmal ein

Buddha kann unser Leiden verhindern. Alles, was wir tun können, ist Geduld zu praktizieren und unsere Schwierigkeiten freudig anzunehmen. Auf diese Weise halten wir unseren Geist in einem ausgeglichenen und positiven Zustand, ganz gleich, wie schlecht unsere äußeren Umstände auch sein mögen. Praktizieren wir beispielsweise Geduld, werden wir, wenn wir krank sind, in der Lage sein, ruhig und friedvoll zu bleiben; und verhalten wir uns geduldig, wenn uns jemand schadet, werden wir die Klarheit und Ruhe des Geistes besitzen, um in einer konstruktiven Weise zu reagieren, ohne Wut oder Selbstmitleid. In jeder unangenehmen oder schmerzhaften Situation sollten wir denken:

Diese Situation ist das Resultat meines negativen Karmas. Da die Auswirkung schon herangereift ist, ist es zu spät, sie zu reinigen. Es bleibt mir nichts anderes übrig, als die Situation mit einem glücklichen Geist geduldig anzunehmen. Ich habe die Ursache für dieses Problem selbst erschaffen und somit ist es meine Verantwortung, das Resultat anzunehmen. Wenn ich selbst die Resultate meiner negativen Handlungen nicht erfahre, wer sonst soll sie erfahren?

Obwohl die Geduld, unsere Leiden freiwillig zu ertragen, nicht die eigentliche Praxis des Nehmens ist, werden wir, wenn wir dazu fähig sind, unser eigenes Leid mutig zu ertragen, auch keine Schwierigkeiten haben, das Leiden anderer auf uns zu nehmen. Alle, die in der Lage sind, diese Geduld zu praktizieren, besitzen einen sehr starken Geist. Sie sind wie Helden oder Heldinnen, unbeirrt von den Leiden Samsaras, und nichts hat die Kraft, ihren Geist zu stören. Wie Dharmarakshita sagt:

Wer die samsarischen Vergnügen annimmt, die
Leiden jedoch nicht ertragen kann,
Wird vielen Problemen begegnen;
Ein Bodhisattva aber, der Leiden mutig annimmt,
Wird immer glücklich sein.

Die Menschen, die einzig und allein ihr Glück innerhalb Samsaras erwarten und es schwierig finden, Samsaras Leiden zu erdulden, werden sich nur noch weiteres Elend aufladen. Wir leiden, weil wir uns in Samsara befinden. Samsara ist das Werk unseres unreinen Geistes des Festhaltens am Selbst, und somit ist die eigentliche Natur Samsaras Leiden. Solange wir die Ursache in unserem Geist haben – die Unwissenheit des Festhaltens am Selbst – werden wir weiterhin die Auswirkungen erleiden – Samsara in seinem ganzen Elend. Zu hoffen, diesem Leiden zu entkommen, ohne vorher unseren Geist des Festhaltens am Selbst gereinigt zu haben, offenbart einen grundlegenden Mangel an Weisheit. In allen unseren Leben hat es uns an Weisheit gefehlt, und deshalb haben wir uns durch die Umgestaltung unserer samsarischen Welt von Leiden zu befreien versucht, während wir es vernachlässigt haben, unseren Geist zu reinigen. Statt so weiterzufahren, sollten wir nun der weisen und mutigen Haltung eines Bodhisattvas nacheifern und unsere Leiden und Probleme als Ansporn für unsere spirituelle Praxis betrachten.

Der Grund dafür, dass wir es so schwierig finden, Leiden anzunehmen, liegt darin, dass unser Geist der Selbst-Wertschätzung die Wichtigkeit unseres eigenen Glückes stark übertreibt. Wenn wir glücklich sind, ist in Wirklichkeit nur eine Person glücklich, und wenn wir leiden, leidet nur eine Person. Verglichen mit dem Leiden zahlloser Lebewesen ist unser eigenes Leid unbedeutend. Natürlich ist jedes einzelne Lebewesen wichtig, würde uns jedoch jemand fragen, ob eine einzelne Person oder zehn Leute wichtiger sind, müssten wir antworten, dass es die zehn Leute sind. Diese Argumentation ist sehr hilfreich und kann uns in unserer Praxis helfen, die Niederlage anzunehmen.

Wenn wir diese Praxis ausführen, müssen wir jedoch unsere Weisheit einsetzen. Falls das Annehmen der Niederlage und das Anbieten des Sieges ein ernsthaftes Hindernis bei der Erfüllung unserer Bodhichitta-Wünsche darstellt, wird dies indirekt zahllosen Lebewesen schaden, einschließlich der Person, der wir den Sieg anbieten. Ohne Weisheit erlauben wir es vielleicht jemandem, unsere großartige Gelegenheit zu zerstören, vielen Lebewesen durch das Weiterkommen auf dem Weg zur Erleuchtung zu nutzen. Ein solches Mitgefühl wäre unangebracht und würde zu einer fehlerhaften Praxis führen. Stellen wir uns eine Lojong-Praktizierende namens Maria vor, die alle ihre Handlungen dem Wohl anderer gewidmet hat. Falls nun jemand versucht, sie aus Eifersucht zu töten, und Maria dies zulässt, um die Wünsche ihres Angreifers zu erfüllen, so wäre dies törichtes Mitgefühl. Mitgefühl allein ist nicht ausreichend; wir müssen es mit Weisheit verbinden, ansonsten werden wir viele Fehler machen.

Ein mitfühlender Mann fand einmal einen großen lebendigen Fisch auf der Straße, der vom Karren eines Fischers heruntergefallen war. Da er sein Leben retten wollte, hob er ihn vorsichtig auf und brachte ihn zu einem nahegelegenen Teich. Kurze Zeit später bemerkten die Anwohner, dass alle kleinen Fische im Teich verschwunden waren und nur noch ein großer Fisch übrig war. Als sie erkannten, dass es der große Fisch war, der die anderen Fische im Teich gefressen hatte, waren sie aufgebracht und töteten ihn. Die mitfühlende Handlung des Mannes führte somit nicht nur zum Tod aller Fische im Teich, sondern auch zum Tod des großen Fisches, den er zu retten versucht hatte. Diese Geschichte macht deutlich, dass mehr als nur ein mitfühlender Wunsch nötig ist, um anderen wirklich helfen zu können. Wir müssen auch unsere Weisheit entwickeln, denn ohne Weisheit können unsere Anstrengungen zu helfen ins Gegenteil umschlagen. Im Buddhismus werden Mitgefühl und Weisheit als einander ergänzend angesehen und sind gleich wichtig, wenn wir anderen effektiv helfen wollen.

Angenommen, wir haben Selbst-Wertschätzung aufgegeben und jemand verlangt von uns, das eigene Leben zu beenden. Wir sind vielleicht dazu fähig, unser Leben aufzugeben, ohne dabei ein Gefühl des Verlustes zu verspüren, aber bevor wir dies tun, müssen wir uns fragen, ob es anderen wirklich dienlich wäre. In gewissen Fällen mag dies sehr sinnvoll sein. Der tibetische König Yeshe Ö opferte sein Leben, um den großen indischen Gelehrten Dhipamkara Shrijnana nach Tibet einzuladen und dort Dharma zu lehren. Dhipamkara Shrijnana war zutiefst gerührt über Yeshe Ös selbstlose Tat des Gebens und akzeptierte in der Folge die Einladung. Es gelang ihm, den rauen und widerspenstigen Tibetern den kostbaren Kadam-Dharma zu lehren, und sie gaben ihm Liebe und Dankbarkeit zurück. Aus Respekt gab man ihm den Namen «Atisha», der «Frieden» bedeutet, und der reine Buddhadharma, den er unterrichtete, blühte in ganz Tibet und in anderen Ländern. Seit jener Zeit haben zahllose Wesen bedeutenden Nutzen aus Yeshe Ös weitsichtigem Handeln gezogen, sein Leben freiwillig aufgegeben zu haben, und sie tun es heute noch. Diese Geschichte wird ausführlicher im *Freudvollen Weg* dargelegt.

Es gibt aber auch Situationen, in denen es vielleicht jemanden freut, wenn wir unser Leben verlieren, aber gleichzeitig wird damit die Möglichkeit zerstört, dass wir vielen anderen helfen können. Erkennen wir, dass wir mehr Menschen nutzen können, indem wir am Leben bleiben, sollten wir unser Leben nicht beenden. Wird eine Person wütend und droht uns damit, uns umzubringen, können wir sogar kämpfen, um unser Leben zum Wohl der vielen zu schützen. Buddha sagte, dass es ein gravierender Fehler wäre, unseren Körper aus einem geringfügigen Grund aufzugeben oder unsere Gesundheit unnötig zu gefährden, da dies ein großes Hindernis für unsere spirituelle Praxis wäre.

Normalerweise sollten wir versuchen, anderen eine Freude zu bereiten, indem wir ihren Wünschen nachkommen und auch Kritik oder Probleme, mit denen sie uns konfrontieren, annehmen; allerdings wäre dies nicht ratsam, wenn beispielsweise die Wünsche einer bestimmten Person Schaden verursachen und zu unnötigem Leid führen würden. Bäte uns zum Beispiel jemand darum, ihm bei einem Banküberfall zu helfen, oder würde uns unser Kind bitten, ihm eine Angel zu kaufen oder ein Gewehr, um Vögel zu schießen, sollten wir uns natürlich weigern. Wir müssen von unserer Weisheit Gebrauch machen und nicht einfach blindlings allem zustimmen, worum wir gebeten werden.

Verbringen wir den größten Teil unserer Zeit damit, uns nach den Wünschen anderer zu richten, kann es auch geschehen, dass uns keine Zeit mehr für das Studium, die Kontemplation und die Meditation des Dharmas bleibt. Außerdem haben viele Leute unangebrachte Wünsche und nutzen uns vielleicht aus. Wenn wir uns nicht jeden Tag etwas Zeit zum Meditieren nehmen, wird es sehr schwierig, in unserem Alltag einen friedvollen und positiven Geist zu bewahren, und unsere gesamte spirituelle Praxis wird darunter leiden. Da es der wahre Sinn der Meditation ist, unsere Fähigkeit, anderen zu helfen, auszubauen, ist es nicht egoistisch, sich täglich Zeit zum Meditieren zu nehmen. Wir müssen unsere Zeit und Energie so einteilen, dass wir von größtmöglichem Nutzen für andere sein können. Um wirkungsvoll zu sein, benötigen wir etwas Zeit für uns selbst, um unsere Kräfte zu erneuern, unsere Gedanken zu sammeln und die Dinge im richtigen Licht zu sehen.

Wird Lojong-Praktizierenden Schaden zugefügt, so nehmen sie ihr Leiden geduldig an. Dies bedeutet jedoch nicht, dass sie keinen Versuch unternehmen, unverletzt zu bleiben. Es ist falsch, davon auszugehen, dass wir es anderen erlauben, uns zu schaden, nur weil wir versuchen, Geduld zu praktizieren, und unseren Geist der Selbst-Wertschätzung zerstören wollen. Tatsächlich haben wir die Pflicht, uns vor Schaden zu schützen, denn gelingt es anderen, uns zu schaden, so schaffen sie die Ursache für zukünftiges großes Leiden. Bodhisattvas verwenden alle ihnen zur Verfügung stehenden befriedenden als auch zornvollen Mittel, um andere daran zu hindern, ihnen zu schaden. Ihre Motivation jedoch liegt ausschließlich darin, andere davor zu bewahren, negatives Karma zu erzeugen, und sich selbst die Möglichkeit zu sichern, anderen von Nutzen zu sein. Obwohl es nach außen hin so erscheinen mag, als ob sie aus Eigeninteresse handeln, beschützen sie in Wirklichkeit ihren Körper und ihr Leben aus Mitgefühl für alle Lebewesen.

Ein reiner Dharma-Praktizierender besuchte einmal seinen Lehrer, um ihm eine Frage über seine Lamrim-Praxis zu stellen, und er brachte seinen kostbaren Lamrim-Text mit. Auf dem Weg zurück zu seiner Höhle griff ihn ein Hund brutal an. Normalerweise behandelte der Praktizierende seine Dharma-Bücher mit großer Sorgfalt und großem Respekt. Um jedoch den Hund davon abzubringen, ihn zu beißen, schlug er ihn mit dem Text. War es falsch, einen Dharma-Text in dieser Weise zu benutzen? Im Allgemeinen sollten wir Dharma-Texte natürlich so behandeln, als ob sie Dharma-Juwelen wären. Hätte er sich jedoch nicht verteidigt, hätte der Hund ihn gebissen oder möglicherweise sogar getötet und damit seine Dharma-Praxis jäh unterbrochen und hätte indirekt vielen fühlenden Wesen geschadet. Weil seine Motivation rein war, lud sich der Praktizierende kein negatives Karma auf. Bodhisattvas können sogar mit anderen kämpfen, um viele fühlende Wesen zu beschützen. Es ist sehr schwierig, nur anhand der äußeren Handlungen einer Person zu beurteilen, ob ihre Dharma-Praxis rein ist oder nicht. Nach vielen Jahren des Zusammenlebens würden wir vielleicht allmählich die wahre Motivation eines anderen Menschen verstehen, aber allein aufgrund des äußeren Verhaltens ist dies nicht möglich.

Ferner ist es sinnlos, unnötige Leiden zu ertragen und z. B. medizinische Hilfe abzulehnen, wenn wir ernsthaft krank sind. Wir mögen denken: «Als Lojong-Praktizierender kann ich alle meine Probleme allein durch meine innere Kraft lösen.» In Wahrheit aber brechen wir durch das Ablehnen von Hilfe unsere Lojong-Verpflichtung: «Bleibe natürlich, während du dein inneres Streben veränderst.» Gemäß der Kadampa-Tradition von Je Tsongkhapa sollten wir die Konventionen der normalen Gesellschaft beachten, selbst wenn wir hohe Realisationen haben. Da es üblich ist, bei Krankheit medizinische Behandlung in Anspruch zu nehmen, sollten wir nicht zu viel Aufmerksamkeit auf uns lenken und dies ablehnen, wenn die Behandlung von Nutzen ist, obwohl wir vielleicht geistig stark genug wären, den Schmerz ohne fremde Hilfe zu ertragen. Die Tradition Je Tsongkhapas, äußerlich wie eine gewöhnliche Person zu erscheinen, während wir innerlich besondere Geisteszustände entwickeln, ist sehr praktisch und schön.

Wir meinen vielleicht, dass sich unsere Leiden und Probleme vervielfachen und uns vollkommen überwältigen werden, wenn wir die ganze Zeit geduldig das Annehmen der Niederlage praktizieren. Tatsächlich jedoch verringert die Praxis der Geduld grundsätzlich unser Leiden, weil wir den Schwierigkeiten, die wir haben, nicht auch noch geistiges Leiden hinzufügen. Da Leiden, Sorgen, Depressionen und Schmerz Gefühle sind, sind sie Geistesarten, und es folgt, dass sie innerhalb und nicht außerhalb unseres Geistes existieren. Bleibt unser Geist aufgrund der Praxis der Geduld ruhig und glücklich, wenn wir widrige Umstände erfahren, haben wir kein Problem. Wir stecken möglicherweise in einer Krise oder sind vielleicht sogar krank oder verletzt, dennoch sind wir frei von Schmerzen. Indem wir unseren Geist in dieser Weise kontrollieren, werden unsere Schmerzen, unsere Sorgen und unsere Depressionen verschwinden und wir finden wahres inneres Glück. Behalten wir in schwierigen Situationen einen friedvollen Geist bei, ist es zudem viel wahrscheinlicher, Lösungen zu finden und konstruktiv zu reagieren. Die buddhistische Praxis ist sehr sanft. Sie verlangt keine körperlichen Entbehrungen und Unannehmlichkeiten, sondern beschäftigt sich hauptsächlich mit der inneren Aufgabe, unseren Geist zu kontrollieren und umzuwandeln. Haben wir einmal gelernt, wie man das macht, werden wir die wirkliche Bedeutung von Buddhas Lehren verstehen.

In Tibet traf ich eine ganze Anzahl von bescheidenen Praktizierenden, die, obwohl sie nicht berühmt waren, in ihrem Alltagsleben immer das Annehmen der Niederlage und das Anbieten des Sieges praktizierten. Einer von ihnen war ein Mönch namens Kachen Sangye, den die Leute später als Bodhisattva anerkannten. Wenn jemand irgend etwas Unangenehmes zu ihm sagte, nahm er es an, ohne Vergeltung zu üben, und wenn ihn jemand um etwas bat, gab er es sofort her, ohne eine Spur von Geiz. Wurde beim Einkaufen zu viel Geld verlangt, zahlte er kommentarlos, und war der Ladenbesitzer arm, gab er ihm sogar mehr. Kachen Sangyes teuerster Besitz war ein Kupfertopf zur Aufbewahrung von Wasser. Eines Tages, als er fort war, drang ein Dieb in seinen Raum ein und stahl den Topf. Als aber der Dieb die Straße entlang lief, traf er auf Kachen Sangye, der gerade zurückkehrte. Da der Mönch ihn kannte, war der Dieb so beschämt, dass er den Topf fallen ließ und wegrannte. Kachen Sangye aber entwickelte den starken Wunsch, seinen Kupfertopf zu verschenken. Er brachte ihn zum Haus des Diebes und sagte zu ihm: «Du brauchtest nicht wegzurennen. Du darfst dir jederzeit aus meinem Raum nehmen, was du willst!» Die Leute sagten über ihn, dass er sogar freudig sein Leben gegeben hätte, wenn man ihn darum gebeten hätte. Es gibt viele derartige Beispiele aus der Vergangenheit, und es gibt keinen Grund, warum es nicht auch heute und in der Zukunft solche Praktizierende geben sollte. Diejenigen, die fähig sind, so zu denken und sich so zu verhalten, treffen auf keinerlei Probleme im Leben, denn sie können jede Situation freudig annehmen.

Zusammenfassend kann man sagen: Wenn wir den Wunsch haben, anderen wirkungsvoll zu helfen, müssen wir auf jeden Fall in der Lage sein, unsere Probleme anzunehmen, ohne wütend zu werden oder entmutigt zu sein.

Anderen zu helfen ist nicht immer einfach – es bringt oft beträchtliche Schwierigkeiten und Unannehmlichkeiten mit sich und macht es erforderlich, gegen die Wünsche unseres Geistes der Selbst-Wertschätzung vorzugehen. Wenn wir dies nicht akzeptieren können, wird das Eingehen der Verpflichtung, anderen zu nutzen, nur halbherzig und instabil sein. Entwickeln wir jedoch die Fähigkeit, unsere eigenen Probleme geduldig anzunehmen, werden wir die geistige Kraft besitzen, uns darin zu schulen, die Leiden anderer auf uns zu nehmen und ihnen Glück zu schenken. Allmählich werden wir die innere Realisation, die Niederlage anzunehmen und den Sieg anzubieten, entwickeln, und keine Kraft wird uns von unseren hilfreichen Aktivitäten abbringen können.

Nehmen und Geben

Kurz gesagt, möge ich direkt und indirekt
Allen meinen Müttern Glück und Hilfe geben
Und im Geheimen allen Schaden
Und all ihr Leiden auf mich nehmen.

Im siebten Vers erklärt Bodhisattva Langri Tangpa als Abschluss zu den vorangegangenen Versen die Praxis des Nehmens mittels Mitgefühl und die Praxis des Gebens mittels Liebe. «Kurz gesagt» bedeutet in diesem Fall also «zum Abschluss».

Bodhisattva Langri Tangpas Darlegung ist sehr schön. Im ersten Vers erklärt er, wie man andere schätzt, im zweiten, wie man den Geist der Wertschätzung anderer vertieft, und im dritten, wie man Selbst-Wertschätzung und andere Hindernisse auf dem Weg zur wertschätzenden Liebe beseitigt. Die ersten zwei Verse enthüllen die Praxis des Gleichstellens vom Selbst und anderen und der dritte enthüllt die Praxis des Austauschens vom Selbst mit anderen. Im vierten Vers erklärt Langri Tangpa, wie unser Mitgefühl ausgeweitet und vertieft wird, und im fünften, wie unsere Liebe ausgeweitet und vertieft wird. Mit dem Wachstum unserer Liebe und unseres Mitgefühls nimmt unsere Selbst-Wertschätzung ab, und es wird immer einfacher, Leiden anzunehmen und die Praxis des Nehmens und Gebens auszuführen. Im sechsten Vers erklärt Langri Tangpa, wie man die Geduld, Leiden freiwillig zu ertragen, praktiziert, die Grundvoraussetzung für die eigentliche Praxis des Nehmens. Im siebten Vers erklärt er nun die Praxis des Nehmens und Gebens, durch die wir unsere

Jampäl Gyatso

Liebe und unser Mitgefühl weiter verbessern können. In Abhängigkeit von dieser Praxis können wir einen ganz besonderen Bodhichitta entwickeln, und dann erfolgreich die Sechs Vollkommenheiten ausüben, die den eigentlichen Pfad zur Buddhaschaft darstellen.

Wenn wir zu Beginn über Nehmen und Geben meditieren, können wir nicht wirklich die Leiden anderer auf uns nehmen und ihnen auch nicht unser Glück geben. Indem wir uns aber vorstellen, es jetzt zu tun, schulen wir unseren Geist darin, es in der Zukunft tun zu können. Das Wort «direkt» bezieht sich darauf, die Leiden anderer kraft unserer Konzentration tatsächlich auf uns zu nehmen, und «indirekt» bedeutet, die Leiden anderer kraft unserer Vorstellungsgabe auf uns zu nehmen. Wenn wir unsere Praxis des Nehmens und Gebens beginnen, sollten wir nicht zu viel darüber nachdenken, wie es möglich ist, die Leiden anderer allein durch die Kraft des Geistes zu lindern. Stattdessen sollten wir das Nehmen und Geben einfach mit einer guten Motivation praktizieren und verstehen, dass es eine überragende Methode ist, unsere Verdienste zu vermehren und unsere Konzentration zu verbessern. Diese Praxis reinigt auch unsere Nichttugenden und Verblendungen, insbesondere unsere Selbst-Wertschätzung, und stärkt deutlich unsere Liebe und unser Mitgefühl. Durch allmähliche Schulung wird unsere Meditation über das Nehmen und Geben so stark, dass wir die Fähigkeit entwickeln werden, das Leiden anderer unmittelbar auf uns zu nehmen und ihnen Glück zu schenken.

Es gibt viele Beispiele von qualifizierten Yogis, die ihre Konzentration verwendeten, um das Leiden anderer Wesen, mit denen sie eine karmische Verbindung haben, auf sich zu nehmen. Eine Geschichte erzählt von einem indischen Meister des Buddhismus namens Maitriyogi, der den Schmerz eines Hundes, der geschlagen worden war, auf sich nahm, so dass die Wunden auf seinem statt auf dem Körper des Hundes erschienen. Der große tibetische Yogi Milarepa hatte die Meditation über das Nehmen und

Geben vollkommen gemeistert. Einmal nahm er das Leiden eines kranken Mannes auf sich. Dieser aber glaubte nicht, dass er dank Milarepa frei von Schmerzen war. Um es zu beweisen, gab ihm Milarepa die Schmerzen zurück, und als ihm diese zu stark wurden, übertrug Milarepa die Schmerzen auf eine Tür, die darauf zu zittern anfing! Vertrauensvoll Praktizierende des Buddhismus glauben, dass ihr Spiritueller Meister, wenn er krank ist, in Wirklichkeit die Leiden anderer auf sich nimmt. Viele Christen glauben, dass Jesus die Leiden der Menschen auf sich nahm, als er sich kreuzigen ließ. Es ist gut möglich, dass Jesus Nehmen praktizierte, während er am Kreuz hing.

Wenn Buddhas und hohe Bodhisattvas die Kraft haben, das Leiden anderer direkt auf sich zu nehmen und ihnen Glück zu gewähren, fragen wir uns vielleicht, weshalb die Lebewesen noch immer leiden? Weil Buddhas diese Kraft haben, gewähren sie allen Lebewesen unablässig Segnungen. Als unmittelbare Folge des Empfangens dieser Segnungen erfährt jedes einzelne Lebewesen, Tiere und Höllenwesen eingeschlossen, gelegentlich Geistesfrieden, und in diesen Momenten sind sie glücklich und frei vom Leiden der manifesten Schmerzen. Der einzige Weg aber, wie die Lebewesen für immer frei von Leiden sein können, ist, wenn sie Buddhas Lehren tatsächlich in die Praxis umsetzen. So wie ein Arzt eine Krankheit nur heilen kann, wenn der Kranke das verordnete Medikament auch tatsächlich einnimmt, so können Buddhas unsere innere Krankheit der Verblendungen nur heilen, wenn wir das Heilmittel des Dharmas auch wirklich anwenden. In den Sutras heißt es:

> Buddhas können die Leiden der fühlenden Wesen
> nicht mit ihren Händen entfernen,
> Oder das Böse von ihrem Geist mit Wasser abwaschen
> Oder ihnen ihre Realisationen wie ein Geschenk
> überreichen;
> Aber sie können sie zur Befreiung führen, indem sie
> die endgültige Wahrheit enthüllen.

Sind die Fensterläden unseres Hauses geschlossen, so kann nur wenig Licht eindringen, und es wird kalt und dunkel bleiben, selbst wenn draußen die Sonne scheint; öffnen wir sie aber, werden die warmen Sonnenstrahlen hineinströmen. Ähnliches geschieht mit unserem Geist: Obwohl die Sonne von Buddhas Segnungen unablässig scheint, bleibt unser Geist kalt und dunkel, wenn er durch fehlendes Vertrauen verschlossen ist, und somit können nur wenige Segnungen eindringen; wenn wir jedoch starkes Vertrauen entwickeln, wird sich unser Geist öffnen und das volle Sonnenlicht von Buddhas Segnungen wird hineinströmen. Glauben ist die Lebenskraft der spirituellen Praxis. Wir müssen unerschütterliches Vertrauen in Buddhas Lehren besitzen, sonst werden wir niemals die Energie aufbringen, diese Unterweisungen in die Praxis umzusetzen.

NEHMEN MITTELS MITGEFÜHL

Für andere Wesen, d.h. für Tiere oder sogar Götter, bringt Leiden nur Kummer und Unglück, und sie können nichts aus ihrem Schmerz lernen. Im Gegensatz dazu können Menschen, die dem Buddhadharma begegnet sind, sehr viel aus ihrem Leiden lernen. Für uns kann Leiden ein großer Ansporn sein, Entsagung, Mitgefühl und Bodhichitta zu entwickeln und uns zu ermutigen, eine aufrichtige Reinigungspraxis durchzuführen.

Als junger Mann war Je Gampopa glücklich mit einer schönen, jungen Frau verheiratet. Aber schon bald wurde die Frau krank und starb. Aufgrund seiner starken Anhaftung an seine Frau war Gampopa tieftraurig. Sein Verlust jedoch ließ ihn erkennen, dass Tod und Unbeständigkeit die eigentliche Natur von Samsara sind, und dies wiederum ermutigte ihn dazu, durch reines Praktizieren des Dharmas beständige Befreiung von Samsara zu suchen. Zuerst verließ er sich auf verschiedene Kadampa-Geshes und praktizierte Kadam-Lamrim, und später begegnete er Milarepa und erhielt die Mahamudra-Anweisungen. Nachdem er schließlich alle gelernten Unterweisungen praktiziert hatte, wurde er ein großer Meister, der viele Wesen auf dem spirituellen Pfad führte. Wir können also sehen, dass Leiden für qualifizierte Dharma-Praktizierende viele gute Eigenschaften hat. Für diese Praktizierenden gleichen Samsaras Leiden einem Spirituellen Meister, der sie auf dem Pfad zur Erleuchtung führt.

Shantideva sagt:

Außerdem hat Leiden gute Eigenschaften.
Kummer vertreibt Stolz,
Mitgefühl entsteht für diejenigen, die in Samsara gefangen sind,
Das Böse wird gemieden und Freude wird in der Tugend gefunden.

Weil wir die guten Eigenschaften des Leidens verstehen, sollten wir Freude über unsere Möglichkeit entwickeln, Nehmen mittels Mitgefühl praktizieren zu können.

Unsere eigenen zukünftigen Leiden auf uns nehmen

Um uns auf die eigentliche Meditation, die Leiden anderer auf uns zu nehmen, vorzubereiten, können wir damit beginnen, unsere eigenen zukünftigen Leiden auf uns zu nehmen. Diese Meditation ist eine wirkungsvolle Methode, unser negatives Karma, die Hauptursache für unsere zukünftigen Leiden, zu reinigen. Entfernen wir die Ursache für unsere künftigen Leiden, so wird es keine Grundlage dafür geben, die Folgen zu erleiden. Uns von künftigen Leiden zu befreien ist wichtiger als uns von gegenwärtigen Leiden zu entlasten, weil unsere Leiden in der Zukunft endlos sein werden, während die gegenwärtigen nur ein kurzes Leben lang bestehen. Deshalb sollten wir uns darin schulen, unsere zukünftigen Leiden auf uns zu nehmen, solange wir noch die Gelegenheit dazu haben, die Ursachen dieser Leiden zu reinigen. Diese Praxis dient auch dazu, unsere Selbst-Wertschätzung zu verringern, die der Hauptgrund dafür ist, dass wir es so schwierig finden, unsere Leiden zu ertragen, und sie stärkt außerdem unsere Geduld. Wenn wir durch die Praxis, unsere eigenen Leiden geduldig anzunehmen, unsere widrigen Umstände freudig ertragen können, wird es auch nicht schwierig sein, die Leiden anderer auf uns zu nehmen. Auf diese Weise erwerben wir die Fähigkeit, unser eigenes Leiden zu verhindern und anderen zu nutzen. Haben wir dies verstanden, fassen wir den Entschluss, unsere Nichttugenden zu reinigen, indem wir ihre Folgen jetzt auf uns nehmen.

Wir stellen uns vor, dass sich alle Leiden, die wir in der Zukunft als Mensch, Gott, Halbgott, Tier, Hungriger Geist oder Höllenwesen erfahren werden, in der Form von schwarzem Rauch sammeln und sich in unserem Ursprungsgeist bei unserem Herzen auflösen. Wir stellen uns fest vor, dass dies die negativen Potentiale, die Ursachen für unsere künftigen Leiden, in unserem Geist reinigt. Dann erzeugen wir ein Gefühl der Freude und meditieren über dieses Gefühl so lange wie möglich. Wir sollten diese Meditation, unsere zukünftigen Leiden auf uns zu nehmen, viele Male wiederholen, bis wir Zeichen erhalten, dass unser negatives Karma gereinigt worden ist. Die Freude, die wir durch das Ausführen dieser Meditation erfahren, ermutigt uns zu dem aufrichtigen Wunsch, die Leiden anderer mittels Mitgefühl auf uns zu nehmen.

Wir können uns auch auf die eigentliche Meditation, die Leiden anderer zu übernehmen, vorbereiten, indem wir Gebete sprechen. Es ist sehr einfach, Gebete zu sprechen, und wenn wir es mit einem guten Herzen und starker Konzentration tun, sind sie sehr wirksam. Während wir uns auf die Bedeutung konzentrieren, beten wir:

Deshalb, o mitfühlender, Ehrwürdiger Guru, erbitte ich deine Segnungen,
Damit all die Leiden, Negativität und Hindernisse der fühlenden Mutterwesen
Gleich jetzt in mir reifen.

Wir empfinden Freude bei dem Gedanken, die Leiden aller Lebewesen auf uns zu nehmen, und wir behalten dieses besondere Gefühl so lange wie möglich bei. Indem wir dieses Gebet Tag und Nacht wiederholen, stärken wir unaufhörlich unseren aufrichtigen Wunsch, die Leiden anderer auf uns zu nehmen. Dann führen wir die eigentliche Meditation aus, die Leiden anderer auf uns zu nehmen.

Die Vorteile, die Leiden anderer auf uns zu nehmen

Die Worte «allen meinen Müttern» im Vers des Urtextes beziehen sich auf alle Lebewesen. Mit seiner allwissenden Weisheit erkannte Buddha, dass es kein einziges Lebewesen gibt, das in der Vergangenheit nicht unsere Mutter gewesen ist, und alle diese Mütter erwiesen uns unendliche Güte. Da wir uns nicht an unsere früheren Leben erinnern können und da sich die Gestalt unserer Mütter von Leben zu Leben ändert, erkennen wir sie nicht wieder und erinnern uns auch nicht an ihre Güte; dies ändert jedoch nichts an der Tatsache, dass alle Lebewesen grundsätzlich unsere gütigen Mütter sind. Betrachten wir alle Lebewesen auf diese Weise, dann wird es einfach sein, reine Liebe und reines Mitgefühl für sie zu entwickeln. Es wird uns davon abhalten, wütend oder eifersüchtig zu werden, und wird uns dazu ermutigen, ihnen so oft wie möglich zu helfen. Da diese Erkenntnis auf der Weisheit aller Buddhas beruht und uns zur Erleuchtung führt, sollten wir sie ohne Zögern übernehmen. Es hat keinen Sinn, über die Fehler anderer nachzudenken. Es ist von viel größerem Nutzen, sich auf ihre Güte zu konzentrieren.

Obwohl wir es vielleicht schwierig finden, uns selbst davon zu überzeugen, dass alle Lebewesen unsere Mütter sind, wäre es trotzdem klug, diese Sichtweise anzunehmen, da sie uns enorme Vorteile bringt. Wir sollten verstehen, dass letzten Endes nichts außer Leerheit wahr ist. Konventionelle Objekte wie Menschen, Bäume, Atome und Planeten haben einen relativen Wirklichkeitswert, der sie von nichtexistierenden Dingen wie quadratischen Kreisen und Einhörnern unterscheidet; aber nur die endgültige Natur oder Leerheit von Phänomenen ist wahr, weil nur Leerheit so existiert, wie sie erscheint. Objekte existieren nur in Beziehung zum Geist, der sie erkennt. Da die Natur und die Eigenschaften eines Objektes vom Geist abhängen, der sie wahrnimmt, können wir die Objekte, die wir sehen, verändern, indem wir unsere Sichtweise ändern. Wir können selbst entscheiden, wie wir uns selbst, andere Menschen oder unsere Welt sehen möchten. Indem wir beharrlich an einer positiven Sichtweise festhalten, werden wir mit der Zeit in einer positiven Welt und schließlich in einem Reinen Land leben.

Die Praxis, die Leiden aller Lebewesen auf uns zu nehmen, hat fünf Hauptvorteile: (1) unser negatives Karma wird gereinigt, (2) unsere Verdienste werden zunehmen, (3) unser Mitgefühl wird stärker, (4) wir werden einen sehr starken Geist entwickeln, der Widrigkeiten mutig ertragen kann, und (5) unser Mitgefühl wird sich schließlich in das allumfassende Mitgefühl eines Buddhas verwandeln.

Zur Zeit gleicht unser Geist einer offenen Wunde: bei der geringsten Schwierigkeit schrecken wir bestürzt zurück. Mit einem derart schwachen Geist beeinträchtigen selbst kleine Probleme unsere Dharma-Praxis. Schulen wir uns jedoch im Nehmen, können wir unseren Geist stärken, bis er unerschütterlich wird. Die Kadampa-Geshes pflegten in ihren Gebeten um einen Geist zu bitten, der so stark und stabil ist wie der Amboss eines Schmiedes und der auch bei den stärksten Schlägen nicht zerbricht. Wir brauchen einen starken und stabilen Geist, der von keiner Unannehmlichkeit, mit der uns das Leben konfrontiert, gestört wird. Mit einem solchen Geist gleichen wir Helden oder Heldinnen, und nichts kann unseren Fortschritt auf dem Weg zur Erleuchtung beeinträchtigen.

Diejenigen, die eine tiefe Erfahrung in der Praxis des Nehmens haben, können ihre eigenen Wünsche und die Wünsche anderer mit Leichtigkeit erfüllen. Weshalb ist das so? Der Grund dafür liegt in der großen Anzahl ihrer Verdienste und darin, dass ihre Wünsche immer rein und durch Mitgefühl motiviert sind. Sie können ihre Wünsche sogar allein mit Hilfe von Gebeten erfüllen oder einfach dadurch, dass sie die Wahrheit kundtun. In der Zeit als Je Mönlam Palwa der Thronhalter von Je Tsongkhapa am Ganden Kloster war, gab es eine schreckliche Überschwemmung, die bereits die umliegenden Felder überflutet und viele Häuser zerstört hatte und die nahegelegene Stadt bedrohte. Als die Bewohner Je Mönlam Palwa darum baten, ihnen zu helfen, schrieb er einfach nur auf ein Stück Papier: «Wenn es stimmt, dass ich Bodhichitta habe, musst du sofort verschwinden.» Er bat die Leute, das Papier dem Flutwasser zu zeigen. Diese befolgten seine Anweisungen und die Überschwemmung ging zurück.

Es gibt viele Geschichten über Bodhisattvas, die durch die Kraft ihrer Wahrheitserklärung Wundertaten vollbrachten. Diese Deklarationen sind sehr wirksam, weil sie durch Bodhichitta motiviert sind, und Bodhichitta schöpft seine Kraft aus Großem Mitgefühl. Als ich als junger Mönch am Jampaling Kloster im westlichen Tibet lebte, war ich einige Monate schwer krank. Als die Schmerzen so schlimm wurden, dass ich sie kaum ertragen konnte, kam mich mein Lehrer Geshe Palden besuchen. Er besaß eine gesegnete Mala, von der er uns oft erzählt hatte, wie bemerkenswert sie sei, doch wir glaubten immer, dass er nur scherzte. Diesmal jedoch stand er an meinem Bett und sagte zu mir: «Wenn es wahr ist, dass meine Mala vom Weiseits-Buddha Manjushri gesegnet ist, so sollst du schnell geheilt werden.» Und dann segnete er mich, indem er meinen Scheitel mit der Mala berührte. Schon bald danach erholte ich mich vollkommen.

Geshe Palden war die Reinkarnation eines Praktizierenden namens Lama Gelong, der im kleinen Kloster Deshar Ritö bei Jampaling gelebt hatte. Lama Gelong führte häufig Nyungnä-Fasten-Retreats aus und betonte die Praxis von Avalokiteshvara, dem Buddha des Mitgefühls. Er war in der Lage, Menschen von bestimmten Krankheiten zu heilen, die durch Naga-Geister hervorgerufen werden und die die Schulmedizin nicht kurieren konnte. Auf seinem Altar stand eine wunderschöne Statue Avalokiteshvaras, die ständig größer wurde, was dazu führte, dass er regelmäßig seinen Schrein ausbauen musste! Dies war ein Zeichen für seine sich ständig vergrößernden Realisationen und es bewirkte, dass viele Leute starkes Vertrauen in ihn entwickelten.

Die eigentliche Meditation über das Nehmen

Es gibt zwei Arten der Schulung im Nehmen mittels Mitgefühl. Die erste ist, sich allgemein auf alle Lebewesen zu konzentrieren und ihre Leiden auf sich zu nehmen, und die zweite ist, dass man sich auf ein einzelnes Lebewesen oder eine bestimmte Gruppe konzentriert und sich dabei vorstellt, ihre besonderen Leiden auf sich zu nehmen.

Um die erste Methode zu praktizieren, stellen wir uns vor, dass wir von allen Mutterlebewesen umgeben sind. Aus glückverheißenden Gründen und um uns zu helfen, leichter mit ihnen in Beziehung zu treten, können wir sie alle in menschlicher Gestalt visualisieren, sollten uns aber daran erinnern, dass jedes einzelne Wesen die Leiden seines eigenen besonderen Bereiches erfährt. Eine klare Vorstellung von ihnen ist nicht nötig – ein grobes geistiges Bild ist ausreichend.

Anschließend entwickeln wir Mitgefühl für alle diese Lebewesen, indem wir über ihre Leiden nachdenken. Menschen durchleben die Schmerzen der Geburt, der Krankheit, des Alterns und des Todes, der Armut, des Hungers und Durstes, sie treffen auf widrige Umstände, und ihre Wünsche werden nicht erfüllt, sie werden von ihren Lieben getrennt und erleiden noch sehr viel weiteren Kummer. Tiere erfahren die gleichen Leiden, aber sehr viel intensiver. Zusätzlich leiden sie unter großer Unwissenheit, Ausbeutung durch die Menschen und leben in ständiger Angst, von anderen Tieren getötet zu werden. Hungrige Geister erfahren die Leiden schrecklichen Hungers und großen Durstes, und Höllenwesen erfahren unvorstellbare Leiden durch Hitze und Kälte. Selbst die Götter, die ihr Leben hauptsächlich damit verbringen, die Freuden Samsaras zu genießen, sind nicht frei von Leiden. Ihre Freuden, ihre Umwelt und ihre Körper sind verunreinigt und von der Natur von Leiden und sie durchleben große Qualen zur Zeit des Todes. Weil auch sie unter der Kontrolle ihrer Verblendungen stehen, sind sie nicht frei von samsarischer Wiedergeburt und müssen unaufhörlich, Leben für Leben, Samsaras Leiden erfahren.

Während wir uns auf alle Lebewesen der sechs Bereiche konzentrieren und über ihre Leiden nachdenken, überlegen wir:

Diese Lebewesen sind meine Mütter und haben mir große Güte entgegengebracht. Sie ertrinken alle im Ozean von Samsara und erfahren unerträgliche Leiden, Leben für Leben. Wie wunderbar wäre es, wenn sie frei von Leiden wären! Mögen sie frei von Leiden sein! Ich selbst werde sie befreien.

Mit diesem mitfühlenden Wunsch beten wir:

Möge das negative Karma und das Leiden aller Lebewesen in mir reifen und mögen sie somit alle von Leiden und ihren Ursachen befreit sein.

Mit diesem tiefempfundenen Gebet stellen wir uns vor, dass sich alles Leiden, die Angst, das negative Karma und die Verblendungen der Menschen, Götter, Halbgötter, Tiere, Hungrigen Geister und Höllenwesen in der Form von schwarzem Rauch sammeln und sich in unserem Herzen auflösen. Wir entwickeln die Überzeugung: «Mein Geist der Selbst-Wertschätzung hat sich aufgelöst und alle Lebewesen haben die beständige Befreiung von Leiden erlangt.» Wir erzeugen Freude und meditieren einsgerichtet über dieses Gefühl so lange wie möglich. Während wir uns an die fünf Hauptvorteile erinnern, die Leiden aller Lebewesen auf uns zu nehmen, wiederholen wir diese Meditation immer wieder, bis wir eine tiefe Erfahrung gewinnen.

Wir denken vielleicht, dass wir uns nur etwas vormachen und nicht wirklich alle Lebewesen von Leiden befreit haben. Es hat aber keinen Sinn so zu denken. Es stimmt, dass wir anfangs nicht die Kraft haben, das Leiden anderer unmittelbar auf uns zu nehmen; wenn wir jedoch immer wieder über den Glauben meditieren, dass wir ihre Leiden auf uns genommen haben, werden wir allmählich die tatsächliche Kraft entwickeln, es zu tun. Dies ähnelt der tantrischen Praxis, das Resultat in den Pfad zu bringen, wonach wir allmählich ein Buddha werden, indem wir uns fest vorstellen, dass wir schon ein Buddha sind. Die Sache ist die, dass wir niemals in der Lage sein werden, Erleuchtung zu erlangen, wenn wir uns dies nicht einmal vorstellen können! Die Worte «im Geheimen auf mich nehmen» weisen darauf hin, dass diese Übung der Praxis des Geheimen Mantras oder Tantras ähnelt.

Wie ist es möglich, dass etwas, das nur in unserer Vorstellung existiert, Wirklichkeit wird? Es ist eine bemerkenswerte Eigenschaft des Geistes, dass wir Objekte zuerst in unserer Vorstellung erschaffen und sie dann in unsere alltägliche Realität einbringen. Tatsächlich beginnt alles in der Vorstellung. Das Haus zum Beispiel, in dem wir leben, wurde zuerst in der Vorstellung des Architekten erschaffen. Er machte daraufhin einen Entwurf auf Papier, der als Plan für das tatsächliche Gebäude diente. Wenn sich niemand unser Haus zuerst vorgestellt hätte, wäre es nie gebaut worden. In Wirklichkeit ist unser Geist der Schöpfer von allem, was wir erfahren. Alle äußeren Errungenschaften, wie Geld, Autos und Computer, wurden in Abhängigkeit von der Vorstellungskraft eines Menschen entwickelt; wenn niemand sie sich vorgestellt hätte, wären sie nie erfunden worden. Das gleiche gilt für alle inneren Schöpfungen und alle Dharma-Realisationen.

Khädrubje

Selbst Befreiung und Erleuchtung entwickeln sich in Abhängigkeit von der Vorstellungskraft. Deshalb ist die Vorstellungsgabe sowohl für weltliche als auch für spirituelle Erlangungen von größter Bedeutung.

Wenn wir uns etwas vorstellen, was theoretisch existieren könnte, und machen wir dann unseren Geist lange genug damit vertraut, wird es unserem Geist schließlich direkt erscheinen, zuerst unserem geistigen Gewahrsein und später sogar unserem Sinnesgewahrsein. Solange das Objekt noch ein vorgestelltes Objekt ist, ist der Geist, der es festhält, nur ein Glaube. Ist das Objekt nützlich, so ist es ein korrekter Glaube, und ruft das Objekt Verblendungen hervor, ist es ein unkorrekter Glaube. Ein Glaube ist ein begrifflicher Geist, der sein Objekt mittels eines allgemeinen Bildes dieses Objektes festhält. Meditieren wir lange genug über einen korrekten Glauben, wird das allgemeine Bild immer transparenter werden, bis es völlig verschwindet und wir das Objekt direkt wahrnehmen. Das vorgestellte Objekt ist dann zu einem realen Objekt geworden. Indem wir über den nützlichen Glauben meditieren, dass wir alle fühlenden Wesen befreit und unseren Geist der Selbst-Wertschätzung zerstört haben, werden wir es schließlich wirklich vollbringen können. Unser korrekter Glaube wird sich dann in einen gültigen Erkenner verwandelt haben.

In der zweiten Art der Schulung im Nehmen mittels Mitgefühl nehmen wir die besonderen Leiden von Einzelpersonen oder von einzelnen Gruppen von Leuten in den unendlichen Welten auf uns. Wir konzentrieren uns zum Beispiel auf alle Lebewesen in den unendlichen Welten, die unter Krankheit leiden, und entwickeln Mitgefühl und denken: «Wie wunderbar wäre es, wenn diese Lebewesen beständige Befreiung von ihren Leiden erfahren würden.» Wir beten: «Mögen sie frei von Leiden sein.» Und wir fassen den Entschluss: «Ich selbst werde sie befreien.» Wir stellen uns vor, dass sich alle ihre Leiden in der Form von schwarzem Rauch sammeln und sich in unserem Herzen auflösen. Wir entwickeln die feste Überzeugung, dass wir unsere Selbst-Wertschätzung zerstört haben und dass alle Lebewesen die beständige Befreiung vom Leiden der Krankheit erlangt haben. Wir freuen uns und meditieren über dieses Gefühl so lange wie möglich.

In gleicher Weise können wir uns auf alle Leute in den unendlichen Welten konzentrieren, die durch Altern, Tod oder Armut oder unter dem Verlust ihrer Angehörigen, ihrer Freunde oder ihrer Freiheit leiden. Mit der Motivation von Mitgefühl beten wir und führen die Meditation, ihre Leiden auf uns zu nehmen, aus. Wir können uns auch auf irgendeine leidende Einzelperson konzentrieren, und mit dem Geist des Mitgefühls beten und meditieren wir darüber, ihre Leiden auf uns zu nehmen.

Immer wenn wir ein besonderes Problem haben, ob durch Krankheit, fehlende Ressourcen oder durch unsere Verblendungen, können wir an die zahllosen fühlenden Wesen mit ähnlichen Problemen denken, und uns dann mit einer mitfühlenden Motivation vorstellen, ihre Leiden auf uns zu nehmen. Das wird uns helfen, mit unserem eigenen Problem umzugehen, und indem es das negative Karma reinigt, welches das Problem in die Länge zieht, kann uns diese Meditation sogar von unserem Problem befreien. Leiden wir zum Beispiel unter starker Anhaftung, so können wir über all diejenigen nachdenken, die ebenfalls unter Anhaftung leiden. Wir entwickeln Mitgefühl für sie und stellen uns vor, dass wir ihre Anhaftung zusammen mit dem Leiden, das sie verursacht, auf uns nehmen. Das ist eine wirksame Methode, unsere eigene Anhaftung zu zerstören.

Nehmen, das durch Mitgefühl motiviert ist, ist ein äußerst reiner Geist, der frei von Selbst-Wertschätzung ist. Aus diesem Grunde werden wir, wenn wir in unserer Todesstunde in der Lage sind, darüber zu meditieren, die Leiden anderer auf uns zu nehmen, auf jeden Fall eine höhere Wiedergeburt erfahren, sei es in einem Reinen

Land oder als Mensch mit allen nötigen Voraussetzungen zur Weiterführung unserer spirituellen Praxis.

Zum Abschluss unserer Meditationssitzung über das Nehmen widmen wir unsere Verdienste der Befreiung aller fühlenden Wesen von ihren Leiden und Problemen sowie dem dauerhaften Frieden in dieser Welt.

GEBEN MITTELS LIEBE

Wir konzentrieren uns auf alle Lebewesen und denken:

> *Diese Mutterwesen suchen Leben für Leben nach Glück. Sie wollen alle glücklich sein. In Samsara jedoch gibt es nirgendwo echtes Glück. Ich werde ihnen gleich jetzt das erhabene Glück beständigen inneren Friedens geben.*

Wir meditieren kurze Zeit über diese wünschende Liebe und stellen uns dann vor, dass sich unser Körper durch unseren reinen Geist der wünschenden Liebe und unsere große Ansammlung von Verdiensten in ein wunscherfüllendes Juwel verwandelt, das die Kraft hat, die Wünsche jedes einzelnen Lebewesens zu erfüllen. Unendlich viele Lichtstrahlen gehen von unserem Körper aus und durchdringen das ganze Universum, erreichen die Körper und den Geist aller Lebewesen und gewähren ihnen das erhabene Glück beständigen inneren Friedens. Wir sind überzeugt, dass alle Lebewesen diesen inneren Frieden erleben, freuen uns darüber und meditieren über dieses Gefühl so lange wie möglich.

Möchten wir ausführlicher über das Geben meditieren, können wir uns vorstellen, dass das Licht, das wir ausstrahlen, alle individuellen Bedürfnisse und Wünsche eines jeden Lebewesens erfüllt. Die Menschen gewinnen gute Freunde, erwerben gemütliche Häuser, finden gute Arbeitsstellen, genießen köstliches Essen, schöne Kleidung und alles, was sie sich sonst noch wünschen oder was sie benötigen. Die Tiere erhalten Nahrung, sichere und warme Unterkünfte und verlieren ihre Angst; die

Hungrigen Geister bekommen Essen und Trinken; die Wesen in den heißen Höllen fühlen kühlende Brisen; und die Wesen in den kalten Höllen genießen warmen Sonnenschein. Die Götter erhalten nichtverunreinigtes Glück und ein bedeutungsvolles Leben. Durch den Genuss dieser Objekte des Begehrens sind alle Lebewesen vollkommen zufriedengestellt und entwickeln nichtverunreinigte Glückseligkeit. Wir sind überzeugt, dass wir allen Lebewesen nichtverunreinigtes Glück gegeben haben, freuen uns darüber und meditieren über dieses Gefühl.

Obwohl wir uns in erster Linie gedanklich im Geben schulen, können wir das Nehmen und Geben auch praktisch anwenden, wann immer sich uns die Gelegenheit dazu bietet. Auf unserer Stufe können wir die Leiden anderer nicht kraft unserer Konzentration auf uns nehmen, oft aber können wir ihnen praktisch von Nutzen sein. Wir können die Schmerzen von Kranken lindern, indem wir sie gut versorgen, und wir können anderen bei der Arbeit helfen oder auch Aufgaben übernehmen, die sie nicht mögen. Schwierigkeiten, die beim Helfen auftreten, anzunehmen ist auch eine Art des Gebens. Wir können auch materielle Hilfe, unsere Arbeitskraft, unsere Fertigkeiten, Dharma-Unterweisungen oder guten Rat geben. Treffen wir Menschen, die deprimiert sind und Aufheiterung benötigen, können wir ihnen unsere Zeit und Liebe schenken.

Auch Tieren können wir behilflich sein. Insekten vor dem Ertrinken zu retten oder Würmer vorsichtig von der Straße aufzuheben, sind Beispiele für Furchtlosigkeit oder Schutz geben. Selbst einer Maus zu gestatten, in unserem Abfalleimer zu wühlen, ohne uns darüber zu ärgern, kann eine Art des Gebens sein. Tiere wollen genauso glücklich sein wie wir, und sie benötigen unsere Hilfe sogar mehr als die Menschen. Die meisten Menschen haben genügend Kraft, sich selbst zu helfen, Tiere jedoch stecken so tief in Unwissenheit, dass sie keinerlei Freiheit besitzen, ihre Situation zu verbessern. Tiere wurden in eine niedrigere

Existenz geboren als Menschen; wir sollten jedoch niemals auf sie herabschauen. Buddhas und Bodhisattvas besitzen völligen Gleichmut und schätzen Tiere und Menschen gleichermaßen.

Am Ende unserer Meditation über das Geben widmen wir unsere Verdienste, so dass alle Lebewesen wahres Glück finden mögen. Wir können auch besondere Widmungen machen und beten, dass Kranke wieder gesund werden, Arme Reichtum erlangen, Arbeitslose gute Arbeit, Erfolglose den Erfolg, und die Ängstlichen Geistesfrieden finden und so weiter. Durch die Kraft unserer reinen Motivation und durch die Kraft und die Segnungen des Buddhadharmas können unsere Widmungen zweifellos helfen, ganz besonders, wenn wir eine starke karmische Verbindung mit den Menschen haben, für die wir beten. Unsere Verdienste anderen zu widmen ist an sich eine Art des Gebens. Wir können das Geben auch geistig in unserem Alltag praktizieren. Immer wenn wir Menschen sehen oder über Menschen lesen, die arm, krank, ängstlich, erfolglos oder unglücklich sind, können wir unsere wünschende Liebe für sie verstärken und unsere Verdienste ihrem Glück und ihrer Befreiung von Leiden widmen.

NEHMEN UND GEBEN IN VERBINDUNG MIT DER ATMUNG

Sind wir mit den Meditationen über das Nehmen und Geben einmal vertraut, können wir beide kombinieren und sie in Verbindung mit unserer Atmung ausüben. Wir beginnen, indem wir über Mitgefühl und Liebe für alle Lebewesen meditieren und den festen Entschluss entwickeln, ihre Leiden auf uns zu nehmen und ihnen reines Glück zu schenken. Bei diesem Entschluss stellen wir uns vor, dass wir die Leiden, die Verblendungen und Nichttugenden aller Lebewesen in der Form von schwarzem Rauch durch unsere Nase einatmen, der sich dann in unserem Herzen auflöst und unsere Selbst-Wertschätzung vollkommen zerstört. Beim Ausatmen stellen wir uns vor, dass unser Atem in der Form von Weisheitslicht, dessen Natur reines, nichtverunreinigtes Glück ist, das ganze Universum durchdringt. Jedes einzelne Lebewesen erhält das, was es benötigt und begehrt, und insbesondere das erhabene Glück beständigen inneren Friedens. Wir führen diese Atmungsübungen Tag und Nacht aus. Mit jedem Atemzug nehmen wir die Leiden aller Lebewesen auf uns und geben ihnen dafür reines Glück, bis wir eine tiefe Erfahrung in dieser Praxis gewinnen.

Sobald wir diese Meditation über das Nehmen und Geben in Verbindung mit der Atmung beherrschen, ist sie sehr wirksam, da eine enge Beziehung zwischen der Atmung und dem Geist besteht. Die Atmung steht in Beziehung mit den inneren Energiewinden, die durch die Kanäle unseres Körpers fließen und die als Fahrzeuge oder Träger für verschiedene Gewahrseinsarten dienen. Indem wir unseren Atem für tugendhafte Zwecke nutzen, reinigen wir unsere inneren Winde, und wenn reine Winde durch unsere Kanäle fließen, entstehen ganz natürlich reine Geistesarten.

Viele Menschen praktizieren Atemmeditation. Die bekannteste Form ist, sich auf das Gefühl zu konzentrieren, wie der Atem durch die Nasenlöcher ein- und austritt. Das dient dazu, den Geist vorübergehend zu beruhigen, und reduziert ablenkende Gedanken, besitzt aber nicht die Kraft, eine tiefe und nachhaltige Wandlung unseres Geistes herbeizuführen. Atemmeditation aber, die mit der Praxis des Nehmens und Gebens verbunden ist, hat die Kraft, unseren Geist von seinem derzeitigen, elenden und egozentrischen Zustand in den glückseligen und altruistischen Geist eines Bodhisattvas zu verwandeln. Sie verbessert unsere Konzentration, macht unsere Liebe und unser Mitgefühl sehr stark und sammelt Unmengen von Verdiensten an. Auf diese Weise wird die einfache Handlung des Atmens zu einer kraftvollen, spirituellen Praxis. Zuerst führen wir diese Praxis nur in der Meditation aus, mit ausreichender Übung jedoch können wir sie zu jeder Zeit anwenden. Durch tiefe Vertrautheit mit dieser Praxis wird sich unser Geist schließlich in das Mitgefühl eines Buddhas verwandeln.

Über Nehmen und Geben zu meditieren kann außerdem sehr wirksam bei der Heilung von Krankheiten sein. Indem wir die Krankheit und die Leiden anderer mit einem Geist des Mitgefühls auf uns nehmen, können wir das negative Karma reinigen, welches die Fortdauer unserer Krankheit verursacht. Obwohl wir immer medizinischen Rat suchen sollten, wenn wir krank sind, mag es Zeiten geben, in denen uns Ärzte nicht helfen können. Es gibt in Tibet viele Geschichten von Leuten, die sich selbst von sonst unheilbaren Krankheiten befreiten, indem sie aufrichtig über Nehmen und Geben meditierten. So gab es einen Meditierenden namens Kharak Gomchen, der sich eine Krankheit zuzog, die die Ärzte nicht zu heilen vermochten. Im Glauben, dass er sterben würde, gab er seinen gesamten Besitz weg als Darbringung an Avalokiteshvara und zog sich auf einen Friedhof zurück. Dort wollte er den letzten wenigen Wochen seines Lebens Bedeutung verleihen, indem er über das Nehmen und Geben meditierte. Durch seine Praxis des Nehmens und Gebens jedoch reinigte er das Karma, welches seine Krankheit aufrechterhielt, und zu jedermanns großer Überraschung kam er vollkommen geheilt nach Hause zurück. Dies zeigt uns, wie stark die Wirkung der Praxis von Nehmen und Geben sein kann.

Reinigen wir unser negatives Karma, so ist es einfach, selbst die schwerste Krankheit zu heilen. Meine Mutter erzählte mir von einem Mönch, den sie getroffen hatte. Er hatte sich mit Lepra angesteckt, und in der Hoffnung, seine Krankheit zu reinigen, pilgerte er zum Berg Kailash im westlichen Tibet, von dem die Tibeter glauben, er sei Buddha Herukas Reines Land. Er war sehr arm, und deshalb half ihm meine Mutter auf seinem Weg dorthin, indem sie ihm Essen und Unterkunft gab; das war sehr gütig, da die meisten Leute aus Angst vor Ansteckung Leprakranke mieden. Er blieb ungefähr sechs Monate in der Nähe des Berges Kailash, und als Reinigungspraxis machte er Verbeugungen und umkreiste den heiligen Berg. Als er später in der Nähe eines Sees schlief, träumte er, dass viele Würmer aus seinem Körper heraus und ins Wasser krochen. Als er erwachte, fühlte er sich äußerst wohl und entdeckte später, dass er vollkommen geheilt war. Auf seinem Heimweg besuchte er meine Mutter und erzählte ihr, was geschehen war.

Wir können darüber nachdenken, dass wir seit anfangsloser Zeit zahllose Leben und zahllose Körper besessen haben, die wir jedoch alle für bedeutungslose Tätigkeiten verschwendet haben. Jetzt haben wir die Gelegenheit, unserem gegenwärtigen Körper die größte Bedeutung zu geben, indem wir ihn dazu verwenden, den Pfad des Mitgefühls und der Weisheit zu beschreiten. Wie wundervoll wäre es für unsere Welt, wenn viele Praktizierende von heute den Lojong-Praktizierenden des Altertums nacheifern könnten und wirkliche Bodhisattvas würden!

Der kostbare Geist von Bodhichitta

Die Hauptabsicht, sich in den Übungen zu schulen, die in den ersten sieben Versen erklärt werden – von der Entwicklung des Geistes der Wertschätzung für andere bis hin zur Praxis des Nehmens und Gebens – ist es, eine besondere Realisation von Bodhichitta zu erzeugen. Bodhichitta entsteht aus Großem Mitgefühl und dieses wiederum hängt von wertschätzender Liebe ab. Wertschätzende Liebe kann mit einem Feld verglichen werden, Mitgefühl mit den Samen, Nehmen und Geben mit den ausgezeichneten Methoden, die Samen zum Wachsen zu bringen, und Bodhichitta mit der Ernte. Die wertschätzende Liebe, die durch die Praxis des Austauschens vom Selbst mit anderen entwickelt wird, ist tiefgründiger als die Liebe, die durch andere Methoden entsteht, und somit sind das daraus resultierende Mitgefühl und der resultierende Bodhichitta ebenfalls tiefgründiger.

«Bodhi» ist der Sanskrit-Begriff für «Erleuchtung» und «chitta» ist das Wort für «Geist»; «Bodhichitta» bedeutet somit wörtlich «Erleuchtungsgeist». Er wird als ein primärer Geist definiert, der durch Großes Mitgefühl motiviert, spontan die Erleuchtung zum Wohle aller Lebewesen anstrebt. Durch Schulung in den ersten sieben Versen werden wir Großes Mitgefühl entwickeln, den spontanen Wunsch, alle Lebewesen vor Leiden zu schützen. Ohne Großes Mitgefühl kann Bodhichitta nicht in unserem Geist entstehen. Besitzen wir jedoch Großes Mitgefühl, insbesondere das Große Mitgefühl, welches durch das Austauschen vom Selbst mit anderen erzeugt wird, dann

Kyabje Phabongkha Rinpoche

wird Bodhichitta ganz natürlich entstehen. Das ist der Grund, weshalb Bodhisattva Langri Tangpa in den *Acht Versen* erklärt, wie Großes Mitgefühl entwickelt wird, jedoch Bodhichitta nicht ausdrücklich erwähnt. Tatsächlich hängt die Kraft unseres Bodhichittas vollkommen von der Kraft unseres Großen Mitgefühls ab.

Unter allen Dharma-Realisationen ist Bodhichitta die erhabenste. Dieser zutiefst mitfühlende Geist ist der wahre Kern des Buddhadharmas. Das gute Herz von Bodhichitta zu entwickeln ermöglicht es uns, unsere Tugenden zu vervollkommnen, alle unsere Probleme zu lösen, unsere Wünsche zu erfüllen und die Kraft zu entwickeln, anderen auf die bestmögliche und nützlichste Art und Weise zu helfen. Bodhichitta ist der beste Freund, den wir haben, und die höchste Tugend, die wir entwickeln können. Im Allgemeinen bezeichnen wir jemanden, der liebenswürdig zu seinen Freunden ist, sich um seine Eltern kümmert und freizügig für gute Zwecke spendet, als einen guten Menschen; aber wie viel lobenswerter ist eine Person, die ihr ganzes Leben der Linderung der Leiden eines jeden fühlenden Wesens gewidmet hat! Atisha hatte viele Lehrer, aber Guru Serlingpa verehrte er mehr als alle anderen. Immer wenn er Serlingpas Namen hörte, verbeugte er sich. Als Atishas Schüler ihn fragten, weshalb er Serlingpa mehr schätze als seine anderen Lehrer, antwortete er: «Es ist der Güte Guru Serlingpas zu verdanken, dass ich in der Lage gewesen bin, das gute Herz von Bodhichitta zu entwickeln.» Durch die Kraft seines Bodhichittas war Atisha in der Lage, jedem, dem er begegnete, große Freude und großes Glück zu bringen, und er tat alles zum Wohle anderer.

Wie löst Bodhichitta alle unsere Probleme und erfüllt alle unsere Wünsche? Wie schon erklärt, existieren Probleme nicht außerhalb des Geistes: Es ist unsere geistige Einstellung, die eine Situation entweder in ein Problem oder in eine Chance verwandelt. Besitzen wir Bodhichitta, haben negative Geisteszustände wie Anhaftung, Wut und

Eifersucht keine Macht über uns. Können wir keine gut bezahlte Arbeitsstelle, kein gemütliches Zuhause oder keine guten Freunde finden, wird uns das nicht unglücklich machen. Statt dessen werden wir denken: «Mein Hauptwunsch ist, Erleuchtung zu erlangen. Es macht mir nichts aus, wenn ich diese weltlichen Errungenschaften nicht bekommen kann, die ohnehin nur dazu dienen, mich an Samsara zu binden.» Mit einem derart reinen Geist wird es keinen Grund für Selbstmitleid oder für Schuldzuweisungen geben, und nichts wird unseren Fortschritt auf dem Weg zur Erleuchtung behindern. Zudem werden wir mit dem höchst altruistischen Geist von Bodhichitta eine Vielzahl von Verdiensten erzeugen, da alle unsere Handlungen dem Wohl anderer dienen. Mit dieser Ansammlung von Verdiensten werden sich unsere Wünsche mit Leichtigkeit erfüllen, und wir werden gewaltige Fähigkeiten entwickeln, anderen von Nutzen zu sein; unsere gesamten Dharma-Aktivitäten werden erfolgreich sein.

Wir müssen über die Vorteile von Bodhichitta nachdenken, bis wir innerlich inspiriert sind, diesen seltenen und kostbaren Geist zu entwickeln. Eine ausführliche Darlegung dieser Vorteile kann in *Sinnvoll zu betrachten* und *Freudvoller Weg* gefunden werden. Zusätzlich zu dem starken Wunsch, Bodhichitta zu erzeugen, der aus dem Nachdenken über seine unermesslichen Vorteile entsteht, benötigen wir vier Bedingungen, um eine tiefe Realisation zu erlangen: eine große Ansammlung von Verdiensten, große Weisheit, die Segnungen unseres Spirituellen Meisters und unaufhörliches Bemühen in unserer Praxis.

Zur Zeit haben wir eine außergewöhnliche Gelegenheit, Bodhichitta zu entwickeln. Wir wissen jedoch nicht, wie lange unser Glück anhalten wird, und verschwenden wir diese Möglichkeit, wird sie nicht wiederkommen. Haben wir eine Chance ungenutzt gelassen, viel Geld zu verdienen oder eine gute Arbeit zu bekommen oder einen attraktiven Partner zu finden, würden wir wahrscheinlich tiefes Bedauern verspüren, in Wirklichkeit jedoch haben wir nicht viel verloren. Diese Dinge zu finden ist nicht allzu schwierig, und selbst wenn wir sie gefunden haben, bringen sie uns kein echtes Glück. Die einmalige Gelegenheit jedoch, Bodhichitta zu entwickeln, ist unwiederbringlich. Menschen haben die beste Möglichkeit zur spirituellen Entwicklung und von all den Arten der Wiedergeburt, die wir hätten erfahren können, wurden wir als Menschen geboren. Heutzutage haben die meisten Menschen kein Interesse an spiritueller Entwicklung und von denjenigen, die interessiert sind, ist nur eine kleine Zahl dem Buddhadharma begegnet. Denken wir eingehend darüber nach, so wird uns klar, welch außergewöhnliches Glück wir besitzen, über diese kostbare Möglichkeit zu verfügen, das erhabene Glück der Buddhaschaft erlangen zu können.

BODHICHITTA ENTWICKELN

Obwohl wir Höheres Großes Mitgefühl entwickelt haben – den spontanen Wunsch, die Leiden aller fühlenden Wesen auf uns zu nehmen – erkennen wir, dass wir trotz unseres starken Wunsches, alle Lebewesen zu beschützen, zur Zeit nicht die Kraft haben, dies zu tun. Ähnlich einem Ertrinkenden, der einen anderen Ertrinkenden nicht retten kann, wie sehr er sich dies auch wünschen mag, sind wir erst dazu imstande, andere zu erlösen, wenn wir uns selbst von unserem Leiden und unseren geistigen Einschränkungen befreit haben. Wenn wir uns fragen, wer die tatsächliche Kraft hat, alle fühlenden Wesen zu beschützen, werden wir erkennen, dass nur ein Buddha dazu fähig ist. Nur ein Buddha ist frei von allen Fehlern und Einschränkungen und besitzt sowohl die allwissende Weisheit als auch die Fähigkeit, jedem einzelnen fühlenden Wesen im Einklang mit seinen individuellen Bedürfnissen und Veranlagungen zu helfen. Nur ein Buddha hat das Ufer der Erleuchtung erreicht und ist in der Lage, alle Mutterwesen vom grausamen Ozean Samsaras zu erlösen. Wenn wir dies gründlich überdenken, wird Bodhichitta von selbst in unserem Geist entstehen. Wir denken:

> *Ich möchte alle Lebewesen vor Leiden beschützen, aber in meinem gegenwärtigen, begrenzten Zustand habe ich nicht die Kraft dazu. Da nur ein Buddha diese Kraft besitzt, muss ich so schnell wie möglich ein Buddha werden.*

Wir meditieren immer wieder über diesen Entschluss, bis er spontan entsteht.

Wollen wir eine Tasse Tee, so ist es unser Hauptwunsch, den Tee zu trinken. Um aber diesen Wunsch zu erfüllen, entwickeln wir zunächst natürlich den sekundären Wunsch, eine Tasse zu finden. In ähnlicher Weise ist es der Hauptwunsch all derjenigen, die Großes Mitgefühl besitzen, alle Lebewesen vor Leiden zu beschützen, jedoch wissen sie, dass sie zuerst selbst Buddhaschaft erlangen müssen, um diesen Wunsch erfüllen zu können, und somit entwickeln sie zuerst natürlich den sekundären Wunsch, Erleuchtung zu erlangen. So wie das Finden einer Tasse das Mittel ist, um unseren Wunsch zu erfüllen, Tee zu trinken, so ist Erleuchtung zu erlangen das Mittel, um unser endgültiges Ziel zu erreichen, allen Lebewesen von Nutzen zu sein.

Zuerst wird unser Bodhichitta künstlicher oder erzeugter Bodhichitta sein, der nur entsteht, wenn wir besonderes Bemühen aufbringen, ihn zu entwickeln. Der beste Weg, ihn in einen spontanen Bodhichitta umzuwandeln, besteht darin, durch ständiges Üben tief vertraut damit zu werden. Da wir die meiste Zeit außerhalb der Meditation verbringen, ist es unbedingt notwendig, jede Gelegenheit zu nutzen, diese Geisteszustände in unserem Alltag zu verbessern. Wir müssen dafür sorgen, dass sich unsere Meditationssitzungen und Meditationspausen gegenseitig unterstützen. Während unserer Meditationssitzung erlangen wir vielleicht einen friedvollen Geisteszustand und entwickeln viele tugendhafte Absichten, vergessen wir diese jedoch, sobald wir uns von der Meditation erheben, werden wir weder in der Lage sein, unsere alltäglichen Probleme wie Wut, Anhaftung und Unwissenheit zu meistern, noch Fortschritte in unserer spirituellen Praxis zu machen. Wir müssen lernen, unsere spirituelle Praxis in unsere täglichen Aktivitäten einzubringen, so dass wir Tag und Nacht die friedvollen Geisteszustände und reinen Absichten, die wir in der Meditation entwickelt haben, aufrechterhalten können.

Momentan erscheint es uns vielleicht so, als ob unsere Meditationen und unser tägliches Leben in verschiedene Richtungen zielten. In der Meditation versuchen wir, einen tugendhaften Geist zu erzeugen, aber da wir nicht aufhören können, über unsere anderen Aktivitäten nachzudenken, ist unsere Konzentration sehr schlecht. Die tugendhaften Gefühle, die wir dennoch entwickeln, gehen dann schnell in der Hektik des täglichen Lebens unter und wir kehren müde, angespannt und voller abschweifender Gedanken zu unserem Meditationskissen zurück. Doch wir können dieses Problem überwinden, indem wir unsere täglichen Aktivitäten und Erfahrungen durch das Entwickeln besonderer Denkweisen in den spirituellen Pfad umwandeln. Tätigkeiten wie kochen, arbeiten, reden und entspannen sind nicht grundlegend weltlich; sie sind es nur wenn sie mit einem weltlichen Geist ausgeführt werden. Indem wir die gleichen Handlungen mit einer spirituellen Motivation ausführen, werden sie zu reinen spirituellen Übungen. Wenn wir uns zum Beispiel mit unseren Freunden unterhalten, so ist unsere Motivation üblicherweise mit Selbst-Wertschätzung behaftet, und wir sagen, was auch immer uns in den Sinn kommt, ohne Rücksicht darauf, ob es nutzbringend ist oder nicht. Wir können jedoch auch Gespräche führen allein mit der Absicht, anderen zu nutzen und sie zu ermutigen, positive Geisteszustände zu entwickeln, während wir darauf achten, keine verletzenden Äußerungen zu machen. Anstatt zu überlegen, wie wir Leute beeindrucken können, sollten wir darüber nachdenken, wie wir ihnen helfen können, wobei wir im Gedächtnis behalten, dass sie in Samsara gefangen sind und es ihnen an reinem Glück fehlt. Auf diese Weise kann eine Unterhaltung mit Freunden zu einem Mittel werden, mit dem wir unsere Liebe, unser Mitgefühl und andere Mahayana-Realisationen verbessern. Wenn wir unsere täglichen Aktivitäten geschickt auf diese Weise verändern können, werden wir uns zu Beginn unserer Meditation nicht ausgelaugt und müde fühlen, sondern glücklich und inspiriert, und es wird einfach sein, reine Konzentration zu entwickeln.

Großes Mitgefühl zu entwickeln ist die hauptsächliche oder substantielle Ursache zur Erzeugung von Bodhichitta – es ist gleichsam der Samen von Bodhichitta. Um diesen Samen zum Wachsen zu bringen, benötigen wir auch die beitragenden Bedingungen, wie zum Beispiel Verdienste ansammeln, Negativität reinigen und Segnungen der Buddhas und Bodhisattvas empfangen. Sammeln wir diese Ursachen und Bedingungen an, ist es nicht schwierig, Bodhichitta zu entwickeln.

BODHICHITTA VERTIEFEN

Haben wir den aufrichtigen Wunsch, alle Lebewesen aus dem Gefängnis von Samsara zu befreien, ist es nicht schwierig, den Wunsch zu entwickeln, zu ihrem Wohl Erleuchtung zu erlangen. Es ist jedoch viel schwieriger, diesen Wunsch aufrechtzuerhalten und zu vertiefen, bis er sich in spontanen Bodhichitta umwandelt. Der Grund dafür ist, dass wir nach unserer Meditationssitzung normalerweise von unseren täglichen Angelegenheiten so mit Beschlag belegt werden, dass die tugendhaften Absichten, die wir in der Meditation entwickelt haben, in Vergessenheit geraten. Ein Weg, unsere Bodhichitta-Erfahrung in unserem Alltagsleben zu bewahren, ist, die Grundsätze des anstrebenden Bodhichittas einzuhalten. Um diese Grundsätze abzulegen, erzeugen wir zuerst den Geist des künstlichen oder spontanen Bodhichittas, und dann wiederholen wir in der Gegenwart unseres Spirituellen

Meisters, einem Bildnis von Buddha oder einer visualisierten Versammlung von Buddhas, das folgende Gebet:

O Buddhas und heilige Wesen,
Bitte hört, was ich jetzt sage.
Von jetzt an bis ich ein Buddha werde,
Werde ich, selbst wenn es mein Leben kostet,
Die Geisteshaltung bewahren, den Wunsch, volle Erleuchtung zu erlangen,
Um alle Lebewesen von den Gefahren Samsaras und des Alleinigen Friedens zu befreien.

Nachdem wir dieses Versprechen abgelegt haben, sollten wir immer darauf achten, es nicht zu brechen, und wir sollten uns von allen Handlungen zurückhalten, die bewirken, dass unser Bodhichitta degeneriert. Die acht Grundsätze des anstrebenden Bodhichittas, die die erhabene Methode darstellen, unseren Bodhichitta aufrechtzuerhalten und zu vertiefen, sind:

(1) Sich sechsmal am Tag an den Nutzen von Bodhichitta erinnern
(2) Sechsmal am Tag Bodhichitta erzeugen
(3) Kein Lebewesen aufgeben
(4) Verdienste und Weisheit ansammeln
(5) Unsere Lehrer oder Spirituellen Meister nicht betrügen oder täuschen
(6) Diejenigen, die in das Mahayana eingetreten sind, nicht kritisieren
(7) Andere nicht dazu bringen, ihre tugendhaften Handlungen zu bereuen
(8) Nicht vortäuschen, gute Qualitäten zu haben, oder unsere Fehler zu verbergen, ohne eine besondere, reine Absicht

Um die ersten beiden Grundsätze einzuhalten, können wir den Tag in sechs Zeiträume von je vier Stunden einteilen, drei während des Tages und drei bei Nacht. Am

Anfang eines jeden Zeitabschnittes sollten wir innehalten, um uns an unsere Grundsätze zu erinnern, Zuflucht zu nehmen und Bodhichitta zu erzeugen. Fällt es uns schwer, mitten in der Nacht aufzuwachen, können wir, anstatt vierundzwanzig Stunden in sechs Zeiträume aufzuteilen, den Tag in sechs Abschnitte aufteilen. Schlafen wir zum Beispiel nachts normalerweise sechs Stunden, können wir unseren Tag in sechs Abschnitte von je drei Stunden aufteilen. Unser erzeugter Bodhichitta ist wie eine Uhr, die man regelmäßig aufziehen muss, um weiter zu funktionieren. Erinnern wir uns an die Vorteile von Bodhichitta und erzeugen ihn alle drei oder vier Stunden, wird er uns niemals aus dem Sinn gehen. Diese Praxis ist eine ausgezeichnete Methode, um tiefe Vertrautheit mit Bodhichitta zu gewinnen.

Wir müssen geschickt vorgehen, wenn wir Dharma praktizieren. Zweifellos wird es Zeiten geben, in denen unsere Meditation nicht gut verläuft. Wir können dann schnell entmutigt werden und denken, dass wir überhaupt nicht Dharma praktizieren können. Dharma-Praxis ist jedoch nicht nur Meditation. Es gibt viele Übungen, die wir in unserem Alltag in der Meditationspause anwenden können und sollten. Wissen wir erst einmal, was zu tun ist, so können wir versuchen, unser Verständnis in die Praxis umzusetzen. Sehen wir zum Beispiel, dass irgendein Lebewesen leidet, sollten wir uns daran erinnern, dass der einzige Weg, jemals unsere eigenen und die Leiden anderer entfernen zu können, die Erlangung der Buddhaschaft voraussetzt und dass der einzige Weg zur Erleuchtung über Bodhichitta führt. Indem wir uns an die unvorstellbaren Vorteile von Bodhichitta erinnern, sollten wir ihn regelmäßig den ganzen Tag hindurch erzeugen.

Der dritte Grundsatz, kein Lebewesen aufzugeben, bedeutet, dass wir einer Person oder einer Gruppe von Menschen immer mit Freude helfen sollten, selbst wenn sie uns geschadet haben. Wenn wir Menschen, die uns geschadet haben oder die uns nicht mögen, ausschließen, nachdem wir bereits den Gedanken erzeugt haben: «Möge ich ein Buddha werden zum Wohle aller», so ist diese Denkweise das Gegenteil von Bodhichitta und wird bewirken, dass unser Bodhichitta degeneriert.

Der vierte Grundsatz rät uns, dass wir uns beim Ansammeln von Verdiensten und Weisheit anstrengen müssen. Eine einfache und wirkungsvolle Methode, unsere Verdienste zu vermehren, ist, Darbringungen an die heiligen Wesen zu machen. Wir können jeden Tag Wasserdarbringungen machen; wenn wir wollen sogar einhundert Schalen am Tag, wobei wir das Wasser als reinen Nektar ansehen. Wir können auch vorgestellte Darbringungen machen, indem wir den ganzen Raum mit schönen Objekten des Vergnügens füllen, die die heiligen Wesen erfreuen. Eine tiefgründige Methode, unsere Verdienste zu vergrößern, sind Mandala-Darbringungen, bei denen wir geistig alle Welten, Wesen und Vergnügen in Reine Länder, reine Wesen und reine Vergnügen umwandeln und sie den heiligen Wesen anbieten. Es ist außerdem sehr wichtig, täglich Zeit zu finden, um mit einem Geist voller Vertrauen Verbeugungen zu machen. Unsere gesamten Aktivitäten dem Entfalten des heiligen Dharmas zu widmen ist eine wirksame Methode, unsere Verdienste oder unser Glück zu vermehren. Diese und viele andere Methoden, die unsere Verdienste anwachsen lassen, werden Punkt für Punkt im *Freudvollen Weg* erklärt. Der entscheidende Weg, wie wir Weisheit ausweiten können, ist, Dharma-Unterweisungen anzuhören, zu lesen und über sie nachzudenken.

Die ersten vier Grundsätze sind Methoden, die verhindern, dass unser Bodhichitta in diesem Leben degeneriert, und die verbleibenden vier sind Methoden, die verhindern, dass er in zukünftigen Leben degeneriert.

Der fünfte Grundsatz besagt, dass wir unsere Lehrer oder Spirituellen Meister nicht betrügen oder täuschen sollen. Unseren Spirituellen Meister zu täuschen ist eine äußerst negative Handlung, die, selbst wenn wir in diesem Leben Bodhichitta erzeugt haben und bemüht sind, die ersten vier Grundsätze einzuhalten, zur Folge hat, dass wir schwerwiegende karmische Hindernisse aufbauen und deshalb unseren Bodhichitta nicht in unser nächstes Leben mitnehmen können.

Der sechste Grundsatz ist, keine Kritik an denjenigen zu üben, die bereits in das Mahayana eingetreten sind. Wenn wir Mahayana-Unterweisungen, -Lehrer, -Gemeinschaften oder -Praktizierende aufgrund von Aversionen gegen das Mahayana kritisieren, so erschaffen wir die nichttugendhafte Handlung, Dharma aufzugeben. Damit ist es nahezu unmöglich, in weiteren Leben Mahayana-Lehrern zu begegnen, Unterweisungen zu hören oder Mahayana-Übungen auszuführen.

Der siebte Grundsatz ist, andere nicht dazu zu verleiten, ihre tugendhaften Handlungen zu bereuen. Da Bodhisattvas allen Lebewesen Glück wünschen, sind sie hoch erfreut, wenn sie Menschen begegnen, die Tugend erzeugen, die Ursache von zukünftigem Glück. Bringen wir jemanden dazu, eine tugendhafte Handlung zu bereuen, indem wir behaupten, dass die Handlung negativ oder unnötig war, so steht dies im Gegensatz zur Bodhisattva-Denkweise und wird bewirken, dass unser Bodhichitta degeneriert.

Der achte Grundsatz empfiehlt uns, Unehrlichkeit und Täuschung zu meiden. Wenn wir aus Egoismus und mit der Motivation, andere zu täuschen, vorgeben, positive Qualitäten, Realisationen oder Wissen zu besitzen, es uns aber in Wirklichkeit fehlt, so handeln wir nicht aus Liebe oder Mitgefühl. Liebten wir Lebewesen wirklich, wie könnten wir sie dann täuschen? Der Grund, warum eine Mutter ihre Kinder niemals täuscht, ist ihre Liebe für sie. Sind wir mit anderen unehrlich, so wird sich unsere Liebe und unser Mitgefühl abschwächen, unser Bodhichitta wird degenerieren und wir werden Schwierigkeiten haben, unsere Erfahrung von Bodhichitta in unser nächstes Leben mitzunehmen. Wenn wir andere täuschen, zerstören wir auch ihr Vertrauen in uns und erschweren es uns, Rat zu geben oder Dharma zu lehren. Aus diesem Grund halten Bodhisattvas das Täuschen anderer für eines der wichtigsten Dinge, die sie aufgeben müssen.

Obwohl wir unsere Fehler niemals aus Stolz oder dem Wunsch, andere zu hintergehen, verheimlichen sollten, ist es im Allgemeinen nicht ratsam, sie offen zu legen. Auch wenn wir vielleicht aufrichtig versuchen, unseren Geist unter Kontrolle zu bringen und ein tugendhaftes Leben zu führen, werden wir wahrscheinlich nicht immer erfolgreich sein. Offenbaren wir dann ohne triftigen Grund jedem unsere Schwächen, könnte dies diejenigen entmutigen, die uns als Vorbild nehmen. Was dies betrifft, sollten wir uns an die allgemeinen Sitten und Gebräuche der Gesellschaft halten, in der wir leben, sollten ein bescheidenes und unauffälliges Verhalten an den Tag legen, ohne durch öffentliche Geständnisse unserer Fehler unnötige Aufmerksamkeit auf uns zu lenken. Macht uns jemand auf einen Fehler aufmerksam und ist es sinnvoll, diesen einzugestehen, so sollten wir das natürlich auch ehrlich tun; im Allgemeinen jedoch sollten wir davon absehen, sowohl auf unsere Fehler als auch auf unsere Tugenden besonders hinzuweisen. Anstatt unsere Fehler zu offenbaren, können wir sie den Buddhas und Bodhisattvas privat eingestehen.

Wenn wir diese acht Grundsätze strikt befolgen, können wir unseren Wunsch, Erleuchtung zum Wohle anderer zu erlangen, daran hindern, in diesem und in künftigen Leben zu degenerieren. Unser erzeugter Bodhichitta wird zunehmend stärker und stabiler, und schließlich wird er sich in spontanen Bodhichitta umwandeln. Mit diesem kostbaren Geist werden uns alle unsere Handlungen der Erleuchtung näher bringen.

Um unseren Bodhichitta-Wunsch erfüllen zu können, müssen wir die Bodhisattva-Gelübde ablegen und die

Lebensweise eines Bodhisattvas annehmen, die hauptsächlich aus der Praxis der Sechs Vollkommenheiten besteht. Die Sechs Vollkommenheiten – die Vollkommenheiten des Gebens, der moralischen Disziplin, der Geduld, des Bemühens, der Konzentration und der Weisheit – werden «Vollkommenheiten» genannt, weil sie durch Bodhichitta motiviert sind. Der Bodhichitta, der mit der Praxis der Sechs Vollkommenheiten verbunden ist, ist die eigentliche Methode, ein Buddha zu werden, und der entscheidende Weg, dem wir folgen müssen, um Erleuchtung zu erlangen.

Jedes Mal wenn wir den Anweisungen folgen, die in den *Acht Versen* aufgezeigt sind, praktizieren wir auch Geben, moralische Disziplin, Geduld und die anderen Vollkommenheiten. Wenn wir wertschätzende Liebe praktizieren, bringen wir anderen Liebe entgegen; versuchen wir, unsere Selbst-Wertschätzung, andere Verblendungen und Nichttugenden aufzugeben, üben wir uns in moralischer Disziplin; akzeptieren wir Niederlagen und bieten anderen den Sieg an, so üben wir Geduld; und streben wir danach, in unseren Meditationen, Kontemplationen und so weiter Fortschritte zu machen, praktizieren wir Bemühen; betonen wir einsgerichtete Meditation, schulen wir uns in Konzentration; und beim Nachdenken und Meditieren über Leerheit praktizieren wir Weisheit. Wenn eine solche Praxis durch Bodhichitta motiviert ist, wird sie zu einer «Vollkommenheit». Weitere Einzelheiten über das Ablegen der Bodhisattva-Gelübde und das Praktizieren der Sechs Vollkommenheiten können in *Das Bodhisattva-Gelübde* und *Sinnvoll zu betrachten* nachgelesen werden.

Alle Übungen der Sechs Vollkommenheiten, einschließlich der tantrischen Übungen der Erzeugungs- und Vollendungsstufe, sind in Wirklichkeit Teil der Bodhichitta-Praxis, da sie Methoden sind, die Wünsche des Bodhichittas zu erfüllen. Bodhichitta ist wie der Körper des Bodhisattva-Pfades und die anderen Realisationen des Bodhisattvas sind wie seine Glieder. Die Erlangung der Erleuchtung hängt von den Fortschritten in Bodhichitta und dessen Vervollkommnung ab. Dies wird in den *Sutras der Vollkommenheit der Weisheit* beschrieben, in denen Buddha die zweiundzwanzig Arten von Bodhichitta erläutert:

Die zweiundzwanzig Arten sind:

(1) Erdgleicher Bodhichitta
(2) Goldgleicher Bodhichitta
(3) Neumondgleicher Bodhichitta
(4) Feuergleicher Bodhichitta
(5) Schatzgleicher Bodhichitta
(6) Juwelenminengleicher Bodhichitta
(7) Ozeangleicher Bodhichitta
(8) Vajra-gleicher Bodhichitta
(9) Berggleicher Bodhichitta
(10) Heilmittelgleicher Bodhichitta
(11) Spirituellen-Meister-gleicher Bodhichitta
(12) Wunscherfüllendes-Juwel-gleicher Bodhichitta
(13) Sonnengleicher Bodhichitta
(14) Gesang-des-Dharmas-gleicher Bodhichitta
(15) Königsgleicher Bodhichitta
(16) Schatzkammergleicher Bodhichitta
(17) Weggleicher Bodhichitta
(18) Fahrzeuggleicher Bodhichitta
(19) Quellengleicher Bodhichitta
(20) Melodischen-Klang-gleicher Bodhichitta
(21) Flussgleicher Bodhichitta
(22) Wolkengleicher Bodhichitta

(1) Erdgleicher Bodhichitta

Der erste Bodhichitta, den es zu entwickeln gilt, ist einfach nur das Bestreben, ein Buddha zum Wohle aller fühlenden Wesen zu werden. Dieser anstrebende Bodhichitta wird «Erdgleicher Bodhichitta» genannt, denn so wie die Erde die Grundlage für das Wachstum aller Pflanzen, Bäume, Feldfrüchte und so weiter ist, genauso dient dieser Bodhichitta als Grundlage für alle nachfolgenden

Mahayana-Realisationen. Er gleicht einem Keim, der aus dem Samen des Großen Mitgefühls herangewachsen ist. Wir müssen diesen Keim wertschätzen und nähren und ihn als ein kostbares Dharma-Juwel erkennen, denn er ist zart und kann leicht eingehen, wenn wir ihn vernachlässigen.

(2) Goldgleicher Bodhichitta

Nachdem der Bodhisattva Erdgleichen Bodhichitta erzeugt hat, stabilisiert er seinen Bodhichitta, indem er die Bodhisattva-Gelübde ablegt und die Lebensweise eines Bodhisattvas annimmt. Dieser ausübende Bodhichitta wird «Goldgleicher Bodhichitta» genannt, denn so wie Gold nicht stumpf wird, wird sein Bodhichitta von nun an niemals degenerieren. Anstrebender Bodhichitta ähnelt der Entscheidung, ein bestimmtes Reiseziel zu wählen, während ausübender Bodhichitta dem tatsächlichen Reiseantritt gleicht.

(3) Neumondgleicher Bodhichitta

Nachdem der Bodhisattva Goldgleichen Bodhichitta erzeugt hat, betont er die Praxis der Sechs Vollkommenheiten und insbesondere die Vollkommenheit der Konzentration. Dadurch erlangt er die Konzentration des Dharma-Kontinuums, eine Realisation, die ihn befähigt, sich an jede erhaltene Dharma-Unterweisung zu erinnern und Buddhas unmittelbar wahrzunehmen. Der Bodhichitta, der mit der Konzentration des Dharma-Kontinuums in Verbindung steht, heißt «Neumondgleicher Bodhichitta», weil so wie ein Neumond jede Nacht zunimmt, bis er voll ist, auch der Bodhichitta ununterbrochen wächst.

(4) Feuergleicher Bodhichitta

Nach dem Erzeugen des Neumondgleichen Bodhichittas betont der Bodhisattva die Praxis der Vollkommenheit der Weisheit und erlangt somit die Weisheit des Leerheit beobachtenden Höheren Sehens. Den Bodhichitta, der mit dieser Weisheit in Verbindung steht, nennt man «Feuergleichen Bodhichitta», weil er das manifeste Festhalten am Selbst sowie die Verblendungen und nichttugendhaften Handlungen verbrennt, die eine niedere Wiedergeburt verursachen. Eine Erklärung über die Weisheit des Leerheit beobachtenden Höheren Sehens kann in *Herz der Weisheit* und *Freudvoller Weg* gefunden werden.

(5) Schatzgleicher Bodhichitta

Wenn der Bodhisattva Leerheit direkt realisiert, erlangt er die erste der zehn Bodhisattva-Ebenen und die überragende Realisation der Vollkommenheit des Gebens. Der Bodhichitta, der mit dieser Vollkommenheit des Gebens in Verbindung steht, wird als «Schatzgleicher Bodhichitta» bezeichnet, weil er die Wünsche von vielen Lebewesen erfüllt.

(6) Juwelenminengleicher Bodhichitta

Durch ständige Schulung in der Praxis der Vollkommenheit der Weisheit erreicht der Bodhisattva die zweite Bodhisattva-Ebene und erlangt die überragende Realisation der Vollkommenheit der moralischen Disziplin. Den Bodhichitta, der mit dieser Vollkommenheit der moralischen Disziplin in Verbindung steht, bezeichnet man als «Juwelenminengleicher Bodhichitta», weil er die Quelle von juwelenartigen tugendhaften Qualitäten für viele Lebewesen ist.

(7) Ozeangleicher Bodhichitta

Der Bodhichitta eines Bodhisattvas auf der dritten Ebene wird durch eine überragende Realisation der Vollkommenheit der Geduld gehalten. Mit Hilfe dieser Geduld kann der Geist des Bodhisattvas durch keine Begebenheit, ob gut oder böse, gestört werden, und so wird von diesem

Bodhichitta gesagt, dass er den Tiefen des Ozeans gleicht, die immer ungestört bleiben.

(8) Vajra-gleicher Bodhichitta

Der Bodhichitta eines Bodhisattvas auf der vierten Ebene wird durch eine überragende Realisation der Vollkommenheit des Bemühens gehalten. Aufgrund eines solchen Bemühens können die Realisationen des Bodhisattvas unter keinen Umständen zerstört werden, und da er unzerstörbar ist, wird dieser Bodhichitta «Vajra-gleicher Bodhichitta» genannt.

(9) Berggleicher Bodhichitta

Der Bodhichitta eines Bodhisattvas auf der fünften Ebene wird durch eine überragende Realisation der Vollkommenheit der Konzentration gehalten. Diese Konzentration ist so stabil wie ein Berg, und deshalb wird dieser Bodhichitta als «Berggleicher Bodhichitta» bezeichnet.

(10) Heilmittelgleicher Bodhichitta

Der Bodhichitta eines Bodhisattvas auf der sechsten Ebene wird durch eine überragende Realisation der Vollkommenheit der Weisheit gehalten. Da dieser Bodhichitta so wirksam ist, dass er die Krankheit der Verblendungen heilen kann, wird er «Heilmittelgleicher Bodhichitta» genannt.

(11) Spirituellen-Meister-gleicher Bodhichitta

Der Bodhichitta eines Bodhisattvas auf der siebten Ebene wird durch eine überragende Realisation der geschickten Mittel gehalten. Weil dieser Bodhichitta den Bodhisattva dazu befähigt, Lebewesen äußerst zuverlässig entlang des spirituellen Pfades zu führen, wird er mit einem Spirituellen Meister verglichen.

(12) Wunscherfüllendes-Juwel-gleicher Bodhichitta

Der Bodhichitta eines Bodhisattvas auf der achten Ebene wird durch eine überragende Realisation der Vollkommenheit des Gebetes gehalten. Auf dieser Stufe werden die Gebete des Bodhisattvas immer erfüllt, und er ist in der Lage, anderen Lebewesen allein durch die Kraft seiner Gebete umfassend zu helfen. Sein Bodhichitta ähnelt deshalb einem wünscherfüllenden Juwel, das die Wünsche zahlloser Lebewesen erfüllen kann.

(13) Sonnengleicher Bodhichitta

Der Bodhichitta eines Bodhisattvas auf der neunten Ebene wird durch eine überragende Vollkommenheit der Kraft gehalten. Diese Vollkommenheit ist eine Mahayana-Realisation, die alle ungünstigen Bedingungen überwinden kann – nichts kann die tugendhaften Aktivitäten eines Bodhisattvas auf dieser Ebene einschränken. So wie die Sonne die Kraft hat, viele Ernten heranreifen zu lassen, genauso hat die Kraft des Sonnengleichen Bodhichittas die Fähigkeit, das geistige Kontinuum von vielen fühlenden Wesen zur Reife zu bringen.

(14) Gesang-des-Dharmas-gleicher Bodhichitta

Der Bodhichitta eines Bodhisattvas auf der zehnten Ebene wird durch eine überragende Realisation der Vollkommenheit der erhabenen Weisheit gehalten. Während die sechste Vollkommenheit in erster Linie die endgültige Wahrheit beobachtet, beobachtet die zehnte Vollkommenheit in erster Linie die konventionelle Wahrheit. Da diese Vollkommenheit dem Bodhisattva eine ungeheure Fähigkeit verleiht, anderen zu helfen, indem er den melodischen Klang des Dharmas verkündet, heißt der Bodhichitta eines Bodhisattvas auf der zehnten Ebene «Gesang-des-Dharmas-gleicher Bodhichitta».

(15) Königsgleicher Bodhichitta
(16) Schatzkammergleicher Bodhichitta
(17) Weggleicher Bodhichitta
(18) Fahrzeuggleicher Bodhichitta
(19) Quellengleicher Bodhichitta
(20) Melodischen-Klang-gleicher Bodhichitta
(21) Flussgleicher Bodhichitta

Diese sieben Arten von Bodhichitta sollten nicht unabhängig vom Bodhichitta eines Bodhisattvas auf der zehnten Ebene angesehen werden. Der Bodhichitta auf der zehnten Ebene ist vergleichbar mit dem Körper und die sieben Bodhichittas stellen die Gliedmaßen dar.

Das erste Glied wird als «Königsgleicher Bodhichitta» bezeichnet, weil er den höchsten Pfad eines Bodhisattvas darstellt. Das zweite Glied ist der «Schatzkammergleiche Bodhichitta», weil eine höhere Ansammlung von Verdiensten und Weisheit zur Verfügung steht, verbunden mit der Kraft, zahllosen Lebewesen eine große Fülle an Tugend zu gewähren. Der dritte wird «Weggleicher Bodhichitta» genannt, denn er besitzt die große Kraft, zahllose Lebewesen auf dem Weg zur Buddhaschaft zu führen. Fahrzeuggleicher Bodhichitta ist das höhere Fahrzeug, welches den Bodhisattva direkt zu den Buddha-Ebenen bringt. Quellengleicher Bodhichitta befähigt den Bodhisattva, Unterweisungen zu geben, ohne dass es ihm jemals an Inhalten fehlt, so wie eine Quelle, die niemals versiegt. Mit Melodischem-Klang-gleichen Bodhichitta hilft der Bodhisattva tatsächlich zahllosen Lebewesen, indem er den melodischen Klang des Dharmas verkündet. Flussgleicher Bodhichitta gleicht einem Fluss, der ins Meer fließt, weil auf der nächsten Stufe der Bodhichitta des Bodhisattvas der zehnten Ebene in den Ozean des Mitgefühls eines Buddhas strömen wird.

(22) Wolkengleicher Bodhichitta

Wenn ein Bodhisattva auf der zehnten Ebene diese sieben Stufen des Bodhichittas durchlaufen und erreicht hat, wird er ein Buddha. Zur gleichen Zeit wandelt sich sein Bodhichitta in das Mitgefühl eines Buddhas um, welches die tatsächliche Kraft hat, allen Lebewesen ohne Ausnahme zu nützen. So wie Regen aus den Wolken fällt und das Getreide in der ganzen Welt bewässert, genauso fällt der heilige Dharma aus den Wolken des Mitgefühls eines Buddhas auf zahllose vom Glück begünstigte Wesen herab und erlaubt den Pflanzen der Tugend und des Friedens innerhalb ihres Geistes heranzuwachsen. Deshalb wird Buddhas Mitgefühl als «Wolkengleicher Bodhichitta» bezeichnet.

Es steht zur Zeit noch zur Debatte, ob ein Buddha wirklichen Bodhichitta besitzt oder nicht. Manche Gelehrte behaupten, dass ein Buddha keinen Bodhichitta besitzen kann, weil Bodhichitta ein Wunsch ist, Erleuchtung zu erlangen, und Buddhas schon Erleuchtung erlangt haben. Für diese Gelehrten bezieht sich Wolkengleicher Bodhichitta auf den Bodhichitta der zehnten Ebene. Andere Gelehrte wiederum behaupten, dass das Mitgefühl eines Buddhas sowohl Mitgefühl als auch Bodhichitta, sowohl Mitgefühl als auch Weisheit und sowohl konventioneller Bodhichitta als auch endgültiger Bodhichitta ist. Dies sind die außergewöhnlichen Eigenschaften eines Buddhas.

Kyabje Trijang Rinpoche

Endgültiger Bodhichitta

Möge ich ausserdem durch alle diese Methodenübungen
Zusammen mit einem Geist, der unbefleckt ist von den Verunreinigungen der Vorstellungen der acht Extreme
Und der alle Phänomene als Illusion erkennt,
Von der Fessel fehlerhafter Erscheinung und Vorstellung befreit sein.

Die Hauptübungen der Geistesschulung sind die zwei Bodhichittas, konventioneller Bodhichitta und endgültiger Bodhichitta. Die ersten sieben Verse lehren uns, wie konventioneller Bodhichitta entwickelt wird, und der letzte Vers enthüllt, wie endgültiger Bodhichitta erzeugt wird.

Wie im letzten Kapitel erklärt wurde, ist konventioneller Bodhichitta der Wunsch, Erleuchtung zum Wohl aller Lebewesen zu erlangen. Endgültiger Bodhichitta ist eine direkte Realisation der endgültigen Wahrheit oder Leerheit, die von konventionellem Bodhichitta gehalten wird. Er ist eine Weisheit des meditativen Gleichgewichts, die vollkommen mit Leerheit vermischt ist. Er ist als «endgültiger Bodhichitta» bekannt, weil er eine Hauptursache für die Erleuchtung ist und sich auf die endgültige Wahrheit konzentriert. Der Hauptunterschied zwischen den beiden Bodhichittas besteht darin, dass das beobachtete Objekt des konventionellen Bodhichittas konventionelle Wahrheit ist, während das beobachtete Objekt des endgültigen Bodhichittas endgültige Wahrheit ist. Konventioneller Bodhichitta ist das allgemeine Tor zum Mahayana-Pfad, und alle Bodhisattvas besitzen Bodhichitta. Endgültiger

Bodhichitta ist das Tor zu den höheren Mahayana-Pfaden und nur Höhere Praktizierende des Mahayana besitzen ihn. Ein höherer Pfad ist eine spirituelle Realisation eines Höheren Wesens, eines Praktizierenden, der bereits eine direkte Realisation der Leerheit erlangt hat.

Konventioneller Bodhichitta und endgültiger Bodhichitta gleichen den zwei Flügeln eines Vogels, denn so wie ein Vogel zwei Flügel benötigt, um fliegen zu können, genauso brauchen wir beide Bodhichittas, um zum Zustand der vollen Erleuchtung getragen zu werden. Konventioneller Bodhichitta ist die Hauptrealisation der Methode: Er dient der Ansammlung von Verdiensten und ist die Hauptursache für die Erlangung des Formkörpers eines Buddhas. Endgültiger Bodhichitta ist die Hauptrealisation der Weisheit: Er dient dazu, den Geist von Unwissenheit und ihren Prägungen zu befreien, und ist die Hauptursache für die Erlangung des Wahrheitskörpers eines Buddhas.

Leerheit ist ein schwieriges Thema. Deshalb ist es wichtig, die nun folgende Erklärung sorgfältig zu lesen und tief über sie nachzudenken. Die erste Zeile des achten Verses weist darauf hin, dass alle Methodenübungen, die in den vorangegangenen sieben Versen erklärt wurden, in Verbindung mit dem Verständnis von Leerheit, der wahren Natur aller Phänomene, praktiziert werden sollten. Die zweite Zeile beschreibt die Praxis des endgültigen Bodhichittas während der Meditationssitzung, die dritte beschreibt die Praxis des endgültigen Bodhichittas während der Meditationspause und die vierte Zeile erklärt den Zweck der Meditation über den endgültigen Bodhichitta.

Die erste Zeile «Möge ich außerdem durch alle diese Methodenübungen» weist auch darauf hin, dass endgültiger Bodhichitta keine unabhängige Realisation ist, sondern von allen Methodenrealisationen abhängt, die in den ersten sieben Versen erklärt wurden. Damit eine Realisation der endgültigen Wahrheit ein endgültiger Bodhichitta ist, muss sie durch konventionellen Bodhichitta motiviert sein, und um konventionellen Bodhichitta zu entwickeln, benötigen wir die Realisationen der Wertschätzung anderer, Großes Mitgefühl und so weiter. Damit unser Studium und unsere Meditation über Leerheit auch einen tiefen Eindruck auf unserem Geist hinterlassen, müssen wir zumindest durch Entsagung motiviert sein, den Wunsch, Befreiung von Samsara zu erlangen, indem wir unsere Verblendungen aufgeben. Sind wir allein durch philosophische Neugier motiviert, ist das höchste, was wir uns erhoffen können, ein oberflächliches, intellektuelles Verständnis von Leerheit zu erlangen; wir werden niemals eine tiefe und befreiende Erfahrung erleben.

Alle unsere Probleme entstehen, weil wir die endgültige Wahrheit nicht realisieren. Der Grund, weshalb wir in Samsara verbleiben, liegt darin, dass wir weiterhin verunreinigte Handlungen ausführen; wir begehen verunreinigte Handlungen aufgrund unserer Verblendungen, und diese sind allesamt auf die Unwissenheit des Festhaltens am Selbst zurückzuführen. Die Unwissenheit des Festhaltens am Selbst ist der Ursprung unserer gesamten Negativität und unserer Probleme, und der einzige Weg, sie zu beseitigen, ist Leerheit, das heißt, endgültige Wahrheit zu realisieren. Leerheit ist nicht einfach zu verstehen; es ist jedoch äußerst wichtig, dass wir uns darum bemühen. Letzten Endes werden unsere Anstrengungen durch die endgültige Beendigung von allen Leiden und die immerwährende Glückseligkeit der vollen Erleuchtung belohnt werden.

Was ist endgültige Wahrheit? Endgültige Wahrheit ist die Art und Weise, wie die Dinge wirklich sind. Es ist die Art und Weise, wie die Dinge existieren, im Gegensatz zur Art und Weise, wie sie erscheinen. Wir halten es für selbstverständlich, dass die Dinge, die wir um uns herum sehen, wie Tische, Stühle und Häuser, die endgültige Wahrheit widerspiegeln, denn wir glauben, dass sie tatsächlich so existieren wie sie uns erscheinen. Jedoch ist die Art, wie die Dinge unseren Sinnen erscheinen, trügerisch und vollkommen widersprüchlich zu der Art und Weise, in der sie tatsächlich existieren. Die Dinge scheinen aus sich selbst heraus zu existieren, unabhängig von unserem Geist. Dieses Buch beispielsweise scheint eine eigene unabhängige, objektive Existenz zu besitzen. Es scheint «außerhalb» zu sein, während unser Geist «innerhalb» zu sein scheint. Wir haben das Gefühl, dass dieses Buch ohne unseren Geist existieren kann; es kommt uns nicht so vor, als ob unser Geist in irgendeiner Weise eine Rolle dabei spielt, dieses Buch entstehen zu lassen. Diese von unserem Geist unabhängige Art der Existenz wird «wahre Existenz», «inhärente Existenz», «aus sich selbst heraus existierend» und auch «Existenz von der Seite des Objektes» genannt.

Obwohl die Dinge unseren Sinnen direkt als wahrhaft oder inhärent existierend erscheinen, fehlt allen Phänomenen in Wirklichkeit wahre Existenz oder mit anderen Worten, sie sind leer, ohne wahre Existenz. Dieses Buch, unser Körper, unsere Freunde, wir selbst und das gesamte Universum sind in Wirklichkeit nur Erscheinungen des Geistes, ähnlich den Vorgängen in einem Traum. Wenn wir von einem Elefanten träumen, erscheint uns der Elefant deutlich in allen Einzelheiten: Wir können ihn sehen, hören, riechen und berühren. Wenn wir aber erwachen, wird uns klar, dass er nur eine Erscheinung des Geistes war. Wir fragen uns nicht: «Wo ist der Elefant jetzt?», weil wir verstehen, dass er nichts als eine Projektion unseres Geistes war und keinerlei Existenz außerhalb unseres Geistes besaß. Als das Traumgewahrsein, welches den Elefanten festhielt, beendet war, ging der Elefant nirgendwo hin. Er verschwand einfach, denn er war lediglich eine Erscheinung des Geistes und existierte nicht getrennt vom Geist. Buddha sagte, dass das Gleiche für alle Phänomene gilt; sie sind bloße Erscheinungen des Geistes, völlig abhängig vom Geist, der sie erkennt.

Die Welt, die wir erleben, wenn wir wach sind, und die Welt, die wir sehen, wenn wir träumen, sind sich sehr ähnlich, denn beide sind bloße Erscheinungen des Geistes, die aus unserem Karma stammen. Wenn wir behaupten, dass die Traumwelt falsch ist, so müssen wir auch zugeben, dass die Welt des Wachzustandes falsch ist. Und wenn wir darauf bestehen, dass die Welt des Wachzustandes wahr ist, müssen wir auch einräumen, dass die Traumwelt wahr ist. Der einzige Unterschied ist, dass die Traumwelt eine Erscheinung unseres subtilen Traumgeistes ist, während die Welt, die uns im Wachzustand begegnet, eine Erscheinung unseres groben wachen Geistes ist. Die Traumwelt existiert nur so lange, wie das Traumgewahrsein existiert, dem sie erscheint, und die Welt des Wachzustandes dauert nur so lange, wie das Gewahrsein des Wachzustandes anhält, dem sie erscheint. Wenn wir sterben, lösen sich unsere groben wachen Geisteszustände in unseren sehr subtilen Geist auf, und die Welt, die wir erlebt haben, verschwindet einfach. Die Welt, wie sie von anderen wahrgenommen wird, besteht weiterhin, unsere persönliche Welt hingegen wird völlig und unwiederbringlich verschwinden, genauso wie die Welt in unserem Traum letzte Nacht.

Buddha sagte, dass alle Phänomene wie Illusionen seien. Es gibt viele verschiedene Arten von Illusionen, wie Luftspiegelungen, Regenbögen oder Halluzinationen, die durch Drogen hervorgerufen werden. In der Vergangenheit gab es Magier, die ihr Publikum derart beeinflussen konnten, dass es bestimmte Objekte, wie beispielsweise ein Stück Holz, als einen Tiger wahrnahm. Jene Zuschauer, die unter dem Bann des Zauberspruches standen, sahen einen echten Tiger und bekamen Angst; die anderen jedoch, die erst nach der Verzauberung erschienen waren, sahen einfach nur ein Stück Holz. Alle Illusionen haben gemeinsam, dass die Art und Weise ihrer Erscheinung nicht mit der tatsächlichen Existenz übereinstimmt. Buddha verglich alle Phänomene mit Illusionen, denn durch die Kraft der Prägungen der Unwissenheit des Festhaltens am

Selbst, die wir seit anfangsloser Zeit angesammelt haben, erscheint alles, was der Geist wahrnimmt, von Natur aus als wahrhaft existierend, und wir glauben instinktiv an diese Erscheinung. In Wirklichkeit jedoch ist alles vollkommen leer von wahrer Existenz. Wie eine Luftspiegelung, die wie Wasser aussieht, aber nicht wirklich Wasser ist, erscheinen uns Dinge auf täuschende Weise. Weil wir ihre echte Natur nicht erkennen, werden wir von Erscheinungen getäuscht und halten an Büchern und Tischen, Körpern und Welten als wahrhaft existierend fest. Als Folge dieses Festhaltens an Phänomenen entwickeln wir Selbst-Wertschätzung, Anhaftung, Hass, Eifersucht und andere Verblendungen; unser Geist wird gereizt und unausgeglichen und unser innerer Friede wird zerstört. Wir gleichen Reisenden in der Wüste, die ihre Kräfte erschöpfen, indem sie Luftspiegelungen nachjagen, oder jemandem, der nachts eine Straße entlang läuft und die Schatten der Bäume für Verbrecher oder wilde Tiere hält, die darauf warten, ihn anzugreifen.

DIE LEERHEIT UNSERES KÖRPERS

Um zu verstehen, wie Phänomene leer von wahrer oder inhärenter Existenz sind, sollten wir unseren eigenen Körper betrachten. Haben wir einmal verstanden, wie unserem Körper wahre Existenz fehlt, können wir die gleiche Argumentation ohne Schwierigkeiten auf andere Objekte übertragen.

Im *Leitfaden für die Lebensweise eines Bodhisattvas* sagt Shantideva:

> Es gibt also keinen Körper, aber aus Unwissenheit
> Entsteht der Gedanke «Körper» durch die
> Wahrnehmung von Händen und so weiter;
> Genauso wie sich der Gedanke «Mann» entwickelt
> durch die Wahrnehmung eines Steinhaufens.

Einerseits kennen wir unseren Körper sehr gut. Wir wissen, ob er gesund oder krank, schön oder hässlich ist und so weiter. Wir untersuchen ihn jedoch niemals gründlicher und fragen uns: «Was genau ist mein Körper? Wo ist mein Körper? Was ist seine wahre Natur?» Würden wir unseren Körper in dieser Weise untersuchen, wären wir nicht in der Lage, ihn zu finden: Anstatt unseren Körper zu finden, wäre das Ergebnis dieser Untersuchung, dass unser Körper verschwindet. Die Bedeutung des ersten Teils von Shantidevas Vers «Es gibt also keinen Körper» ist, dass, wenn wir nach unserem «wahren» Körper suchen, wir keinen finden. Unser Körper existiert nur, wenn wir nicht nach einem wahren Körper suchen, der über dessen bloße Erscheinung hinausgeht.

Es gibt zwei Wege, nach einem Objekt zu suchen. Ein Beispiel für die erste Methode, die wir als eine «konventionelle Suche» bezeichnen können, ist das Suchen nach unserem Auto auf einem Parkplatz. Das Ergebnis dieser Art der Suche ist, dass wir das Auto entdecken, in dem Sinne, dass wir den Gegenstand finden, den jeder als unser Auto bezeichnet. Nehmen wir jedoch einmal an, wir haben unser Auto auf dem Parkplatz ausfindig gemacht, sind nun aber nicht mit der bloßen Erscheinung des Autos zufrieden, sondern wollen genau feststellen, was das Auto wirklich ist. Dann führen wir vielleicht eine sogenannte «endgültige Suche» nach dem Auto durch, wobei wir innerhalb des Objektes nach dem suchen, was das Objekt selbst ist. Wir fragen uns deshalb: «Sind irgendwelche Einzelteile des Autos das Auto? Sind die Räder das Auto? Ist der Motor das Auto? Ist das Fahrgestell das Auto?» und so weiter. Wenn wir eine endgültige Suche nach unserem Auto durchführen, sind wir nicht damit zufrieden, auf die Motorhaube, die Räder und so weiter zu deuten und dann «Auto» zu sagen; wir wollen wissen, was das Auto wirklich ist. Anstatt nur das Wort «Auto» zu benutzen, wie es gewöhnliche Leute tun, wollen wir wissen, worauf sich das Wort wirklich bezieht. Wir möchten das Auto geistig von allem, was nicht das Auto ist, trennen, damit wir sagen können: «Das ist es, was das Auto wirklich ist, das ist das wahrhaft existierende Auto.»

Um Shantidevas Behauptung zu verstehen, dass es in Wirklichkeit keinen Körper gibt, müssen wir eine endgültige Suche nach unserem Körper durchführen. Sind wir gewöhnliche Wesen, so scheinen alle Objekte, einschließlich unseres Körpers, inhärent zu existieren. Wie oben erwähnt, scheinen Objekte unabhängig von unserem Geist und unabhängig von anderen Phänomenen zu sein. Das Universum scheint aus eigenständigen Objekten zu bestehen, die eine Existenz aus sich selbst heraus besitzen. Diese Objekte erscheinen, als würden sie an sich als Sterne, Planeten, Berge, Menschen usw. existieren und darauf «warten», von bewussten Wesen erfahren zu werden. Normalerweise kommen wir nicht auf die Idee, dass wir in irgendeiner Weise an der Existenz dieser Phänomene beteiligt sind. Wir haben beispielsweise das Gefühl, dass unser Körper eigenständig existiert und nicht von unserem oder dem Geist irgend eines anderen abhängt, um ins Leben gerufen zu werden. Wenn unser Körper jedoch tatsächlich so existierte, wie wir instinktiv an ihm festhalten – als ein äußeres Objekt und nicht als eine Projektion des Geistes – müssten wir auf unseren Körper zeigen können, ohne auf irgendein Phänomen zu deuten, das nicht unser Körper ist. Wir sollten imstande sein, ihn unter seinen Einzelteilen oder außerhalb dieser Teile zu finden. Wenn unser Körper weder unter seinen Einzelteilen noch außerhalb davon gefunden werden kann, müssen wir daraus folgern, dass er nicht als objektive Wesenheit existiert, da es keine dritte Möglichkeit gibt.

Es ist unschwer zu verstehen, dass die einzelnen Teile unseres Körpers nicht unser Körper sind – es ist absurd zu sagen, dass unser Rücken, unsere Beine oder unser Kopf unser Körper sind. Wenn einer der Teile, sagen wir unser Rücken, unser Körper wäre, dann wären die anderen Teile gleichermaßen unser Körper, und es würde folgen, dass wir viele Körper besitzen würden. Außerdem können unser Rücken, unsere Beine und so weiter nicht unser Körper sein, da sie Teile unseres Körpers sind. Der Körper ist der Besitzer der Teile, und der Rücken, die Beine und so weiter sind der Besitz; Besitzer und Besitz können nicht identisch sein.

Manche Leute, selbst Anhänger einiger buddhistischer Philosophieschulen, glauben, dass, obwohl keiner der Einzelteile des Körpers der Körper ist, doch die Ansammlung aller Teile insgesamt den Körper bildet. Diesen Schulen zufolge ist es möglich, unseren Körper zu finden, wenn wir analytisch nach ihm suchen, weil die Ansammlung aller Körperteile unser Körper sein soll. Anhänger der höchsten buddhistischen Philosophieschule, der Madhyamika-Prasangika-Schule, widerlegen diese Behauptung mit vielen logischen Argumenten. Die Kraft dieser Beweisführung ist uns vielleicht nicht auf den ersten Blick klar, überdenken wir sie aber sorgfältig mit einem ruhigen und positiven Geist, werden wir ihre Stichhaltigkeit schätzen lernen.

Wenn keiner der einzelnen Teile unseres Körpers unser Körper ist, wie kann dann die Ansammlung aller Teile unser Körper sein? Eine Gruppe von Hunden beispielsweise kann kein Mensch sein, da keiner der einzelnen Hunde ein Mensch ist. Da jedes einzelne Mitglied ein «Nichtmensch» ist, wie kann sich diese Ansammlung von Nichtmenschen auf magische Weise in einen Menschen verwandeln? Da auch die Ansammlung der Teile unseres Körpers eine Ansammlung von Dingen ist, die nicht unser Körper sind, kann sie nicht unser Körper sein. So wie die Gruppe von Hunden einfach nur Hunde sind, genauso stellt die Ansammlung aller Körperteile einfach nur Teile unseres Körpers dar. Sie verwandelt sich nicht auf magische Weise in einen Besitzer von Teilen, nämlich unseren Körper.

Möglicherweise fällt es uns schwer, diesen Punkt zu verstehen. Doch wenn wir lange darüber nachdenken, mit einem ruhigen und positiven Geist, und wir mit erfahrenen Praktizierenden darüber diskutieren, wird es uns mit der Zeit klar werden. Wir können auch authentische Bücher zu diesem Thema wie *Herz der Weisheit* lesen.

Es gibt noch einen anderen Weg zu erkennen, dass die Ansammlung der Teile unseres Körpers nicht unser Körper ist. Wenn wir auf die Ansammlung der Teile unseres Körpers zeigen und sagen können, dass diese an sich unser Körper ist, dann muss die Ansammlung der Teile unseres Körpers unabhängig von allen Phänomenen existieren, die nicht unser Körper sind. Daraus würde folgen, dass die Ansammlung der Teile unseres Körpers unabhängig von den Teilen selbst existiert. Das ist zweifellos absurd. Wenn es wahr wäre, könnten wir alle Teile unseres Körpers entfernen, und die Ansammlung der Teile würde zurückbleiben. Deshalb können wir schließen, dass die Ansammlung der Teile unseres Körpers nicht unser Körper ist.

Da der Körper nicht unter seinen Teilen gefunden werden kann, weder als Einzelteil noch als Ansammlung, bleibt nur noch die Möglichkeit, dass er getrennt von seinen Bestandteilen existiert. Ist dies der Fall, sollte es möglich sein, alle Teile unseres Körpers geistig oder durch physische Handhabung zu entfernen, und der Körper bliebe zurück. Wenn wir jedoch Arme und Beine, unseren Kopf und unseren Rumpf und alle anderen Teile unseres Körpers entfernen, bleibt kein Körper übrig. Dies beweist, dass es keinen Körper gibt, der unabhängig von seinen Einzelteilen existiert. Immer wenn wir auf unseren Körper zeigen, deuten wir nur auf einen Teil unseres Körpers.

Wir haben jetzt überall gesucht und waren nicht in der Lage, unseren Körper ausfindig zu machen, weder unter seinen Teilen noch anderswo. Wir können nichts entdecken, was dem lebhaft erscheinenden Körper entspricht, an den wir uns normalerweise klammern. Wir sind gezwungen mit Shantideva übereinzustimmen, dass wir keinen Körper finden, wenn wir nach ihm suchen. Dies beweist eindeutig, dass unser Körper nicht aus sich selbst heraus, unabhängig vom Geist existiert. Es ist fast so, als ob unser Körper nicht existieren würde. Tatsächlich können wir nur in dem Sinne davon sprechen, dass unser Körper existiert, als wir mit dem bloßen Namen «Körper» zufrieden sind und nicht erwarten, einen echten Körper hinter dem Namen «Körper» zu finden. Versuchen wir einen echten Körper zu entdecken oder auf einen zu zeigen, auf den sich der Name «Körper» bezieht, werden wir nichts finden. Anstatt auf einen wahrhaft existierenden Körper zu stoßen, werden wir die Nichtexistenz oder Leerheit eines solchen Körpers wahrnehmen. Wir werden einsehen, dass der Körper, den wir normalerweise wahrnehmen, an den wir uns klammern und den wir schätzen, überhaupt nicht existiert. Diese Nichtexistenz des Körpers, an den wir uns normalerweise klammern, ist die wahre oder endgültige Natur unseres Körpers.

Der Begriff «wahre Natur» ist sehr bedeutungsvoll. Da wir mit der bloßen Erscheinung unseres Körpers und dem Namen «Körper» nicht zufrieden waren, untersuchten wir unseren Körper, um seine wahre Natur zu entdecken. Das Ergebnis dieser Untersuchung war ein eindeutiges «Nichtauffinden» unseres Körpers. Wo wir einen wahrhaft existierenden Körper zu finden hofften, entdeckten wir die völlige Nichtexistenz dieses wahrhaft existierenden Körpers. Diese Nichtexistenz oder Leerheit ist die wahre Natur unseres Körpers. Abgesehen von der bloßen Abwesenheit eines wahrhaft existierenden Körpers gibt es keine andere wahre Natur unseres Körpers. Jede andere Eigenschaft unseres Körpers ist bloß Teil seiner trügerischen Natur. Wenn dies der Fall ist, weshalb verwenden wir so viel Zeit darauf, uns auf die trügerische Natur unseres Körpers zu konzentrieren? Zur Zeit ignorieren wir die wahre Natur unseres Körpers und anderer Phänomene und befassen uns ausschließlich mit deren irreführender Natur. Sich ständig mit trügerischen Objekten zu beschäftigen hat aber zur Folge, dass unser Geist unruhig wird und wir in Samsara verharren. Möchten wir reinen Frieden finden, müssen wir unseren Geist mit der Wahrheit vertraut machen. Anstatt unsere Energie zu verschwenden, indem wir uns auf bedeutungslose, trügerische Objekte konzentrieren, sollten wir uns auf die wahre Natur aller Dinge besinnen.

Obwohl es unmöglich ist, unseren Körper zu entdecken, wenn wir analytisch nach ihm suchen, erscheint er uns ohne Analyse doch sehr klar. Weshalb ist das so? Shantideva sagt, dass wir aufgrund von Unwissenheit einen wahrhaft existierenden Körper in unseren Händen und anderen Teilen unseres Körpers sehen. Es ist Unwissenheit, nicht Weisheit, die uns einen wahrhaft existierenden Körper in seinen Teilen sehen lässt. In Wirklichkeit gibt es keinen wahrhaft existierenden Körper unter seinen Einzelteilen. So wie wir in der Abenddämmerung einen Steinhaufen für einen Mann halten können, obwohl es keinen Mann unter den Steinen gibt, genauso sieht unsere Unwissenheit einen wahrhaft existierenden Körper unter der Ansammlung von Armen, Beinen und so weiter, obwohl dort kein Körper vorhanden ist. Der wahrhaft existierende Körper, den wir inmitten der Ansammlung der Arme und Beine sehen, ist lediglich eine Halluzination unseres unwissenden Geistes. Da wir ihn aber nicht als solchen erkennen, klammern wir uns fest an ihn, schätzen ihn und strengen uns an beim Versuch, ihn vor jeglichen Beschwerden zu schützen.

Damit wir unseren Geist mit der wahren Natur des Körpers vertraut machen können, verwenden wir die obige Argumentation, um nach unserem Körper zu suchen, und nachdem wir ihn wirklich überall gesucht und nicht gefunden haben, konzentrieren wir uns auf die raumähnliche Leerheit, die die bloße Abwesenheit des wahrhaft existierenden Körpers ist. Diese raumähnliche Leerheit ist die wahre Natur unseres Körpers. Obwohl sie leerem Raum ähnelt, ist sie eine bedeutungsvolle Leerheit. Ihre Bedeutung ist die völlige Nichtexistenz des wahrhaft existierenden Körpers, an dem wir so stark festhalten und den wir unser ganzes Leben lang geschätzt haben.

Wenn wir mit der Erfahrung der raumähnlichen, endgültigen Natur des Körpers vertraut sind, wird das Festhalten an unserem Körper abnehmen. Als Folge davon werden wir viel weniger Leid, Angst und Frustration im Zusammenhang mit unserem Körper erfahren. Unsere körperliche Anspannung wird abnehmen, und unsere Gesundheit wird sich verbessern, und selbst wenn wir doch erkranken, werden unsere körperlichen Beschwerden unseren Geist nicht stören. Menschen, die eine direkte Erfahrung der Leerheit besitzen, fühlen keinerlei Schmerzen, selbst wenn sie geschlagen werden oder wenn auf sie geschossen wird. Da sie wissen, dass die tatsächliche Natur ihres Körpers dem Raum gleicht, ist es für sie, wenn sie geschlagen oder angeschossen werden, als ob Raum geschlagen oder beschossen würde. Ferner besitzen gute und schlechte äußere Bedingungen keine Kraft mehr, ihren Geist zu stören, weil sie erkennen, dass sie der Illusion eines Magiers gleichen und keine Existenz getrennt vom Geist besitzen. Statt von sich verändernden Bedingungen hin- und hergezogen zu werden wie eine Marionette an einer Schnur, bleibt ihr Geist ungebunden und friedvoll, im Wissen um die Gleichheit und Unveränderlichkeit der endgültigen Natur aller Dinge. So erfährt ein Mensch, der die wahre Natur aller Phänomene direkt erkennt, Tag und Nacht und Leben für Leben Frieden.

Buddhisten unterscheiden zwischen dem konventionell existierenden Körper, der tatsächlich existiert, und dem inhärent existierenden Körper, der nicht existiert. Wir müssen aber darauf achten, uns nicht von den Worten in die Irre führen zu lassen und zu glauben, dass hinter dem konventionell existierenden Körper mehr steckt als eine bloße Erscheinung unseres Geistes. Vielleicht ist es weniger verwirrend zu sagen, dass es für einen Geist, der die Wahrheit oder Leerheit direkt sieht, keinen Körper gibt. Ein Körper existiert nur für einen Geist, dem ein Körper erscheint.

Shantideva rät uns, konventionelle Wahrheiten wie unseren Körper, Besitz, sowie Orte und unsere Freunde nicht zu untersuchen, es sei denn wir möchten Leerheit verstehen. Statt dessen sollten wir wie weltliche Leute mit ihren bloßen Namen zufrieden sein. Wenn eine weltliche Person den Namen und den Zweck eines Objektes weiß, begnügt sie sich damit, das Objekt zu kennen, und führt keine weiteren Untersuchungen durch. Wir müssen uns gleich verhalten, es sei denn, wir möchten über Leerheit meditieren. Wir sollten aber bedenken, dass wir bei näherer Untersuchung der Objekte nichts finden würden, denn sie verschwinden genauso wie eine Luftspiegelung, wenn wir nach ihr suchen.

Die gleiche Argumentation, auf die wir uns bezogen haben, um das Fehlen der wahren Existenz unseres Körpers zu beweisen, kann auf alle anderen Phänomene übertragen werden. Dieses Buch beispielsweise scheint aus sich selbst heraus zu existieren, irgendwo in seinen Teilen; untersuchen wir das Buch jedoch näher, entdecken wir, dass weder die einzelnen Seiten noch die Ansammlung der Seiten das Buch ausmachen, und doch gibt es ohne Seiten kein Buch. Statt ein wahrhaft existierendes Buch zu entdecken, bleibt nur eine Leerheit zurück, die Nichtexistenz des Buches, an dessen Existenz wir zuvor noch geglaubt haben. Aufgrund unserer Unwissenheit scheint das Buch unabhängig von unserem Geist zu existieren, so als ob unser Geist innerhalb und das Buch außerhalb wäre; wenn wir jedoch das Buch analysieren, entdecken wir, dass diese Erscheinung vollkommen falsch ist. Es gibt kein Buch außerhalb unseres Geistes. Es gibt kein Buch «dort draußen» unter den Seiten. Das Buch existiert einzig und allein als bloße Erscheinung und Projektion des Geistes.

Alle Phänomene existieren durch Konvention; nichts ist inhärent existierend. Dies gilt für den Geist, für Buddha und sogar für die Leerheit selbst. Alles wird durch den Geist bloß zugeschrieben. Alle Phänomene haben Teile: Physische Phänomene habe physische Teile und nichtphysische Phänomene besitzen verschiedene Teile oder Eigenschaften, die gedanklich unterschieden werden können. Benutzen wir die gleiche Argumentation wie oben, so können wir erkennen, dass jedes Phänomen weder eins ist mit seinen Teilen noch die Ansammlung seiner Teile, noch getrennt von seinen Teilen ist. So können wir die Leerheit aller Phänomene realisieren.

Es ist besonders hilfreich, über die Leerheit von Objekten zu meditieren, die in uns sehr starke Verblendungen wie Anhaftung oder Wut hervorrufen. Wenn wir gewissenhaft analysieren, werden wir erkennen, dass das Objekt, welches wir begehren oder auch ablehnen nicht aus sich selbst heraus existiert. Seine Schönheit oder Hässlichkeit und sogar seine Existenz werden durch den Geist zugeschrieben. Wenn wir solche Überlegungen anstellen, werden wir herausfinden, dass es keinen Grund gibt für Anhaftung oder Wut.

DIE LEERHEIT UNSERES GEISTES

Nachdem Geshe Chekhawa in der *Geistesschulung in sieben Punkten* aufzeigt, wie eine analytische Meditation über die Leerheit der inhärenten Existenz äußerer Phänomene, zum Beispiel unseres Körpers, ausgeführt wird, sagt er, dass wir unseren eigenen Geist analysieren sollten, um festzustellen, dass ihm inhärente Existenz fehlt.

Unser Geist ist keine unabhängige Wesenheit, sondern ein sich ständig änderndes Kontinuum, das von vielen Faktoren abhängt: seinen vergangenen Augenblicken, seinen Objekten und den Energiewinden, von denen unsere Geistesarten getragen werden. Wie alles andere auch, wird unser Geist einer Ansammlung von vielen Faktoren zugeschrieben und somit fehlt ihm inhärente Existenz. Ein primärer Geist beispielsweise hat fünf Teile oder «geistige Faktoren»: Gefühl, Unterscheidung, Absicht, Kontakt und Aufmerksamkeit. Weder die einzelnen geistigen Faktoren noch die Ansammlung dieser geistigen Faktoren sind der primäre Geist, weil sie geistige Faktoren und somit Teile des primären Geistes sind. Es gibt jedoch keinen primären Geist, der von diesen geistigen Faktoren getrennt existiert. Ein primärer Geist wird den geistigen Faktoren bloß zugeschrieben, die die Basis der Zuschreibung darstellen, und somit existiert er nicht aus sich selbst heraus.

Den Mahamudra-Unterweisungen zufolge sollten wir als erstes ein klares Verständnis der Natur und der Funktion unseres Geistes gewinnen. Nachdem wir die konventionelle Natur unseres Geistes identifiziert haben, die Klarheit ist und erkennt, suchen wir anschließend innerhalb seiner Teile nach unserem Geist, bis wir schließlich seine Unauffindbarkeit realisieren, die die endgültige Natur oder Leerheit darstellt. Wir meditieren, indem wir uns auf diese Leerheit konzentrieren. Diese Methode, über die Leerheit unseres Geistes zu meditieren, ist tiefgründiger als die Meditation über die Leerheit unseres Körpers. Allmählich wird unsere Erfahrung der Leerheit immer klarer werden, bis wir schließlich eine reine Weisheit erlangen, die die Leerheit unseres Geistes direkt realisiert.

DIE LEERHEIT UNSERES ICHS

Das Objekt, an das wir uns am stärksten klammern, ist unser Selbst oder Ich. Aufgrund der Prägungen der Unwissenheit des Festhaltens am Selbst, die wir seit anfangsloser Zeit angesammelt haben, erscheint unser Ich als inhärent existierend, und unser Geist des Festhaltens am Selbst hält in dieser Weise automatisch an ihm fest. Obwohl wir ständig an einem inhärent existierenden Ich festhalten, selbst im Schlaf, ist es nicht leicht zu erkennen, wie es unserem Geist erscheint. Um es klar zu identifizieren, müssen wir damit beginnen, dem Ich zu erlauben, sich stark zu manifestieren, indem wir über Situationen nachdenken, in denen wir ein übertriebenes Ichgefühl haben, sei es, weil wir uns schämen, Angst haben, verlegen oder entrüstet sind. Wir erinnern uns an eine solche Situation oder stellen sie uns vor und versuchen dann, ohne Kommentar oder Analyse, ein klares geistiges Bild vom Ich zu gewinnen, wie es uns normalerweise in solchen Momenten erscheint. Auf dieser Stufe müssen wir geduldig bleiben, da es viele Sitzungen dauern kann, bis wir ein klares Bild erhalten. Schließlich werden wir sehen, dass das Ich vollkommen fest und real zu sein scheint, als ob es aus sich selbst heraus existierte, unabhängig von Körper oder Geist. Dieses lebhaft erscheinende Ich ist das inhärent existierende Ich, das wir so überaus schätzen. Es ist das Ich, das wir verteidigen, wenn wir kritisiert werden, und auf das wir so stolz sind, wenn wir gelobt werden.

Haben wir einmal eine klare Vorstellung, wie das Ich unter diesen extremen Umständen erscheint, sollten wir versuchen zu erkennen, wie es normalerweise, in weniger extremen Situationen erscheint. Wir können zum Beispiel das Ich beobachten, das gegenwärtig dieses Buch liest, und so versuchen zu entdecken, wie es unserem Geist erscheint. Schließlich werden wir sehen, dass das Ich, obwohl es in diesem Fall kein übertriebenes Ichgefühl gibt, trotzdem noch als inhärent existierend erscheint, so als ob es aus sich selbst heraus existieren würde, unabhängig von Körper oder Geist. Haben wir einmal ein Bild des inhärent existierenden Ichs, richten wir für eine Weile unsere einsgerichtete Konzentration darauf. In der Meditation gehen wir dann zur nächsten Stufe über, indem wir über logische Begründungen nachdenken, um zu beweisen, dass das inhärent existierende Ich, an das wir uns klammern, in Wirklichkeit gar nicht existiert.

Wenn das Ich so existiert, wie es erscheint, dann muss es auf eine der vier folgenden Arten existieren: als Körper, als Geist, als Ansammlung von Körper und Geist oder als etwas, das von Körper und Geist getrennt ist. Es gibt keine andere Möglichkeit. Wir denken sorgfältig darüber nach, bis wir zur Überzeugung gelangen, dass es sich so verhält.

Dann fahren wir fort und untersuchen jede der vier Möglichkeiten:

1. Ist das Ich der Körper, so ergibt es keinen Sinn von «meinem Körper» zu sprechen, da der Besitzer und der Besitz identisch sind.

   Ist das Ich der Körper, so gibt es keine Wiedergeburt, weil das Ich mit dem Tod des Körpers zu existieren aufhört.

   Sind das Ich und der Körper identisch, dann folgt aus der Tatsache, dass wir fähig sind, Vertrauen zu entwickeln, zu träumen oder mathematische Rätsel zu lösen, dass unser Fleisch, unser Blut und unsere Knochen dies auch tun können.

   Da keine dieser Folgerungen stimmt, ist das Ich nicht der Körper.

2. Ist das Ich der Geist, so ist es unlogisch von «meinem Geist» zu sprechen, weil der Besitzer und der Besitz identisch sind. Richten wir aber unsere Aufmerksamkeit auf unseren Geist, sagen wir normalerweise «mein Geist». Dies weist eindeutig darauf hin, dass das Ich nicht der Geist ist.

   Ist das Ich der Geist, folgt aus der Tatsache, dass jede Person viele verschiedene Arten von Geist hat, wie zum Beispiel die sechs Bewusstseinsarten oder begriffliche und nichtbegriffliche Geistesarten, dass jede Person genauso viele Ichs besitzt. Da dies eine absurde Behauptung ist, folgt, dass das Ich nicht der Geist ist.

3. Da der Körper nicht das Ich ist und der Geist nicht das Ich ist, kann die Ansammlung von Körper und Geist auch nicht das Ich sein. Die Ansammlung von Körper und Geist ist eine Ansammlung von Dingen, die nicht das Ich sind. Wie kann da die Ansammlung das Ich sein? In einer Kuhherde beispielsweise ist keines der Tiere ein Schaf, deshalb

ist die Herde selbst auch kein Schaf. Genau gleich verhält es sich mit der Ansammlung von Körper und Geist: Weder der Körper noch der Geist ist das Ich, deshalb kann die Ansammlung nicht das Ich sein.

4. Ist das Ich weder der Körper noch der Geist, noch die Ansammlung von Körper und Geist, bleibt einzig die Möglichkeit, dass das Ich etwas ist, das von Körper und Geist getrennt ist. Ist dies der Fall, so müssen wir das Ich wahrnehmen können, ohne dass Körper und Geist erscheinen. Wenn wir uns aber vorstellen würden, dass unser Körper und unser Geist vollständig verschwinden, dann würde nichts übrig bleiben, was wir als Ich bezeichnen könnten. Daraus folgt, dass das Ich nicht von Körper und Geist getrennt ist.

Wir sollten uns vorstellen, dass sich unser Körper allmählich in Luft auflöst. Darauf löst sich unser Geist auf, unsere Gedanken treiben im Wind auseinander und unsere Gefühle, Wünsche und unser Bewusstsein lösen sich in nichts auf. Bleibt etwas, was das Ich ist? Da ist nichts. Es ist offensichtlich, dass das Ich nicht etwas ist, was von Körper und Geist getrennt ist.

Wir haben nun alle vier Möglichkeiten untersucht, und es ist uns nicht gelungen, das Ich zu finden. Da wir bereits entschieden haben, dass es keine fünfte Möglichkeit gibt, müssen wir daraus schließen, dass das wahrhaft oder inhärent existierende Ich, das uns normalerweise so lebhaft erscheint, gar nicht existiert. Dort, wo früher ein inhärent existierendes Ich erschien, erscheint nun eine Abwesenheit dieses Ichs. Diese Abwesenheit eines inhärent existierenden Ichs ist Leerheit, die endgültige Wahrheit.

Wir denken auf diese Weise nach, bis unserem Geist ein allgemeines oder geistiges Bild der Abwesenheit eines inhärent existierenden Ichs erscheint. Dieses Bild ist unser

Objekt der verweilenden Meditation. Indem wir uns einsgerichtet auf dieses Bild konzentrieren, versuchen wir, vollständig damit vertraut zu werden.

Da wir an einem inhärent existierenden Ich seit anfangsloser Zeit festgehalten haben und es mehr als alles andere geliebt haben, kann die Erfahrung, in der Meditation kein Ich zu finden, zuerst ziemlich schockierend sein. Einige Menschen bekommen Angst und glauben, dass sie gar nicht mehr existieren. Andere wiederum empfinden große Freude, so als ob die Quelle aller ihrer Probleme verschwinden würde. Beide Reaktionen gelten als gute Zeichen und weisen auf eine richtige Meditation hin. Nach einer Weile werden diese anfänglichen Reaktionen schwächer, und unser Geist wird zu einem ausgewogenen Zustand kommen. Dann werden wir fähig sein, auf ruhige, kontrollierte Art und Weise über Leerheit zu meditieren.

Wir sollten unserem Geist erlauben, sich so lange wie möglich in die raumähnliche Leerheit zu versenken. Wichtig ist, daran zu denken, dass unser Meditationsobjekt, die Leerheit, die Abwesenheit eines inhärent existierenden Ichs und nicht ein bloßes Nichts ist. Hin und wieder sollten wir unsere Meditation mit Wachsamkeit überprüfen. Wenn unser Geist zu einem anderen Objekt abgeschweift ist oder wir die Bedeutung der Leerheit verloren haben und uns auf das bloße Nichts konzentrieren, sollten wir zur Kontemplation zurückkehren, bis in unserem Geist wieder eine klare Vorstellung der Leerheit entsteht.

Wir fragen uns vielleicht: «Wenn es kein wahrhaft existierendes Ich gibt, wer meditiert dann? Wer steht nach der Meditation auf? Wer spricht zu den anderen? Wer antwortet, wenn mein Name gerufen wird?» Obwohl es nichts innerhalb von Körper und Geist oder getrennt von Körper und Geist gibt, was das Ich ist, heißt das nicht, dass das Ich überhaupt nicht existiert. Obwohl das Ich nicht in einer der vier oben genannten Formen existiert, existiert es doch konventionell. Das Ich ist bloß eine Bezeichnung, die vom begrifflichen Geist der Ansammlung von Körper und

Geist zugeschrieben wurde. Solange wir mit der bloßen Bezeichnung «Ich» zufrieden sind, gibt es keine Probleme. Wir können denken: «Ich existiere, ich gehe in die Stadt» usw. Das Problem entsteht erst, wenn wir nach einem Ich außerhalb der bloßen begrifflichen Zuschreibung «Ich» suchen. Der am Selbst festhaltende Geist klammert sich an ein Ich, das endgültig existiert, unabhängig von begrifflicher Zuschreibung, als ob es hinter dem Etikett ein wirklich existierendes Ich gäbe. Würde ein solches Ich existieren, müssten wir es finden können, aber wir haben gesehen, dass das Ich in einer Untersuchung nicht gefunden werden kann. Die Schlussfolgerung, die sich aus unserer Suche ergab, war ein eindeutiges Nichtauffinden des Ichs. Diese Nichtauffindbarkeit des Ichs ist die Leerheit des Ichs, die endgültige Natur des Ichs. Das Ich, das als bloße Zuschreibung existiert, ist die konventionelle Natur des Ichs.

DIE ACHT EXTREME

Die zweite Zeile des achten Verses «*Zusammen mit einem Geist, der unbefleckt ist von den Verunreinigungen der Vorstellungen der acht Extreme*» bezieht sich auf die Weisheit des meditativen Gleichgewichts, das Leerheit direkt realisiert. Wenn wir anfangs Leerheit realisieren, tun wir es begrifflich, mittels eines allgemeinen Bildes. Indem wir immer wieder über Leerheit meditieren, wird das allgemeine Bild allmählich transparenter, bis es sich vollkommen auflöst und wir die Leerheit direkt erkennen. Diese direkte Realisation von Leerheit wird unser erstes vollkommen nichtfehlerhaftes Gewahrsein oder unsere erste «unbefleckte» Geistesart sein. Bis wir Leerheit direkt realisieren, sind alle unsere Geistesarten fehlerhafte Gewahrseinsarten, weil aufgrund der Unwissenheit des Festhaltens am Selbst oder des «An-wahr-Festhaltens» ihre Objekte als inhärent existierend erscheinen. Langri Tangpa nennt diese Prägungen

«Verunreinigungen der Vorstellungen der acht Extreme». Die acht Extreme beziehen sich auf die Extreme der acht Phänomene. Diese sind:

1. Das Extrem erzeugter Phänomene
2. Das Extrem der Beendigung
3. Das Extrem unbeständiger Phänomene
4. Das Extrem beständiger Phänomene
5. Das Extrem des Gehens
6. Das Extrem des Kommens
7. Das Extrem der Einzahl
8. Das Extrem der Mehrzahl

Das Extrem erzeugter Phänomene bezieht sich auf inhärent existierende erzeugte Phänomene, das Extrem der Beendigung bezieht sich auf inhärent existierende Beendigung und so weiter.

Im Allgemeinen gibt es zwei Extreme: das Extrem der Existenz und das Extrem der Nichtexistenz. Alles, was existiert, ist frei von diesen beiden Extremen. Dieses Buch zum Beispiel ist frei vom Extrem der Existenz, weil es nicht inhärent existiert, und es ist frei vom Extrem der Nichtexistenz, weil es dennoch konventionell existiert. Wenn wir die zwei Wahrheiten verstehen, werden wir den Mittleren Weg erkennen, der frei von den zwei Extremen ist. Die meisten Leute tendieren zum Extrem der Existenz und denken, wenn etwas existiere, müsse es inhärent existieren, und überbewerten somit die Art, wie die Dinge existieren, und sind nicht mit dem bloßen Namen zufrieden. Andere streben vielleicht zum Extrem der Nichtexistenz und meinen, wenn Phänomene nicht inhärent existierten, dann gäbe es sie überhaupt nicht, und übertreiben somit das Fehlen ihrer inhärenten Existenz. Wir müssen erkennen, dass, obwohl Phänomenen jegliche Spur einer von sich aus gehenden Existenz fehlt, sie trotzdem konventionell als bloße Erscheinungen eines gültigen Geistes existieren.

Keines der acht Extreme existiert und jeder begriffliche Geist, der an ihnen festhält, ist ein falsches Gewahrsein und eine Art der Unwissenheit des Festhaltens am Selbst. Alle Vorstellungen, die an wahrer Existenz festhalten, sind in den Vorstellungen enthalten, die an den acht Extremen festhalten. Es gibt sowohl angeborene als auch intellektuell gebildete Arten von allen acht Arten des Festhaltens am Selbst. Die Weisheit, die die Leerheit direkt realisiert und unbefleckt durch die Erscheinung von inhärenter oder wahrer Existenz ist, überwindet alle diese falschen Vorstellungen, die an den acht Extremen festhalten.

Was die zweite Zeile des achten Verses betrifft, so glauben manche Leute, dass die acht Phänomene sich auf die acht weltlichen Dharmas beziehen. Wäre dies aber die von Langri Tangpa beabsichtigte Bedeutung, wäre er schon früher zusammen mit der Erklärung der Methodenübungen auf sie eingegangen. Es besteht kein Zusammenhang zwischen diesem Thema und der Erklärung der acht weltlichen Dharmas. Geshe Chekhawa erklärt an dieser Stelle in seinem Kommentar zu den *Acht Versen* – der *Geistesschulung in sieben Punkten* – ausdrücklich die Praxis der Weisheit, das heißt der Weisheit, die das Fehlen der Extreme der acht Phänomene realisiert. Auch Je Tsongkhapa ist hier unmissverständlich. In Übereinstimmung mit Je Tsongkhapas und Geshe Chekhawas Absicht verfasste der große Gelehrte Changkya Ngawang Chogden einen Kommentar zu Langri Tangpas *Acht Versen*, worin er erklärt, dass sich diese acht Phänomene auf die Extreme der acht Phänomene beziehen. Dieses Weisheitsthema stammt ursprünglich aus den *Sutras der Vollkommenheit der Weisheit* und Nagarjunas *Grundlegender Weisheit*.

Es ist wichtig zu verstehen, dass Geshe Langri Tangpa nicht sagt, dass alle begrifflichen Gedanken falsche Gewahrseinsarten sind und somit aufgegeben werden sollten. Seine Absicht zielt ausschließlich darauf, dass falsche Vorstellungen, wie begriffliche Gedanken, die an den Extremen der acht Phänomene festhalten, aufgegeben werden sollten, da sie die Wurzel aller unserer Leiden sind. Es gibt viele korrekte begriffliche Geistesarten, die in unserem Alltagsleben nützlich sind, wie der begriffliche Geist, der sich daran erinnert, was wir gestern getan haben, oder der begriffliche Geist, der versteht, wie man eine Tasse Tee zubereitet. Es gibt auch viele begriffliche Geistesarten, die auf dem spirituellen Pfad erzeugt werden müssen. Konventioneller Bodhichitta im geistigen Kontinuum eines Bodhisattvas beispielsweise ist ein begrifflicher Geist, weil er sein Objekt, Große Erleuchtung, mittels eines allgemeinen Bildes festhält. Zudem müssen wir Leerheit mittels eines anschließenden Erkenners, der ein begrifflicher Geist ist, realisieren, bevor wir Leerheit mit einem nichtbegrifflichen Geist direkt realisieren können. Durch Kontemplation der Gründe, welche inhärente Existenz widerlegen, erscheint unserem Geist ein allgemeines Bild des Fehlens oder der Leerheit von inhärenter Existenz. Das ist die einzige Möglichkeit, wie Leerheit von inhärenter Existenz anfangs unserem Geist erscheinen kann. Wir meditieren dann über dieses Bild mit immer stärkerer Konzentration, bis wir schließlich Leerheit direkt wahrnehmen.

Es gibt einige Menschen, die behaupten, dass man beim Meditieren über Leerheit den Geist einfach von allen begrifflichen Gedanken befreien sollte. Sie argumentieren, dass weiße Wolken die Sonne in gleicher Weise verdunkeln würden wie schwarze Wolken, und so würden auch positive begriffliche Gedanken unseren Geist in gleicher Weise verdunkeln wie negative begriffliche Gedanken. Diese Sicht ist vollkommen falsch, denn wenn wir uns nicht um ein begriffliches Verständnis der Leerheit bemühen, sondern statt dessen alle begrifflichen Gedanken zu unterdrücken versuchen, wird unserem Geist die tatsächliche Leerheit niemals erscheinen. Wir erlangen vielleicht eine lebhafte Erfahrung einer raumähnlichen Leere, dies ist jedoch nur das Fehlen begrifflicher Gedanken. Es ist nicht Leerheit, die wahre Natur der Phänomene. Meditation über diese Leere mag unseren Geist vorübergehend beruhigen, sie wird aber weder unsere Verblendungen zerstören, noch uns von Samsara befreien.

Das Extrem erzeugter Phänomene

Alles, was aus Ursachen und Bedingungen entsteht, ist ein erzeugtes Phänomen. Physische Phänomene, wie Körper und Berge, entstehen aus physischen Ursachen und geistige Phänomene, wie Gedanken und Gefühle, entstehen aus inneren Ursachen, wie dem vorherigen Moment des Gewahrseins, der sie hervorruft. Jedes Mal wenn wir ein erzeugtes Phänomen sehen, halten wir aufgrund unserer Vertrautheit mit der Unwissenheit des Festhaltens am Selbst instinktiv an ihm fest, als sei es wahrhaft existierend. Das ist das Festhalten am Extrem erzeugter Phänomene. Da wir beispielsweise wissen, dass ein Haus nicht plötzlich aus dem Nichts erschienen ist, sondern aus Backsteinen, Holz und durch harte Arbeit von Bauarbeitern erschaffen wurde, lässt uns dies glauben, dass es eine wahrhaft existierende Sache sein müsse und nicht nur eine bloße Erscheinung des Geistes. Für uns scheint die Tatsache, dass eine Sache erzeugt wird, zu beweisen, dass sie wahrhaft oder inhärent existiert; in Wirklichkeit jedoch trifft das genaue Gegenteil zu. Wenn etwas inhärent existierend wäre, würde es aus seiner eigenen Kraft heraus existieren, ohne von etwas anderem abhängig zu sein; ein erzeugtes Phänomen jedoch hängt von Ursachen und Bedingungen ab und somit fehlt ihm inhärente Existenz.

Wenn alle notwendigen atmosphärischen Ursachen und Bedingungen zusammentreffen, werden Wolken erscheinen. Geschieht dies nicht, so können sich keine Wolken bilden. Wolkenbildung ist völlig von Ursachen und Bedingungen abhängig. Gleiches gilt für Berge, Planeten, Körper, den Geist und alle anderen erzeugten Phänomene. Da ihre Existenz von Faktoren außerhalb ihrer selbst abhängig ist, sind sie leer von inhärenter oder unabhängiger Existenz und sind bloße Zuschreibungen des Geistes.

Über die Unterweisungen nachzudenken, die Karma betreffen, kann uns helfen, dies zu verstehen. Woher kommen alle unsere guten und schlechten Erfahrungen? Dem Buddhismus zufolge sind sie das Ergebnis des positiven und negativen Karmas, welches wir in der Vergangenheit erzeugt haben. Als Folge von positivem Karma treten attraktive und angenehme Menschen in unser Leben, erfreuliche Lebensbedingungen entstehen und wir leben in einer schönen Umwelt; durch negatives Karma jedoch treten unangenehme Leute und Dinge in Erscheinung. Diese Welt ist die Auswirkung des kollektiven Karmas, welches von den Wesen, die sie bewohnen, erzeugt wurde. Da Karma seinen Ursprung im Geist hat – insbesondere in unseren geistigen Absichten – können wir erkennen, dass alle Welten vom Geist herrühren. Dies gleicht der Art, wie Erscheinungen in einem Traum entstehen. Alles, was wir beim Träumen wahrnehmen, ist das Ergebnis des Heranreifens karmischer Potentiale in unserem Geist und besitzt keine Existenz außerhalb unseres Geistes. Ist unser Geist ruhig und rein, reifen positive Prägungen heran und angenehme Traumerscheinungen entstehen; ist unser Geist jedoch erregt und unrein, reifen negative Prägungen heran und unangenehme, alptraumhafte Erscheinungen sind die Folge. In ähnlicher Weise sind alle Erscheinungen unserer Welt des Wachzustandes nur auf das Heranreifen von positiven, negativen oder neutralen Prägungen in unserem Geist zurückzuführen.

Haben wir erst einmal verstanden, wie Dinge aus ihren inneren und äußeren Ursachen und Bedingungen entstehen und keine unabhängige Existenz haben, dann wird uns der bloße Anblick oder das Nachdenken über die Erzeugung von Phänomenen an deren Leerheit erinnern. Anstatt unseren Eindruck von Stabilität und Objektivität der Dinge zu untermauern, werden wir beginnen, Dinge als Manifestation ihrer Leerheit zu betrachten, die ebenso wenig konkrete Existenz besitzen wie ein Regenbogen, der aus einem leeren Himmel erscheint.

Das Extrem der Beendigung

So wie wir an erzeugten Phänomenen als wahrhaft existierend festhalten, genauso halten wir an der Beendigung dieser Phänomene als wahrhaft existierend fest. Der Zerfall von Dingen hängt jedoch ebenfalls von Ursachen und Bedingungen ab, und deshalb können Dinge nicht inhärent existierend sein. Wenn zum Beispiel unser neues Auto zerstört würde, wären wir unglücklich, da wir sowohl am Auto als auch an der Beendigung seines Bestehens als inhärent existierend festhalten; erkennen wir jedoch, dass unser Auto eine bloße Erscheinung unseres Geistes ist – wie ein Auto in einem Traum – würde uns seine Zerstörung nichts ausmachen. Dies gilt für alle Objekte unserer Anhaftung; wenn wir einsehen, dass es Objekten und ihren Beendigungen an wahrer Existenz fehlt, gibt es keinen Grund dafür, uns aufzuregen, wenn wir von ihnen getrennt werden.

Das Extrem unbeständiger Phänomene

Ein unbeständiges Phänomen ist ein Phänomen, das sich von einem Moment zum anderen verändert. Alle erzeugten Phänomene sind unbeständig. Es gibt drei Arten von unbeständigen Phänomenen: Formen, die alles umfassen, was wir mit unseren fünf Sinnen wahrnehmen können; Geistesarten, die unsere Sinnesbewusstseinsarten und unsere geistigen Bewusstseinsarten und alle unsere tugendhaften und verblendeten geistigen Faktoren einschließen; und nichtassoziierte zusammensetzende Phänomene, die alle unbeständigen Phänomene beinhalten, die nicht Formen oder Geistesarten darstellen, wie Personen und karmische Potentiale. Sie alle sind unbeständig in der Hinsicht, dass sie keine Sekunde andauern. Das Buch, das Sie im Augenblick lesen, ist nicht dasselbe, das Sie eben noch gelesen haben, und es konnte nur entstehen, weil das Buch von eben aufgehört hat zu existieren. Wenn wir einsehen, dass

Formen, Geistesarten und so weiter nicht über den Augenblick hinaus bestehen bleiben, ist es unschwer zu verstehen, dass sie leer von inhärenter Existenz sind.

Das Extrem beständiger Phänomene

Obwohl wir vielleicht darin übereinstimmen, dass unbeständige Phänomene leer von inhärenter Existenz sind, meinen wir vielleicht, dass beständige Phänomene, weil sie unveränderlich sind und nicht aus Ursachen und Bedingungen entstehen, inhärent existieren müssen. Aber sogar beständige Phänomene wie Leerheit und nichterzeugter Raum (die bloße Abwesenheit von physischer Behinderung) sind in abhängiger Beziehung stehende Phänomene, da sie von ihren Teilen, ihrer Basis der Zuschreibung und dem Geist, der sie zuschreibt, abhängen. Somit sind sie nicht inhärent existierend. Obwohl Leerheit die endgültige Wirklichkeit darstellt, ist sie nicht unabhängig oder inhärent existierend, denn selbst sie hängt von ihren Teilen, ihrer Basis der Zuschreibung und dem Geist, der sie zuschreibt, ab. So wie eine Goldmünze nicht unabhängig von ihrem Gold existieren kann, genauso existiert auch die Leerheit unseres Körpers nicht getrennt von unserem Körper, weil sie lediglich das Fehlen der inhärenten Existenz unseres Körpers ist.

Das Extrem des Gehens und das Extrem des Kommens

Wenn wir irgendwo hingehen, entwickeln wir den Gedanken «Ich gehe» und halten an einer inhärent existierenden Handlung des Gehens fest. Das vorgestellte Objekt dieses Gedankens ist das fünfte Extrem, das Extrem des inhärent existierenden Gehens. Wenn Besuch kommt, denken wir in ähnlicher Weise «Er kommt» und wir halten an einer inhärent existierenden Handlung des Kommens fest. Das vorgestellte Objekt dieses Gedankens ist das sechste Extrem, das Extrem inhärent existierenden Kommens. Diese beiden Vorstellungen sind Festhalten am Selbst und falsche Gewahrseinsarten.

Geht jemand weg, dann haben wir das Gefühl, dass eine wahrhaft existierende Person wahrhaftig weggegangen ist, und wenn sie zurückkommt, haben wir das Gefühl, dass eine wahrhaft existierende Person wahrhaftig zurückgekehrt ist. Das Kommen und Gehen von Menschen gleicht jedoch dem Erscheinen und Verschwinden eines Regenbogens am Himmel. Wenn die Ursachen und Bedingungen für die Erscheinung eines Regenbogens zusammenkommen, taucht ein Regenbogen auf, und wenn sich die Ursachen und Bedingungen für das weitere Erscheinen des Regenbogens auflösen, verschwindet er; der Regenbogen hat jedoch weder einen Herkunftsort noch ein Ziel.

Das Extrem der Einzahl und das Extrem der Mehrzahl

Wenn wir ein Objekt, beispielsweise unser Ich, beobachten, sind wir überzeugt, dass es sich um eine einzelne, unteilbare Wesenheit handelt und dass seine Einzahl inhärent existierend ist. In Wirklichkeit jedoch besteht unser Ich aus vielen Einzelteilen: Teilen, die schauen, hören, laufen und denken, oder auch Teilen, die eine Lehrerin, eine Mutter, eine Tochter und eine Ehefrau sind. Unser Ich wird auf die Ansammlung dieser Teile zugeschrieben. Wie jedes andere Phänomen ist es eine Einzahl. Diese Einzahl jedoch ist lediglich zugeschrieben, so wie es auch eine Armee, die bloß auf eine Ansammlung von Soldaten zugeschrieben ist, oder ein Wald ist, der auf eine Ansammlung von Bäumen zugeschrieben ist.

Wenn wir mehr als nur ein Objekt sehen, betrachten wir die Vielzahl dieser Objekte als inhärent existierend. Gleichermaßen wie die Einzahl nur zugeschrieben wird, so ist die Mehrzahl ebenfalls nur eine Zuschreibung des Geistes und existiert nicht seitens des Objektes. Statt eine Ansammlung von Soldaten oder Bäumen zum Beispiel aus der Sicht der einzelnen Soldaten oder Bäume zu betrachten, könnten wir sie auch als Armee oder Wald betrachten, als eine einzelne Ansammlung oder ein Ganzes also, so dass wir dann eine Einzahl statt einer Mehrzahl vor uns hätten.

Zusammenfassend können wir sagen, dass eine Einzahl nicht aus sich selbst heraus existiert, denn sie wird einfach nur auf eine Mehrzahl, ihre Einzelteile, zugeschrieben. In gleicher Weise existiert eine Mehrzahl nicht aus sich selbst heraus, weil sie auf eine Einzahl, die Ansammlung ihrer Teile, zugeschrieben wird. Einzahl und Mehrzahl sind somit bloße Zuschreibungen eines begrifflichen Geistes und es fehlt ihnen an wahrer Existenz. Wenn wir dies klar erkennen, gibt es keine Veranlassung, Anhaftung und Wut für Objekte zu entwickeln, sei es für eine Einzahl oder eine Mehrzahl.

Wir neigen dazu, die Fehler und die Qualitäten von wenigen auf viele zu projizieren, und entwickeln daraufhin Hass oder Anhaftung, die zum Beispiel von der Rassenzugehörigkeit, Religion oder Nationalität abhängig sind. Über die Leerheit von Einzahl und Mehrzahl nachzudenken kann hilfreich sein, Hass oder Anhaftung dieser Art zu verringern.

Obwohl Erzeugung, Beendigung und so weiter tatsächlich existieren, existieren diese jedoch nicht inhärent oder wahrhaft, und die begrifflichen Geistesarten, die an ihnen als wahrhaft existierend festhalten, sind Beispiele der Unwissenheit des Festhaltens am Selbst. Diese Vorstellungen, die an den acht Extremen festhalten, sind Teil der Wurzel aller Verblendungen, und weil Verblendungen verunreinigte Handlungen verursachen, die uns in Samsara gefangen halten, sind diese Vorstellungen die Wurzel Samsaras.

Das Thema der acht Extreme ist tiefgründig und bedarf ausführlicher Erläuterungen und ausgedehnter Studien. Buddha beschreibt sie im Detail in den *Sutras der Vollkommenheit der Weisheit*. In *Grundlegende Weisheit*, einem Kommentar zu den *Sutras der Vollkommenheit der Weisheit*, führt

Nagarjuna viele tiefgründige und eindrucksvolle Begründungen an, um zu beweisen, dass die acht Extreme nicht existieren; er zeigt auf, dass alle Phänomene leer von inhärenter Existenz sind. Indem er konventionelle Wahrheiten analysiert, begründet er ihre endgültige Natur und zeigt, weshalb es nötig ist, sowohl die konventionelle als auch die endgültige Natur eines Objektes zu kennen, um das Objekt vollkommen zu verstehen.

KONVENTIONELLE UND ENDGÜLTIGE WAHRHEITEN

Alles, was existiert, ist entweder eine konventionelle Wahrheit oder eine endgültige Wahrheit, und da sich endgültige Wahrheit ausschließlich auf die Leerheit von inhärenter Existenz bezieht, ist alles außer Leerheit eine konventionelle Wahrheit. Die Dinge, die wir unmittelbar sehen, wie Häuser, Autos und Tische, sind alles konventionelle Wahrheiten. Konventionelle Wahrheit kann als das Hauptobjekt eines gültigen Erkenners definiert werden, der ein falsches Objekt festhält. Diese Definition mag sehr technisch klingen, wenn wir sie aber verstehen, werden wir ein viel klareres Bild von der Bedeutung des «Fehlens von wahrer Existenz» gewinnen.

Alle Phänomene außer Leerheiten sind falsche Objekte, da ihre Erscheinungsweise und die Art, in der sie existieren, nicht übereinstimmt. Wenn jemand freundlich und gütig erscheint, seine wirkliche Absicht jedoch ist, unser Vertrauen zu gewinnen, um uns dann zu bestehlen, würden wir sagen, dass er falsch oder trügerisch ist, denn es besteht eine Diskrepanz zwischen der Art, in der er erscheint, und seiner wirklichen Natur. In ähnlicher Weise sind Objekte, wie Formen und Töne, falsch oder trügerisch, weil sie inhärent zu existieren scheinen, in Wirklichkeit jedoch bar jeder inhärenten Existenz sind. Weil ihre Erscheinungsweise nicht mit der Art, in der sie existieren, übereinstimmt, werden konventionelle Wahrheiten «trügerische Phänomene» genannt. Eine Tasse zum Beispiel scheint unabhängig von ihren Teilen, ihren Ursachen und dem Geist, der sie festhält, zu existieren, in Wirklichkeit ist sie jedoch völlig von diesen Dingen abhängig. Da die Art, wie die Tasse unserem Geist erscheint, und die Art, wie die Tasse existiert, nicht übereinstimmen, ist die Tasse ein falsches Objekt.

Die Definition besagt ausdrücklich, dass eine konventionelle Wahrheit das Objekt eines gültigen Erkenners ist, so dass konventionelle Wahrheiten von Dingen, die völlig nichtexistent sind, wie zum Beispiel ein quadratischer Kreis oder eine Luftspiegelung, die für Wasser gehalten wird, unterschieden werden können. Ein gültiger Erkenner ist ein völlig verlässlicher Geist. Ein Augenbewusstsein, das eine Tasse auf dem Tisch direkt wahrnimmt, ist ein gültiger Erkenner, weil er uns nicht täuschen wird: Wenn wir nach der Tasse greifen, um sie anzuheben, werden wir sie dort finden, wo unser Augenbewusstsein sie sieht. Hier unterscheidet sich ein Augenbewusstsein, das eine Tasse auf dem Tisch wahrnimmt, von dem Augenbewusstsein, das eine vom Spiegel reflektierte Tasse mit einer echten verwechselt, oder dem Augenbewusstsein, das eine Luftspiegelung für Wasser hält. Obwohl eine Tasse ein falsches Objekt darstellt, ist das Augenbewusstsein, welches die Tasse direkt wahrnimmt, aus praktischen Gründen ein gültiger, verlässlicher Geist. Obwohl es ein gültiger Geist ist, ist er insofern fehlerhaft, als die Tasse diesem Geist als wahrhaft existierend erscheint. Es ist ein gültiger Geist in Bezug auf die konventionellen Eigenschaften der Tasse – ihre Position, Größe, Farbe und so weiter – aber fehlerhaft, was ihre endgültige Natur betrifft.

Zusammenfassend können wir sagen, dass konventionelle Objekte falsch sind, weil sie aus sich selbst heraus zu existieren scheinen, obwohl sie in Wirklichkeit bloße Erscheinungen des Geistes sind, ähnlich den Dingen, die im Traum erlebt werden. Im Rahmen des Traumes jedoch haben Traumobjekte eine relative Gültigkeit, und dies unterscheidet sie von den Dingen, die überhaupt nicht existieren. Angenommen wir stehlen in unserem Traum einen Diamanten und jemand fragt uns anschließend, ob wir den Diebstahl begangen haben. Obwohl der Traum lediglich eine Erfindung unseres Geistes ist, sprechen wir die Wahrheit, wenn wir mit «Ja» antworten, antworten wir jedoch mit «Nein», so lügen wir. Obwohl auch das gesamte Universum in Wirklichkeit nur eine Erscheinung des Geistes ist, können wir, was die Erfahrungen gewöhnlicher Wesen angeht, ebenso zwischen relativen Wahrheiten und relativen Unwahrheiten unterscheiden.

Konventionelle Wahrheiten können in grobe konventionelle Wahrheiten und subtile konventionelle Wahrheiten eingeteilt werden. Am Beispiel Auto wird uns klar werden, dass alle Phänomene diese beiden Ebenen von konventioneller Wahrheit besitzen. Das Auto selbst und das Auto, das von seinen Ursachen abhängt, sowie das Auto, das von seinen Einzelteilen abhängt, sind grobe konventionelle Wahrheiten des Autos. Sie werden «grob» genannt, weil sie relativ einfach zu verstehen sind. Das Auto, das von seiner Basis der Zuschreibung abhängt, ist ziemlich subtil und nicht einfach zu verstehen, stellt aber trotzdem eine grobe konventionelle Wahrheit dar. Die Basis der Zuschreibung des Autos sind die Teile des Autos. Um das Auto mit dem Geist festhalten zu können, müssen unserem Geist die Teile des Autos erscheinen; ohne dieses Erscheinen der Teile ist es unmöglich, den Gedanken «Auto» zu entwickeln. Deshalb sind die Teile die Basis der Zuschreibung des Autos. Wir sagen: «Ich sehe ein Auto.» Genau genommen sehen wir aber immer nur die Teile des Autos. Wenn wir jedoch den Gedanken «Auto» entwickeln, indem wir dessen Teile wahrnehmen, sehen wir das Auto. Es gibt kein Auto unabhängig von seinen Teilen, und es gibt keinen Körper ohne seine Teile und so weiter. Das Auto, das als eine bloße gedankliche Zuschreibung existiert, ist die subtile konventionelle Wahrheit des Autos.

Wir haben dies verstanden, wenn wir erkennen, dass das Auto nichts anderes ist als eine bloße Zuschreibung eines gültigen Geistes. Wir können subtile konventionelle Wahrheit erst verstehen, wenn wir Leerheit verstanden haben. Wenn wir die subtile konventionelle Wahrheit vollständig verstehen, haben wir sowohl die konventionelle als auch die endgültige Wahrheit realisiert.

Endgültige Wahrheit ist definiert als das Hauptobjekt eines gültigen Erkenners, der eine Wahrheit festhält. Genau genommen sind Wahrheit, endgültige Wahrheit und Leerheit Synonyme, da konventionelle Wahrheiten nicht wirkliche Wahrheiten sind, sondern falsche Objekte. Sie sind nur für den Geist derjenigen wahr, die Leerheit nicht realisiert haben. Nur Leerheit ist wahr, weil nur Leerheit in der Art existiert, wie sie erscheint. Wenn der Geist eines fühlenden Wesens direkt konventionelle Wahrheiten wahrnimmt, wie zum Beispiel Formen, scheinen sie aus sich selbst heraus zu existieren. Wenn jedoch der Geist eines Höheren Wesens Leerheit direkt wahrnimmt, erscheint nichts außer Leerheit; dieser Geist ist mit der bloßen Verneinung wahrer Existenz völlig vermischt. Die Art, in der Leerheit dem Geist eines nichtbegrifflichen Direktwahrnehmers erscheint, stimmt genau mit der Art überein, wie Leerheit existiert.

Es sollte beachtet werden, dass Leerheit nicht inhärent existiert, obwohl sie eine endgültige Wahrheit ist. Leerheit ist keine getrennte Wirklichkeit, die hinter konventionellen Erscheinungen existiert, sondern die tatsächliche Natur dieser Erscheinungen. Wir können nicht isoliert über Leerheit sprechen, denn Leerheit ist grundsätzlich das bloße Fehlen von inhärenter Existenz von etwas. Die Leerheit unseres Körpers zum Beispiel ist das Fehlen der inhärenten Existenz unseres Körpers und ohne unseren Körper als Basis kann diese Leerheit nicht existieren. Da Leerheit zwangsläufig von einer Basis abhängt, fehlt ihr inhärente Existenz.

Im *Leitfaden für die Lebensweise eines Bodhisattvas* definiert Shantideva endgültige Wahrheit als ein Phänomen, das für den nichtverunreinigten Geist eines Höheren Wesens wahr ist. Ein nichtverunreinigter Geist ist ein Geist, der Leerheit direkt realisiert. Dieser Geist ist das einzige richtige Gewahrsein und ausschließlich Höhere Wesen verfügen darüber. Da ein nichtverunreinigter Geist völlig richtig ist, entspricht alles, was von einem solchen Geist direkt als wahr wahrgenommen wird, notwendigerweise einer endgültigen Wahrheit. Im Gegensatz dazu ist alles, was vom Geist eines gewöhnlichen Wesens direkt als wahr wahrgenommen wird, zwangsläufig keine endgültige Wahrheit, da alle Geistesarten gewöhnlicher Wesen fehlerhaft sind und fehlerhafte Geistesarten niemals die Wahrheit wahrnehmen können.

Bodhisattva Langri Tangpa beschreibt die Weisheit des meditativen Gleichgewichts, die die Leerheit direkt realisiert als unbefleckt von den Prägungen oder Verunreinigungen der begrifflichen Gedanken, die an den acht Extremen festhalten. Aufgrund dieser Prägungen erscheint alles, was dem Geist gewöhnlicher Wesen erscheint, als inhärent existierend. Nur die Weisheit, die Leerheit direkt realisiert, hat keine fehlerhafte Erscheinung.

Wenn ein Höherer Bodhisattva über Leerheit meditiert, vermischt sich sein Geist vollkommen mit Leerheit, ohne die Erscheinung von inhärenter Existenz. Er entwickelt eine vollkommen reine, nichtverunreinigte Weisheit, die endgültiger Bodhichitta ist. Sobald er sich jedoch aus dem meditativen Gleichgewicht erhebt, erscheinen seinem Geist aufgrund der Prägungen des An-wahr-Festhaltens konventionelle Phänomene wieder als inhärent existierend. Seine nichtverunreinigte Weisheit ist dann vorübergehend nicht manifest. Nur ein Buddha kann nichtverunreinigte Weisheit manifestieren, während er gleichzeitig konventionelle Wahrheiten direkt wahrnimmt. Es ist eine außergewöhnliche Eigenschaft eines Buddhas, dass sein Geist in einem einzigen Augenblick sowohl konventionelle als auch endgültige Wahrheiten direkt und gleichzeitig realisieren kann. Endgültiger Bodhichitta hat viele Ebenen. Der endgültige Bodhichitta zum Beispiel, der durch die tantrische Praxis erlangt wird, ist tiefgründiger als derjenige, der allein durch die Sutra-Praxis entwickelt wird; und der erhabenste endgültige Bodhichitta ist der eines Buddhas.

Wenn wir durch gültige Schlussfolgerungen die Leerheit des ersten Extrems realisieren können – das Extrem erzeugter Phänomene – wird es uns leicht fallen, die Leerheit der verbleibenden sieben Extreme zu realisieren. Haben wir die Leerheit der acht Extreme einmal realisiert, so haben wir die Leerheit aller Phänomene realisiert. Haben wir diese Realisation erlangt, denken wir weiter darüber nach und meditieren über die Leerheit erzeugter Phänomene und so weiter, und während sich unsere Meditationen allmählich vertiefen, wird es uns so vorkommen, als ob sich alle Phänomene in Leerheit auflösen. Wir werden dann in der Lage sein, eine einsgerichtete Konzentration über die Leerheit aller Phänomene aufrechtzuerhalten.

Um über die Leerheit erzeugter Phänomene zu meditieren, können wir denken:

Es gibt ein Ich oder Selbst, das ständig in Samsara wiedergeboren wird. Dieses Ich ist ein erzeugtes Phänomen, weil seine Existenz von Ursachen und Bedingungen abhängt, wie zum Beispiel seinem vorherigen Kontinuum und unserem Karma, und deshalb fehlt ihm wahre Existenz. Wenn wir innerhalb oder außerhalb unseres Körpers und Geistes nach unserem Ich suchen, können wir es nicht finden; und anstelle eines wahrhaft existierenden Ichs erscheint unserem Geist eine raumähnliche Leerheit.

Wir haben das Gefühl, dass unser Geist in eine raumähnliche Leerheit eingeht und dort einsgerichtet verweilt. Auf diese Weise versuchen wir die Erscheinung der Leerheit von inhärenter Existenz des Ichs ununterbrochen aufrechtzuerhalten. Was unserem Geist erscheint, ist nur raumähnliche Leerheit, wir verstehen jedoch, dass diese Leerheit die Nichtexistenz des wahrhaft existierenden Ichs ist. Wir müssen sowohl die Erscheinung der Leerheit als auch das besondere Verständnis für die Bedeutung dieser Leerheit aufrechterhalten. Diese Meditation wird «raumähnliches meditatives Gleichgewicht über Leerheit» genannt.

So wie Adler durch die endlose Weite des Himmels segeln, ohne auf Hindernisse zu stoßen, und nur wenig Anstrengung benötigen, um ihren Flug aufrechtzuerhalten, genauso können erfahrene Meditierende, die sich auf Leerheit konzentrieren, lange Zeit mit geringem Bemühen über Leerheit meditieren. Ihr Geist schwebt durch die raumähnliche Leerheit, ohne von anderen Phänomenen abgelenkt zu werden. Wenn wir über Leerheit meditieren, sollten wir versuchen, diesen Meditierenden nachzueifern. Haben wir unser Meditationsobjekt, das bloße Fehlen des inhärent existierenden Ichs gefunden, sollten wir von weiterer Analyse absehen und einfach unseren Geist in der Erfahrung dieser Leerheit ruhen lassen. Von Zeit zu Zeit sollten wir sicherheitshalber überprüfen, dass wir weder die klare Erscheinung von Leerheit noch die Erkenntnis ihrer Bedeutung verloren haben; wir sollten jedoch nicht zu eindringlich prüfen, da dies unsere Konzentration stören wird. Unsere Meditation sollte nicht dem Flug eines kleinen flatternden Vogels gleichen, der zudem ständig seine Richtung ändert, sondern dem Flug eines Adlers, der sanft durch den Himmel gleitet und nur gelegentlich seine Flügel bewegt. Wenn wir auf diese Weise meditieren, werden wir fühlen, wie sich unser Geist in Leerheit auflöst und eins mit ihr wird.

Wenn wir damit erfolgreich sind, dann werden wir während unserer Meditation frei sein vom manifesten Festhalten am Selbst. Verwenden wir aber andererseits unsere ganze Zeit darauf, unsere Meditation zu prüfen und zu analysieren, und erlauben wir unserem Geist nie im Raum der Leerheit zu verweilen, werden wir diese Erfahrung niemals erwerben und unsere Meditation wird uns nicht helfen, unser Festhalten am Selbst zu verringern.

Im Allgemeinen müssen wir unser Verständnis von Leerheit durch ausführliche Studien vertiefen, indem wir sie aus unterschiedlichen Perspektiven beleuchten und zahlreiche, unterschiedliche Argumentationen berücksichtigen. Es ist ferner wichtig, durch ständige Kontemplation mit einer vollständigen Meditation über Leerheit ganz vertraut zu werden und genau zu verstehen, wie die Argumentation anzuwenden ist, damit sie zu einer Erfahrung von Leerheit führt. Wir konzentrieren uns dann einsgerichtet auf Leerheit und versuchen, unseren Geist mit ihr zu vermischen, so wie sich Wasser mit Wasser vermischt.

DIE VEREINIGUNG DER ZWEI WAHRHEITEN

Die Vereinigung der zwei Wahrheiten bedeutet, dass konventionelle Wahrheiten wie unser Körper und endgültige Wahrheiten wie die Leerheit unseres Körpers von gleicher Natur sind. Der Grund, warum wir diese Vereinigung verstehen und über sie meditieren sollten, besteht darin, dualistische Erscheinungen zu verhindern – d.h. dass dem Geist, der über Leerheit meditiert, inhärente Existenz erscheint – um somit unseren Geist in die Lage zu versetzen, sich in Leerheit versenken zu können. Gelingt uns dies, wird unsere Meditation über Leerheit sehr erfolgreich unsere Verblendungen beseitigen können. Wenn wir den inhärent existierenden Körper korrekt identifizieren und negieren und über die bloße Abwesenheit eines solchen Körpers mit starker Konzentration meditieren, werden wir das Gefühl haben, dass sich unser normaler Körper in Leerheit auflöst. Wir werden verstehen, dass die wirkliche Natur unseres Körpers Leerheit ist und dass unser Körper lediglich eine Manifestation von Leerheit ist.

Leerheit gleicht dem Himmel und unser Körper gleicht dem Blau des Himmels. So wie Blau eine Manifestation des Himmels selbst ist und nicht von ihm getrennt werden kann, genauso ist unser blauähnlicher Körper einfach eine Manifestation des Himmels seiner Leerheit und kann nicht von ihm getrennt werden. Verstehen wir dies, während wir uns auf die Leerheit unseres Körpers konzentrieren, so haben wir das Gefühl, dass sich unser Körper selbst in seine endgültige Natur auflöst. Auf diese Weise können wir die konventionelle Erscheinung des Körpers in unseren Meditationen mit Leichtigkeit überwinden und unser Geist vermischt sich mit Leerheit.

Im *Herz-Sutra* sagt Avalokiteshvara: «Form ist nichts anderes als Leerheit.» Dies bedeutet, dass konventionelle Phänomene wie unser Körper nicht getrennt von ihrer Leerheit existieren. Wenn wir mit diesem Verständnis über die Leerheit unseres Körpers meditieren, wissen wir, dass die Leerheit, die unserem Geist erscheint, die eigentliche Natur unseres Körpers ist und dass es außer dieser Leerheit keinen Körper gibt. Diese Art der Meditation wird unseren Geist des Festhaltens am Selbst enorm schwächen. Wenn wir wirklich überzeugt wären, dass unser Körper und seine Leerheit von gleicher Natur sind, würde sich unser Festhalten am Selbst mit Sicherheit abschwächen.

Obwohl wir Leerheiten in Bezug auf ihre Basis der Zuschreibung einteilen können und von der Leerheit des Körpers, von der Leerheit des Ichs und so weiter sprechen, haben in Wahrheit alle Leerheiten die gleiche Natur. Wenn wir zehn Flaschen betrachten, können wir zwischen zehn verschiedenen «Räumen» innerhalb der Flaschen unterscheiden, in Wirklichkeit jedoch haben diese «Räume» die gleiche Natur. Zerbrechen wir die Flaschen, so sind die «Räume» nicht voneinander zu unterscheiden. Obwohl wir von der Leerheit des Körpers, des Geistes, des Ichs und so weiter sprechen können, haben sie in Wirklichkeit dieselbe Natur und sind nicht unterscheidbar. Sie können einzig durch ihre konventionelle Basis unterschieden werden.

Zwei Hauptvorteile ergeben sich aus dem Verständnis, dass alle Leerheiten von gleicher Natur sind: in der Meditationssitzung wird sich unser Geist leichter mit Leerheit vermischen und in der Meditationspause werden wir dazu fähig sein, alle Erscheinungen gleichermaßen als Manifestationen ihrer Leerheit zu sehen.

Solange wir das Gefühl haben, dass eine Kluft zwischen unserem Geist und Leerheit besteht, dass unser Geist «hier» und Leerheit «dort ist», wird sich unser Geist nicht mit Leerheit vermischen. Das Wissen darum, dass alle Leerheiten von gleicher Natur sind, hilft uns, diese Kluft zu überwinden. Im alltäglichen Leben begegnen wir vielen unterschiedlichen Objekten – guten, schlechten, attraktiven, hässlichen – und unsere Gefühle für sie unterscheiden sich. Weil wir das Gefühl haben, dass die Unterschiede von den Objekten abhängen, ist unser Geist unausgeglichen und wir entwickeln Anhaftung für attraktive Objekte, Abneigung gegen unschöne Objekte und Gleichgültigkeit für neutrale Objekte. Es ist sehr schwierig, einen derart unausgeglichenen Geist mit Leerheit zu vermischen. Um dies zu erreichen, müssen wir erkennen, dass die Phänomene im Kern leer sind, obwohl sie auf verschiedene Art und Weise erscheinen. Die Unterschiede, die wir sehen, sind nur Erscheinungen eines fehlerhaften Geistes. Aus der Sicht der endgültigen Wahrheit sind alle Phänomene gleich in ihrer Leerheit. Für einen qualifizierten Meditierenden, der einsgerichtet in Leerheit versunken ist, besteht kein Unterschied zwischen Erzeugung und Beendigung, Unbeständigkeit und Beständigkeit, Gehen und Kommen, Einzahl und Mehrzahl: Alles ist gleich in Leerheit und alle Probleme der Anhaftung, der Wut und der Unwissenheit des Festhaltens am Selbst sind gelöst. Dank dieser Erfahrung wird alles sehr friedvoll und angenehm, ausgeglichen und harmonisch, heiter und wunderbar. Es gibt keine Hitze, keine Kälte, kein Höher, kein Tiefer, kein Hier, kein Dort, kein Selbst, kein anderer, kein Samsara – alles ist gleich im Frieden der Leerheit. Diese Realisation nennt man «den Yoga der Gleichstellung von Samsara und Nirvana». Er wird ausführlich sowohl in den Sutras als auch den Tantras erklärt.

Da alle Leerheiten von gleicher Natur sind, hat die endgültige Natur des Geistes, der über Leerheit meditiert, dieselbe Natur wie die endgültige Natur seines Objektes. Wenn wir anfangs über Leerheit meditieren, scheinen unser Geist und Leerheit zwei getrennte Phänomene zu sein, wenn wir aber verstehen, dass alle Leerheiten dieselbe Natur haben, werden wir wissen, dass dieses Gefühl der Trennung einfach nur die Erfahrung eines fehlerhaften Geistes ist. In Wirklichkeit sind unser Geist und Leerheit letzten Endes «von einem Geschmack». Berücksichtigen wir dieses Wissen in unseren Meditationen, wird es uns helfen, die Erscheinung der konventionellen Natur unseres Geistes zu verhindern, und unserem Geist erlauben, sich in Leerheit aufzulösen.

Nachdem wir unseren Geist mit Leerheit vermischt haben, werden wir nach der Meditation alle Phänomene gleichermaßen als Manifestationen ihrer Leerheit erfahren. Anstatt zu glauben, dass die attraktiven, hässlichen und neutralen Objekte, die wir sehen, inhärent unterschiedlich sind, werden wir einsehen, dass sie im Grunde dieselbe Natur besitzen. So wie die sanftesten und auch die gewaltigsten Wellen in einem Ozean gleichermaßen aus Wasser bestehen, genauso sind sowohl attraktive wie auch abstoßende Formen ebenfalls Manifestationen der Leerheit. Wenn wir dies erfassen, wird unser Geist ausgeglichen und friedvoll werden. Wir werden alle konventionellen Erscheinungen als das magische Schauspiel des Geistes erkennen, und wir werden nicht verbissen an ihren scheinbaren Unterschieden festhalten.

Als Milarepa einmal einer Frau Unterricht über Leerheit erteilte, verglich er Leerheit mit dem Himmel und konventionelle Wahrheiten mit den Wolken und bat sie, über den Himmel zu meditieren. Sie folgte seinen Anweisungen mit großem Erfolg, hatte jedoch ein Problem:

Wenn sie über den Himmel der Leerheit meditierte, verschwand alles und sie konnte nicht verstehen, wie Phänomene konventionell existieren können. Sie sagte zu Milarepa: «Es ist einfach, über den Himmel zu meditieren, jedoch schwierig die Natur der Wolken zu ergründen. Bitte lehre mich, wie man über die Wolken meditiert.» Milarepa antwortete: «Wenn deine Meditation über den Himmel erfolgreich ist, werden die Wolken kein Problem darstellen. Wolken erscheinen einfach am Himmel. Sie entstehen aus dem Himmel und lösen sich wieder im Himmel auf. Sobald sich deine Erfahrungen mit dem Himmel verbessert haben, wirst du die Wolken wie von selbst verstehen.»

Auf Tibetisch ist die Bezeichnung für die beiden Begriffe Himmel und Raum «namkha», obwohl Raum sich vom Himmel unterscheidet. Es gibt zwei Arten von Raum, erzeugter Raum und nichterzeugter Raum. Erzeugter Raum ist der sichtbare Raum, den wir innerhalb eines Zimmers oder am Himmel sehen können. Dieser Raum kann nachts dunkel und tagsüber hell werden, und da er auf diese Weise Veränderungen unterworfen ist, ist er ein unbeständiges Phänomen. Die charakteristische Eigenschaft erzeugten Raumes ist es, keine Objekte zu behindern. Wenn es «Raum» in einem Zimmer hat, können wir Objekte ohne Behinderung dort hinstellen. Ebenso können Vögel durch den leeren Raum des Himmels fliegen, weil Behinderungen fehlen; hingegen können sie nicht durch einen Berg hindurch fliegen! Deshalb ist es einleuchtend, dass erzeugtem Raum behindernder Kontakt fehlt oder dass er leer davon ist. Dieses bloße Fehlen oder diese Leerheit von behinderndem Kontakt ist nichterzeugter Raum.

Da nichterzeugter Raum die bloße Abwesenheit von behinderndem Kontakt ist, ist er keinen zeitlichen Veränderungen unterworfen und somit ein beständiges Phänomen. Während erzeugter Raum sichtbar und ganz einfach zu verstehen ist, ist nichterzeugter Raum eine bloße Abwesenheit von behinderndem Kontakt und um einiges subtiler. Sobald wir jedoch nichterzeugten Raum verstanden haben, werden wir es einfacher finden, Leerheit zu verstehen.

Der einzige Unterschied zwischen Leerheit und nichterzeugtem Raum ist das Objekt der Verneinung. Das Objekt der Verneinung von nichterzeugtem Raum ist behindernder Kontakt, während das Objekt der Verneinung von Leerheit inhärente Existenz ist. Da nichterzeugter Raum die beste Analogie für ein Verständnis der Leerheit ist, wird er in den Sutras und in vielen Schriften verwendet. Nichterzeugter Raum ist ein nichtbestätigendes negatives Phänomen, das von einem Geist realisiert wird, der lediglich sein verneintes Objekt beseitigt, ohne ein weiteres positives Phänomen zu realisieren. Erzeugter Raum ist ein bestätigendes oder positives Phänomen, ein Phänomen, das realisiert wird, ohne dass der Geist ein verneintes Objekt ausdrücklich beseitigt. Weitere Einzelheiten über diese zwei Arten von Phänomenen können in *Ozean von Nektar* gefunden werden.

DIE PRAXIS DER LEERHEIT WÄHREND DER MEDITATIONSPAUSE

Die dritte Zeile des Verses «Und der alle Phänomene als Illusion erkennt» lehrt uns, wie Leerheit während der Meditationspause praktiziert wird, und erklärt, dass wir alle Erscheinungen als illusorisch betrachten sollten. Obwohl uns Dinge als inhärent existierend erscheinen, sollten wir uns daran erinnern, dass diese Erscheinungen trügerisch sind und dass Dingen in Wirklichkeit wahre Existenz fehlt. Wenn ein Magier einen imaginären Tiger erzeugt, erscheint seinem Geist sehr deutlich ein Tiger, er weiß aber, dass es nur eine Illusion ist. Tatsächlich erinnert ihn die Erscheinung des Tigers daran, dass kein Tiger da ist. In ähnlicher Weise und vorausgesetzt wir sind mit Leerheit gut vertraut, wird allein die Tatsache, dass Dinge uns als wahrhaft existierend erscheinen, uns daran erinnern, dass sie nicht wahrhaft existierend sind. Wir sollten deshalb erkennen, dass alles, was uns in unserem alltäglichen Leben begegnet, einer Illusion gleicht und dass allem wahre Existenz fehlt. Auf diese Weise wird unsere Weisheit Tag für Tag wachsen und unsere Unwissenheit des Festhaltens am Selbst und andere Verblendungen werden ganz natürlich abnehmen.

Zwischen den Meditationssitzungen sollten wir wie ein Schauspieler sein. Wenn ein Schauspieler die Rolle eines Königs übernimmt, spricht, kleidet und benimmt er sich wie ein König, doch er weiß die ganze Zeit über, dass er nicht wirklich ein König ist. In gleicher Weise sollten wir in der konventionellen Welt leben und handeln, doch uns immer bewusst sein, dass wir selbst, unsere Umwelt und unsere Mitmenschen nicht die wahrhaft existierenden Wesenheiten sind, die sie zu sein scheinen. Sie sind lediglich Projektionen unseres Geistes und ihre wirkliche Natur ist einfach nur Leerheit.

Mit dieser Art zu denken werden wir in der konventionellen Welt leben können, ohne uns an sie zu klammern. Wir werden sie nicht zu ernst nehmen und auch die Flexibilität des Geistes besitzen, in jeder Situation konstruktiv zu reagieren. Da wir wissen, dass alles, was sich unserem Geist zeigt, bloße Erscheinungen sind, werden wir nicht an attraktiven Objekten festhalten und Anhaftung entwickeln, sobald sie erscheinen, und wenn unschöne Objekte auftauchen, werden wir uns nicht an sie klammern und Ablehnung oder Wut entwickeln.

In der *Geistesschulung in sieben Punkten* sagt Geshe Chekhawa: «Denke, dass alle Phänomene wie Träume sind.» Manche Dinge, die wir in unseren Träumen erleben, sind schön und manche hässlich, aber alle sind bloße Erscheinungen unseres träumenden Geistes. Sie existieren nicht aus sich selbst heraus und sind leer von inhärenter Existenz. Gleiches gilt für die Objekte, die wir wahrnehmen, wenn wir wach sind: Sie sind ebenfalls nur

Erscheinungen des Geistes und es fehlt ihnen an inhärenter Existenz.

Allen Phänomenen fehlt inhärente Existenz. Wenn wir einen Regenbogen betrachten, scheint er sich an einem bestimmten Ort im Raum zu befinden und wir meinen, dass wir bei eingehender Suche die Stelle ausfindig machen könnten, an der das Ende des Regenbogens den Erdboden berührt. Wir wissen jedoch, dass es selbst bei intensiver Suche nie möglich sein wird, das Ende des Regenbogens zu finden, denn sobald wir an den Ort kommen, wo unserer Meinung nach der Regenbogen den Boden berührt hat, wird er verschwunden sein. Wenn wir nicht nach dem Regenbogen suchen, ist er klar sichtbar, suchen wir aber nach ihm, ist er nicht da. Genauso verhält es sich mit allen Phänomenen. Wenn wir sie nicht analysieren, erscheinen sie klar vor uns, suchen wir jedoch analytisch nach ihnen, um sie von allem anderen zu isolieren, sind sie nicht vorhanden.

Wenn etwas tatsächlich inhärent existierte und wir es erforschten und es von allen anderen Phänomenen trennten, müssten wir in der Lage sein, es zu finden. Alle Phänomene sind jedoch wie Regenbögen. Suchen wir nach ihnen, können wir sie niemals finden. Anfangs finden wir diese Idee vielleicht sehr beunruhigend und schwierig zu akzeptieren, dies ist aber nur verständlich. Mit größerer Vertrautheit werden wir diese Argumentation annehmen können und schließlich werden wir erkennen, dass sie zutrifft.

Es ist wichtig zu verstehen, dass Leerheit nicht Nichts bedeutet. Obwohl Dinge nicht aus sich selbst heraus existieren, unabhängig vom Geist, existieren sie dennoch in der Hinsicht, dass sie einem gültigen Geist erscheinen. Die Welt, die wir im Wachzustand erleben, ähnelt unserer Traumwelt in der Nacht. Wir können nicht behaupten, dass Traumerlebnisse nicht existieren. Wenn wir jedoch glauben, dass sie nicht nur bloße Erscheinungen des Geistes sind und «dort draußen» existieren, dann machen wir einen Fehler, wie wir bald nach unserem Erwachen bemerken werden.

DER ZWECK DER MEDITATION ÜBER LEERHEIT

In der letzten Zeile des Verses «[Möge ich] von der Fessel fehlerhafter Erscheinung und Vorstellung befreit sein» erklärt Geshe Langri Tangpa, welchen Zweck die Meditation über Leerheit erfüllt. In diesem Zusammenhang bezieht sich «fehlerhafte Vorstellung» auf den Geist der Unwissenheit des Festhaltens am Selbst, einen begrifflichen Geist, der an Objekten als wahrhaft existierend festhält; und «fehlerhafte Erscheinung» bezieht sich auf die Erscheinung wahrhaft existierender Objekte. Der erste Begriff bezieht sich auf die Behinderungen zur Befreiung und der zweite auf die Behinderungen zur Allwissenheit. Nur ein Buddha hat beide Behinderungen aufgegeben. Der Hauptzweck der Meditation über endgültigen Bodhichitta ist, unseren Geist von diesen beiden Behinderungen zu befreien und ein Buddha zu werden.

Es gibt zwei Arten des Festhaltens am Selbst: Festhalten am Selbst von Personen und Festhalten am Selbst von Phänomenen. Die erste Art hält an unserem eigenen Selbst oder Ich, oder dem Selbst oder Ich anderer als wahrhaft existierend fest, und die zweite Art hält an irgendeinem Phänomen, das nicht unser eigenes Selbst oder das Selbst anderer ist, als wahrhaft existierend fest. Geistesarten, die an unserem Körper, unserem Geist, unserem Besitz und unserer Welt als wahrhaft existierend festhalten, sind Beispiele für das Festhalten am Selbst von Phänomenen.

Der Hauptgrund für die Meditation über Leerheit besteht darin, beide Arten des Festhaltens am Selbst zu verringern und schließlich zu beseitigen. Festhalten am Selbst ist der Ursprung aller unserer Probleme; das Ausmaß unseres Leidens entspricht genau der Intensität unseres Festhaltens am Selbst. Wenn zum Beispiel unser Festhalten am Selbst stark ausgeprägt ist, fühlen wir uns sehr verletzt, selbst dann schon, wenn uns jemand nur freundschaftlich neckt. Wenn hingegen unser Festhalten am Selbst geschwächt ist, stimmen wir in das Lachen unserer Freunde mit ein. Haben wir unser Festhalten am Selbst vollkommen zerstört, werden alle unsere Probleme wie von selbst verschwinden.

Über Leerheit zu meditieren ist sehr hilfreich bei der Überwindung von Angst und Kummer. In den *Sutras der Vollkommenheit der Weisheit in achttausend Zeilen* sagt Buddha:

> O Shariputra, habe keine Angst, wenn du in ein Land reist, in dem es viele ansteckende Krankheiten gibt, sondern erinnere dich statt dessen an Leerheit und erkenne, dass es sowohl den Krankheiten als auch den kranken Menschen an inhärenter Existenz fehlt. Habe auch keine Angst, wenn du eine Gegend bereist, die von Räubern und wilden Tieren bedroht wird.

Wenn wir in der Meditationssitzung zu einem klaren Verständnis und einer bleibenden Realisation gekommen sind, dass allen Phänomenen inhärente Existenz fehlt, wird dies unseren Geist in der Meditationspause sehr beeinflussen. Obwohl die Dinge in unserer Umgebung als inhärent existierend erscheinen, werden wir uns sofort an die eigene Erfahrung in der Meditation erinnern und erkennen, dass sie nicht auf diese Weise existieren. Wir werden dem Magier ähneln, der sofort weiß, dass seine magischen Gebilde nur Illusionen sind.

Um zu überprüfen, ob unsere Meditation über Leerheit erfolgreich ist, beobachten wir, ob sich unser Festhalten am Selbst abschwächt oder nicht. Wenn unser Festhalten am Selbst nach monatelangem oder sogar jahrelangem Studieren, Nachdenken und Meditieren immer noch genauso stark ist wie zuvor, können wir davon ausgehen, dass unser Verständnis oder unsere Meditation fehlerhaft ist.

Wir haben unter dem Festhalten am Selbst seit anfangsloser Zeit gelitten und wir können nicht erwarten, es über Nacht zu beseitigen. Meditieren wir jedoch regelmäßig über Leerheit, sollten wir eine allmähliche Verringerung seiner Stärke bemerken. Sind wir durch das Nachdenken über Leerheit in der Lage, unsere Verblendungen zu bändigen, so dass wir beispielsweise Wut überwinden können, indem wir überlegen, dass das Objekt unserer Wut nicht aus sich selbst heraus existiert, oder dass wir die Intensität unserer Anhaftung verringern, indem wir erkennen, dass das Objekt unserer Anhaftung nicht inhärent begehrenswert ist, so ist dies ein Beweis dafür, dass unser Verständnis der Leerheit richtig ist.

In welchem Ausmaß wir fähig sind, unsere inneren Probleme zu lösen, indem wir über die wahre Natur aller Dinge meditieren, hängt von zwei Faktoren ab: der Genauigkeit unseres Verständnisses und unserer Vertrautheit mit diesem Wissen. Deshalb müssen wir als erstes Leerheit studieren, um ein intellektuelles Verständnis von ihr zu bekommen, und dann sollten wir über dieses Verständnis immer wieder meditieren, um unsere Vertrautheit zu vertiefen.

Ist unser Körper krank, versuchen wir sofort ein Heilmittel zu finden, aber gegen die geistige Krankheit unserer Verblendungen gibt es weder Krankenhäuser noch Medikamente, die uns heilen können. Wir halten eine unheilbare Krankheit wie Krebs für ein hartes Schicksal, in Wirklichkeit jedoch ist Krebs nicht so schlimm. Krebs ist eine vorübergehende Krankheit, die endet, wenn der gegenwärtige Körper zum Zeitpunkt des Todes zerfällt. Die innere Krankheit unserer Verblendungen ist viel ernster als jede körperliche Krankheit, denn die Leiden, die sie uns verursachen können, sind ohne Ende. Aufgrund unserer Anhaftung erfahren wir ständig geistige Leiden, Leben für Leben. Sie kann zu Konflikten, Mord und sogar Selbstmord führen und sie zwingt uns in einer Weise zu handeln, die zu enormen Leiden in zukünftigen Leben führen kann. Ebenso bringen uns Wut, Eifersucht und andere Verblendungen unaufhörlich Schaden. Es ist unwichtig, ob wir gesund oder krank, reich oder arm, erfolgreich oder erfolglos, beliebt oder unbeliebt sind, wir sind niemals frei von der Bedrohung der Verblendungen. Wir lesen vielleicht in aller Ruhe ein Buch und auf einmal erinnern wir uns grundlos an eine Beleidigung oder an ein Objekt der Anhaftung und werden unglücklich. Selten können wir auch nur eine Stunde geistigen Friedens genießen, ohne durch Verblendungen gestört zu werden.

Wir haben die innere Krankheit der Verblendung seit anfangsloser Zeit erlitten. Wir brachten sie aus unserem früheren Leben mit und werden in diesem Leben und in unseren zukünftigen Leben an ihr leiden. Ärzte können sie nicht heilen und sie wird niemals von allein verschwinden. Die einzige Arznei, die ausreichend Kraft besitzt, unsere innere Krankheit zu heilen, ist das Heilmittel des heiligen Dharmas. Alle Lehren Buddhas sind Wege, unsere innere Krankheit zu überwinden. Wenn wir zum Beispiel Buddhas Unterweisungen über Liebe und Geduld in die Praxis umsetzen, werden wir vorübergehend von der Krankheit der Wut befreit werden, und wenn wir seine Unterweisungen über Unbeständigkeit und die Nachteile Samsaras in die Praxis umsetzen, werden wir eine Linderung der Krankheit der Anhaftung erfahren. Der einzige Weg jedoch, wie wir jemals unsere geistigen Krankheiten vollkommen heilen können, ist eine direkte Realisation von Leerheit zu erlangen.

Erlangen wir eine direkte Realisation von Leerheit, so haben wir völlige Freiheit. Wir können sogar unseren Tod kontrollieren und unsere nächste Wiedergeburt wählen. Jetzt machen wir vielleicht Pläne für unseren nächsten Urlaub oder unsere Pensionierung, wir können jedoch nicht einmal sicher sein, ob wir bei unserer nächsten Mahlzeit noch am Leben sind. Nach unserem Tod sind wir nicht sicher, wo wir wieder geboren werden; nur weil wir heute Menschen sind, gibt es noch lange keine Garantie dafür, dass wir in unserem nächsten Leben nicht als Tier wiedergeboren werden. Und selbst wenn wir als Mensch geboren werden, gibt es kein wirkliches Glück. Unsere Geburt wird von Blut und Schmerzensschreien begleitet und wir wissen nicht, was mit uns geschieht. Unser Besitz, das Wissen und unsere Freunde, alles wofür wir in unserem früheren Leben so hart gearbeitet haben, ist verloren, und wir kommen mit leeren Händen, verwirrt und allein zur Welt. Wenn wir älter werden, müssen wir die Leiden des menschlichen Lebens erdulden, wie Altern, Krankheit, Hunger, Durst, Streitigkeiten, und wir müssen uns von Umständen trennen, die uns lieb sind, müssen Umständen begegnen, die wir nicht mögen, und wir werden nicht finden, was wir uns wünschen. Dies geschieht nicht nur einmal, sondern immer wieder. Wenn wir diese Leiden nur für ein Leben oder wenige Leben erfahren müssten, könnten wir dies vielleicht akzeptieren; doch die Leiden wiederholen sich ständig, sie sind endlos. Wie können wir dies ertragen?

Wir sollten über diese Punkte nachdenken, bis wir einen festen Entschluss fassen:

Ich kann diesen bedeutungslosen Kreislauf der Leiden nicht einen Augenblick länger ertragen. Ich muss Samsara entrinnen. Bevor ich sterbe, muss ich eine tiefe Erfahrung von Leerheit erlangen.

Wir richten dann unsere Gedanken auf andere Lebewesen und denken:

Es ist unerträglich genug, wenn ich selbst im Gefängnis von Samsara bleiben muss, aber andere Lebewesen befinden sich in der gleichen Situation. Außerdem leidet nur eine Person, wenn ich selbst leide, doch wenn andere leiden, leiden zahllose Lebewesen. Wie kann ich den Gedanken ertragen, dass zahllose Lebewesen endlose Leiden erfahren? Ich muss sie alle von Leiden befreien. Um alle Lebewesen von Leiden zu befreien, muss ich ein Buddha werden, und um ein Buddha zu werden, muss ich die endgültige Wahrheit, die Leerheit, realisieren.

Wenn wir mit dieser Motivation über Leerheit meditieren, schulen wir uns in endgültigem Bodhichitta.

Wenn wir Leerheit studieren, ist es wichtig, dies mit der richtigen Motivation zu tun. Es hat wenig Nutzen, Leerheit zu studieren, wenn wir es nur als eine intellektuelle Übung verstehen. Leerheit ist schwierig genug zu verstehen, gehen wir jedoch mit einer falschen Motivation vor, wird dies ihre Bedeutung nur noch unbegreiflicher machen. Studieren wir jedoch mit einer guten Motivation, mit Vertrauen in Buddhas Lehren und dem Verständnis, dass das Wissen über Leerheit alle unsere Probleme lösen kann und uns dazu befähigt, allen anderen zu helfen, ihre Probleme ebenfalls zu lösen, werden wir Buddhas Weisheitssegnungen empfangen und Leerheit leichter verstehen. Selbst wenn wir nicht alle technischen Schlussfolgerungen verstehen, werden wir dennoch ein Gefühl für Leerheit entwickeln und werden durch das Nachdenken und durch die Meditation über Leerheit dazu fähig sein, unsere Verblendungen zu begrenzen und unsere täglichen Probleme zu lösen. Allmählich wird unsere Weisheit zunehmen, bis sie sich in die Weisheit des Höheren Sehens und schließlich in eine direkte Realisation von Leerheit verwandelt.

Wie bereits erklärt, ist endgültiger Bodhichitta nicht eine isolierte Realisation, sondern hängt von den Methodenrealisationen ab. Indem wir uns in den Übungen des Gleichstellens und Austauschens vom Selbst mit anderen schulen, werden wir die Fähigkeit erlangen, Selbst-Wertschätzung zu erkennen, sobald sie entsteht. Dies wird es uns erleichtern, das inhärent existierende Ich, das wir Tag und Nacht schätzen, zu erkennen. Haben wir das Objekt der Verneinung auf diese Weise aus eigener Erfahrung klar identifiziert, wird es nicht so schwierig sein, der Argumentation zu folgen, die es widerlegt. Da unsere Verdienste außerdem durch die Methodenübungen zunehmen, macht dies unsere Meditation über Leerheit effektiver, und schließlich wird unsere Meditation derart erfolgreich sein, dass unser Festhalten am Selbst zerstört wird. Es gibt keine bessere Methode, Geistesfrieden und Glück zu erfahren, als über Leerheit zu meditieren. Da unser Festhalten am Selbst uns an Samsara gebunden hält und der Ursprung unseres ganzen Leidens ist, stellt die Meditation über Leerheit die umfassende Lösung für alle unsere Probleme dar. Sie ist das Heilmittel, das alle geistigen und körperlichen Krankheiten heilt, und der Nektar, der das immerwährende Glück der Erleuchtung gewährt.

Wie die Praxis dieser Anweisungen integriert wird

Wie Geshe Chekhawa in der *Geistesschulung in sieben Punkten* erklärt, müssen wir uns in der Praxis der *Acht Verse der Geistesschulung* zusammen mit den fünf Kräften schulen. Indem wir diese Kräfte auf jede Praxis anwenden, können wir mit Leichtigkeit Fortschritte erzielen. Wir sollten deshalb unsere Lojong-Praxis mittels der fünf Kräfte in unser Alltagsleben integrieren. Diese sind: die Kraft der Motivation, die Kraft der Vertrautheit, die Kraft des weißen Samens, die Kraft der Zerstörung und die Kraft des Wunschgebets.

Die Kraft der Motivation

In diesem Zusammenhang bedeutet die Kraft der Motivation oder Absicht, den starken Wunsch zu haben, diese Lojong-Anweisung zu praktizieren, und den festen Entschluss zu fassen: «Von jetzt an werde ich diese Anweisung aufrichtig und gewissenhaft praktizieren.» Wenn wir eine solch starke Motivation haben, werden wir uns bei unserer Praxis kraftvoll und beständig bemühen und dadurch mit Sicherheit Realisationen erlangen. Mit Bemühen können wir alles erreichen, selbst Dinge, die früher jenseits unserer Vorstellung lagen. Da Bemühen von Motivation abhängt, ist die Kraft der Motivation von allergrößter Wichtigkeit.

Um uns zu helfen, einen starken Wunsch zu entwickeln, die Lojong-Unterweisungen in die Praxis umzusetzen, sollten wir dieses Buch so oft wie möglich sorgfältig und genau durchlesen, bis wir dessen Bedeutung verstehen

Kelsang Gyatso Rinpoche

und es zutiefst schätzen. Wir sollten uns jederzeit an unseren Wunsch erinnern, diese Unterweisungen zu praktizieren. Jeden Morgen, wenn wir aufwachen, sollten wir einen besonderen Vorsatz fassen: «Ich muss versuchen, den ganzen Tag Lojong zu praktizieren.» Und dann sollten wir versuchen, diese Absicht aufrechtzuerhalten, indem wir uns auf Achtsamkeit und Wachsamkeit verlassen. Was auch immer wir tun wollen, hängt von unserer eigenen Entscheidung ab. Wenn wir zum Beispiel vor dem Einschlafen den festen Entschluss fassen, früh aufzuwachen, so werden wir dies auch tun, und wenn wir täglich nach dem Aufwachen einen festen Entschluss fassen, diese Unterweisungen den ganzen Tag zu praktizieren, werden wir dazu in der Lage sein. Auf diese Weise wenden wir die Kraft der Motivation auf die Lojong-Praxis an.

Die Kraft der Vertrautheit

Die Kraft der Vertrautheit auf die Lojong-Praxis anzuwenden bedeutet unseren Geist mit dieser Praxis vertraut zu machen. Nachdem wir die Kraft der Motivation erzeugt haben, sollten wir diese Anweisungen wiederholt praktizieren, sowohl in der Meditationssitzung als auch während der Meditationspause, bis wir eine tiefe und stabile Erfahrung gewinnen. Um eine Realisation zu erlangen, müssen wir die Methoden der Geistesschulung wiederholt praktizieren, um uns mit ihnen vertraut zu machen. Ähnlich verhält es sich, wenn man lernen möchte, wie man einen Computer bedient. Am Anfang ist es schwierig, all die verschiedenen Befehle zu lernen, und wir machen viele Fehler. Mit etwas Übung jedoch werden wir allmählich damit vertraut und können schließlich den Computer ohne Schwierigkeiten und effizient benutzen. Ebenso kann das Meditieren über die Geistesschulung anfänglich schwierig sein, aber durch regelmäßige Übung werden wir mit ihr vertraut und unsere Erfahrung entwickelt sich von allein.

Um die Lojong-Praxis zu meistern, benötigen wir wie bei allen anderen Aktivitäten auch sowohl Motivation als auch Vertrautheit. Wenn wir zum Beispiel schon ein gewisses Verständnis von Leerheit, der Selbstlosigkeit von Personen und Phänomenen, besitzen, ist es wichtig, sich durch ständige und aufrichtige Kontemplation und Meditation mit diesem Wissen vertraut zu machen. Auf diese Weise werden wir aus dem Schlaf der Unwissenheit erwachen und uns von den traumgleichen Problemen Samsaras befreien können. Wir sollten diese seltene und kostbare Gelegenheit nicht verschwenden.

Die Kraft des weißen Samens

«Weiße Samen» sind Tugenden, die die Samen unseres zukünftigen Glückes sind. In diesem Zusammenhang jedoch bezieht sich «weißer Samen» auf unsere angesammelten Verdienste. Beides, eine reine Erfahrung der Geistesschulung zu erlangen und dann diese Erfahrung zu vergrößern, hängt von unseren angesammelten Verdiensten ab. Die tägliche Praxis der sechs vorbereitenden Übungen, insbesondere die Praxis der Darbringungen, ist unter den vielen Methoden zur Vermehrung unserer Verdienste eine der besonders wichtigen. Wir können auch den ersten Teil von dem, was wir essen oder trinken, mit dem folgenden Gebet den Buddhas und Bodhisattvas darbringen:

Dem Buddha-Juwel, dem Erhabenen und Gesegneten,
Dem Dharma-Juwel, dem Erhabenen Beschützer,
Dem Sangha-Juwel, den Erhabenen Führern,
Euch, erhabensten Drei Juwelen, bringe ich Gaben dar.

Es ist außerdem wichtig, dass wir unsere tugendhaften Handlungen immer dem Wohl aller fühlenden Mutterwesen widmen. Dies lenkt unsere erzeugten Verdienste auf das höchste aller Ziele und gewährleistet, dass sie nicht verschwendet oder zerstört werden. Diejenigen, die genügend Verdienste angesammelt haben, können alle ihre Wünsche erfüllen und leicht spirituelle Realisationen erlangen.

Die Kraft der Zerstörung

Um authentische Realisationen der *Acht Verse der Geistesschulung* zu erlangen, müssen wir außerdem die Kraft der Zerstörung anwenden, das heißt, wir müssen starkes Bemühen aufbringen, um unsere inneren und äußeren Hindernisse zu beseitigen. Innere Hindernisse beinhalten starkes Festhalten am Selbst, Selbst-Wertschätzung, Faulheit, falsche Sichtweisen sowie die Prägungen negativer Handlungen, die wir in der Vergangenheit begangen haben. Äußere Hindernisse beinhalten, keinen qualifizierten Lehrer und keine Gelegenheit zu finden, Dharma zu praktizieren, ein kurzes Leben und der Mangel an Grundbedürfnissen des Lebens. Weil alle diese Hindernisse von den Prägungen des negativen Karmas herrühren, das wir über viele Leben hinweg angesammelt haben, müssen wir diese reinigen, indem wir aufrichtig eine Reinigungspraxis ausführen. Weitere Einzelheiten über die Reinigung können in *Das Bodhisattva-Gelübde* gefunden werden.

Die Kraft des Wunschgebets

Wir sollten jede Praxis der Geistesschulung damit beginnen, besondere Gebete zu sprechen, um die Realisation dieser Praxis zu erlangen, und wir sollten sie beenden, indem wir die Verdienste, die wir erzeugt haben, der Erlangung der vollen Realisation dieser Praxis widmen. Wenn wir beispielsweise über wertschätzende Liebe meditieren, sollten wir damit beginnen, wiederholte Bitten an alle erleuchteten Wesen zu richten, so dass sie uns ihre Segnungen gewähren, um diese bestimmte Realisation erlangen zu können; und nachdem wir die Meditation beendet haben, sollten wir ein Gebet sprechen, um unsere

Verdienste der Erlangung dieser Realisation zu widmen. Wiederholte Gebete und Bitten an die heiligen Wesen zu richten ist eine wirksame Methode, ihre Segnungen zu empfangen. Unsere Fähigkeit, den spirituellen Pfad zu vollenden, hängt von den Segnungen der erleuchteten Wesen ab, denn ohne diese Segnungen sind wir kraftlos und können nur wenig oder keinen Fortschritt machen.

Wenn wir die Lojong-Übungen der *Acht Verse der Geistesschulung*, vom Wertschätzen anderer bis hin zur Praxis des endgültigen Bodhichittas, in Verbindung mit den fünf Kräften aufrichtig ausführen, werden wir alle Ursachen und Bedingungen zur Erlangung der Realisationen der *Acht Verse* ansammeln. Sind alle Ursachen und Bedingungen für tiefe und authentische Realisationen angesammelt, kann nichts das positive Ergebnis verhindern.

DIE VERPFLICHTUNGEN UND GRUNDSÄTZE DER GEISTESSCHULUNG

Eine weitere Methode, unsere Praxis der Geistesschulung zu schützen und zu vertiefen, ist die achtzehn Verpflichtungen und die zweiundzwanzig Grundsätze der Geistesschulung einzuhalten. Diese werden in Geshe Chekhawas *Geistesschulung in sieben Punkten* erwähnt und ausführlich in *Allumfassendes Mitgefühl* erklärt. Wir brauchen diese Verpflichtungen und Grundsätze nicht vor unserem Spirituellen Meister oder den visualisierten Buddhas und Bodhisattvas abzulegen wie bei anderen Gelübden, sondern können einfach den Entschluss fassen, sie einzuhalten. Einige dieser Verpflichtungen und Grundsätze ermutigen uns dazu, positive Handlungen auszuführen, während andere uns raten, negative Handlungen zu vermeiden.

Diese Verpflichtungen und Grundsätze zu befolgen ist eine besondere Praxis der moralischen Disziplin. Moralische Disziplin gleicht einem kostbaren Gefäß, in dem wir den Nektar spiritueller Realisationen aufbewahren. Ohne moralische Disziplin ist es unmöglich, irgendeine spirituelle Erfahrung in unserem Geist zu bewahren. Selbst wenn es uns gelingt, einige positive Gefühle in der Meditation zu erzeugen, werden diese schnell verschwinden, wenn wir nicht bemüht sind, uns vor der Ausführung von negativen Handlungen des Körpers, der Rede und des Geistes zu hüten. Reine moralische Disziplin einzuhalten gewährleistet, dass alle unsere körperlichen, sprachlichen und geistigen Handlungen rein und positiv sind, und sie befähigt uns somit, die Einsichten und positiven Erfahrungen, die wir in unseren Meditationssitzungen erlangen, in unseren Alltag einzubringen. Wir sollten Verpflichtungen und Grundsätze nicht als Einschränkungen betrachten oder als Gesetze, die zu Bestrafung führen, wenn wir sie überschreiten, sondern eher als Richtlinien für einen gesunden Geist und eine glücklichere Lebensweise.

Obwohl wir nicht dazu fähig sein werden, alle diese Verpflichtungen und Grundsätze sofort einzuhalten, können wir gewiss damit beginnen, uns von vielen negativen Handlungen zurückzuhalten und unsere schlechten Angewohnheiten abzulegen. Wenn wir zum Beispiel zu viel Alkohol trinken, können wir sofort damit beginnen, unseren Konsum zu reduzieren. Wenn wir leicht ärgerlich werden, können wir uns bemühen, weniger aggressiv und feindselig zu sein, und wenn wir zu Eifersucht neigen, können wir versuchen, uns mehr am Glück und den guten Umständen anderer zu erfreuen. Wenn wir uns nicht bemühen, unsere groben Verblendungen und schlechten Angewohnheiten zu begrenzen, werden sie uns daran hindern, irgendeinen Fortschritt in unserer spirituellen Praxis zu machen.

Um diese Anweisungen der Geistesschulung in die Praxis umzusetzen, brauchen wir unsere normalen alltäglichen Aktivitäten nicht aufzugeben, doch müssen wir unsere geistige Einstellung ihnen gegenüber ändern. Wie Geshe Chekhawa sagt: «Bleibe natürlich, während du dein inneres Streben veränderst.» Wir leben in einer menschlichen Gesellschaft und deshalb sollten wir uns in Übereinstimmung mit dem Verhalten anderer Menschen benehmen. Wir sollten unsere spirituelle Praxis nicht zur Schau stellen. Natürlich müssen wir schädigende Handlungen unterlassen, aber hauptsächlich müssen wir unseren Geist ändern. Wandeln wir unseren gegenwärtigen gewöhnlichen Geist in Liebe und Mitgefühl um, werden wir ganz selbstverständlich auf positive Weise handeln, die anderen ein gutes Beispiel gibt und sie dazu inspirieren wird, den spirituellen Pfad einzuschlagen. Indem wir Geshe Langri Tangpas besondere Anweisungen in unser Leben integrieren, werden wir allmählich zu einem ganz besonderen Wesen, einem Bodhisattva, und schließlich werden wir die volle Erleuchtung erlangen. Dann werden wir die Kraft haben, allen Lebewesen, wo auch immer, Glück zu schenken. Wie wunderbar!

Widmung

Durch die Verdienste, die ich durch das Schreiben dieses Buches angesammelt habe, mögen in dieser Welt nie mehr unheilbare Krankheiten, Hungersnöte oder Kriege entstehen oder Erdbeben, Feuer, Fluten, Stürme und dergleichen. Ganz gleich, wie viele Lebewesen es gibt, die körperlich und geistig leiden, mögen ihre Leiden durch die Kraft meiner Verdienste beendet sein, und mögen sie immerwährendes Glück und Freude finden. Der Buddhadharma ist die höchste Medizin, die jeden geistigen Schmerz überwindet. So mag dieses kostbare Dharma-Juwel alle Welten im unendlichen Raum durchdringen.

Anhang I
Der Urtext:
Acht Verse der Geistesschulung

von Geshe Langri Tangpa (1054-1123)

Der Urtext: Acht Verse der Geistesschulung

Mit der Absicht, das endgültige, höchste Ziel zu erreichen,
Das selbst das wunscherfüllende Juwel übertrifft,
Möge ich ohne Unterlass
Alle Lebewesen schätzen.

Wann immer ich mit anderen verkehre,
Möge ich mich selbst als den geringsten von allen sehen
Und mit einer perfekten Absicht
Möge ich andere über alles schätzen.

Während all meiner Handlungen untersuche ich mein Geisteskontinuum,
Und sobald sich eine Verblendung entwickelt,
Aufgrund derer ich mich oder andere sich unangemessen verhalten würden,
Möge ich ihr beharrlich gegenübertreten und sie abwenden.

Wann immer ich bedauernswerte Wesen sehe,
Auf denen Böses und schweres Leiden lastet,
Möge ich sie schätzen,
Als ob ich einen seltenen und kostbaren Schatz gefunden hätte.

Sogar wenn jemand, dem ich geholfen
Und in den ich große Hoffnungen gesetzt habe,
Mir grundlos Schaden zufügt,
Möge ich ihn als meinen heiligen Spirituellen
  Meister sehen.

Wenn andere mich aus Neid
Verletzen oder beleidigen,
Möge ich selbst die Niederlage annehmen
Und ihnen den Sieg anbieten.

Kurz gesagt, möge ich direkt und indirekt
Allen meinen Müttern Glück und Hilfe geben
Und im Geheimen allen Schaden
Und all ihr Leiden auf mich nehmen.

Möge ich außerdem durch alle diese
  Methodenübungen
Zusammen mit einem Geist, der unbefleckt ist von
  den Verunreinigungen der Vorstellungen der acht
  Extreme
Und der alle Phänomene als Illusion erkennt,
Von der Fessel fehlerhafter Erscheinung und
  Vorstellung befreit sein.

Dieser Text wurde vom Ehrwürdigen Geshe Kelsang Gyatso Rinpoche vom Tibetischen ins Englische übersetzt.

Anhang II
Die Zusammenfassung der Bedeutung des Kommentars

Die Zusammenfassung der Bedeutung des Kommentars

Der Kommentar zu den Acht Versen der Geistesschulung hat fünf Hauptteile:

1. Die herausragenden Qualitäten des Autors, Bodhisattva Langri Tangpas
2. Die herausragenden Qualitäten dieser Anweisungen
3. Die vorbereitenden Übungen
4. Die Hauptpraxis: Schulung in den zwei Bodhichittas
5. Wie die Praxis dieser Anweisungen integriert wird

Die vorbereitenden Übungen haben sechs Teile:

1. Die Reinigung des Meditationsraumes und das Errichten eines Altars
2. Das Aufstellen schöner Darbringungen
3. Das Sitzen in der korrekten Meditationshaltung, die Zufluchtnahme und das Erzeugen von Bodhichitta
4. Das Feld für die Ansammlung von Verdiensten visualisieren
5. Das Darbringen der siebengliedrigen Praxis und des Mandalas
6. Die heiligen Wesen um ihre Segnungen bitten

Die Reinigung des Meditationsraumes und das Errichten eines Altars hat zwei Teile:

1. Die Reinigungspraxis
2. Das Errichten eines Altars

Das Sitzen in der korrekten Meditationshaltung, die Zufluchtnahme und das Erzeugen von Bodhichitta hat drei Teile:

1. Das Sitzen in der korrekten Meditationshaltung
2. Die Zufluchtnahme
3. Bodhichitta erzeugen

Das Darbringen der siebengliedrigen Praxis und des Mandalas hat acht Teile:

1. Verbeugungen
2. Darbringungen
3. Bekenntnis
4. Sich erfreuen
5. Inständige Bitte an die heiligen Wesen zu verweilen
6. Bitte um die Drehung des Dharma-Rades
7. Widmung
8. Das Mandala darbringen

Die heiligen Wesen um ihre Segnungen bitten hat zwei Teile:

1. Um Segnungen bitten
2. Segnungen empfangen

Die Hauptpraxis: Schulung in den zwei Bodhichittas hat zwei Teile:

1. Schulung in konventionellem Bodhichitta
2. Schulung in endgültigem Bodhichitta

Schulung in konventionellem Bodhichitta hat acht Teile:

1. Andere schätzen lernen
2. Wertschätzende Liebe vertiefen
3. Austauschen vom Selbst mit anderen
4. Großes Mitgefühl
5. Wünschende Liebe
6. Die Niederlage annehmen und den Sieg anbieten
7. Nehmen und Geben
8. Der kostbare Geist von Bodhichitta

Andere schätzen lernen hat zwei Teile:

1. Die Güte anderer Lebewesen
2. Die Vorteile, andere zu schätzen

Wertschätzende Liebe vertiefen hat vier Teile:

1. Unsere Fehler im Spiegel des Dharmas erkennen
2. Alle Lebewesen als erhaben betrachten
3. Lebewesen haben keine Fehler
4. Bescheidenheit entwickeln

Austauschen vom Selbst mit anderen hat fünf Teile:

1. Was ist Selbst-Wertschätzung?
2. Die Fehler der Selbst-Wertschätzung
3. Wie Selbst-Wertschätzung zerstört wird
4. Wie ist es möglich, sich mit anderen auszutauschen?
5. Die eigentliche Praxis des Austauschens vom Selbst mit anderen

Großes Mitgefühl hat drei Teile:

1. Was ist Mitgefühl?
2. Wie Mitgefühl entwickelt wird
3. Der innere Reichtum des Mitgefühls

Wünschende Liebe hat zwei Teile:

1. Wie wünschende Liebe entwickelt wird
2. Widrige Umstände umwandeln

Nehmen und Geben hat drei Teile:

1. Nehmen mittels Mitgefühl
2. Geben mittels Liebe
3. Nehmen und Geben in Verbindung mit der Atmung

Nehmen mittels Mitgefühl hat drei Teile:

1. Unsere eigenen zukünftigen Leiden auf uns nehmen

2. Die Vorteile, die Leiden anderer auf uns zu nehmen
3. Die eigentliche Meditation über das Nehmen

Der kostbare Geist von Bodhichitta hat zwei Teile:

1. Bodhichitta entwickeln
2. Bodhichitta vertiefen

Schulung in endgültigem Bodhichitta hat acht Teile:

1. Die Leerheit unseres Körpers
2. Die Leerheit unseres Geistes
3. Die Leerheit unseres Ichs
4. Die acht Extreme
5. Konventionelle und endgültige Wahrheiten
6. Die Vereinigung der zwei Wahrheiten
7. Die Praxis der Leerheit während der Meditationspause
8. Der Zweck der Meditation über Leerheit

Die acht Extreme hat acht Teile:

1. Das Extrem erzeugter Phänomene
2. Das Extrem der Beendigung
3. Das Extrem unbeständiger Phänomene
4. Das Extrem beständiger Phänomene
5. Das Extrem des Gehens
6. Das Extrem des Kommens
7. Das Extrem der Einzahl
8. Das Extrem der Mehrzahl

Wie die Praxis dieser Anweisungen integriert wird hat zwei Teile:

1. Die fünf Kräfte anwenden
2. Die Verpflichtungen und Grundsätze der Geistesschulung

Die fünf Kräfte anwenden hat fünf Teile:

1. Die Kraft der Motivation
2. Die Kraft der Vertrautheit
3. Die Kraft des weißen Samens
4. Die Kraft der Zerstörung
5. Die Kraft des Wunschgebets

Anhang III
Sadhanas

INHALTSVERZEICHNIS

Essenz des Glücks

GEBETE DER SECHS VORBEREITENDEN
ÜBUNGEN FÜR DIE MEDITATION
ÜBER DIE STUFEN DES PFADES
ZUR ERLEUCHTUNG

Essenz des Glücks

Die Umgebung geistig reinigen

Möge die ganze Erde
Völlig rein werden,
Eben wie die Innenseite einer Hand
Und glatt wie Lapislazuli.

Reine Darbringungen geistig aufstellen

Möge der ganze Raum erfüllt sein
Mit Darbringungen von Göttern und Menschen,
Sowohl vorhandenen wie vorgestellten,
Wie diejenigen des Nur-Guten.

Die Zufluchtsobjekte visualisieren

Im Raume vor mir auf einem Löwenthron, auf einem Kissen von Lotos, Sonne und Mond, sitzt Buddha Shakyamuni, die Essenz aller meiner gütigen Lehrer, umgeben von der Versammlung der direkten und indirekten Gurus, Yidams, Buddhas, Bodhisattvas, Hörern, Alleinigen Verwirklichern, Helden, Dakinis und Dharma-Beschützern.

Die Ursachen für die Zufluchtnahme erzeugen

Ich und alle meine gütigen Mütter, die die Qualen Samsaras fürchten, wenden uns zu Buddha, Dharma und Sangha, den einzigen Quellen der Zuflucht. Von jetzt an bis zur Erleuchtung nehmen wir Zuflucht zu den Drei Juwelen.

Kurzes Gebet der Zufluchtnahme

Bis wir Erleuchtung erlangen, nehmen ich und alle fühlenden Wesen
Zuflucht zu Buddha, Dharma und Sangha
(7x, 100x usw.)

Bodhichitta erzeugen

Möge ich aufgrund der Tugenden, die ich durch Geben und andere Vollkommenheiten ansammle
Ein Buddha werden zum Wohle aller. (3x)

Empfangen von Segnungen und Reinigung

Aus den Herzen aller Zufluchtsobjekte strömen Licht und Nektar herab. Sie lösen sich in mir und allen Lebewesen auf, reinigen negatives Karma und Hindernisse, verlängern unsere Leben und lassen unsere Tugenden und Dharma-Verwirklichungen anwachsen.

Die Vier Unermesslichen erzeugen

Mögen alle glücklich sein.
Mögen alle frei von Leiden sein.
Möge niemand je von Glück getrennt sein.
Mögen alle Gleichmut besitzen, frei von Hass und Anhaftung.

Das Feld für die Ansammlung von Verdiensten einladen

Du, Beschützer aller Lebewesen,
Großer Zerstörer von Dämonenscharen,
Bitte, o Gesegneter, Allwissender,
Komme an diesen Ort mit Deinem Gefolge.

Das siebengliedrige Gebet

Mit Körper, Rede und Geist verbeuge ich mich in Demut
Und bringe Gaben dar, sowohl vorhandene wie vorgestellte.
Ich bekenne meine falschen Taten, begangen seit anfangsloser Zeit,
Und erfreue mich an den Tugenden aller.
Bitte bleibt, bis Samsara endet,
Und dreht das Rad des Dharmas für uns.
Ich widme alle Tugenden der großen Erleuchtung.

Die Mandala-Darbringung

Den Boden mit Duftwasser besprengt und mit Blumen geschmückt,
Den Großen Berg, vier Länder, Sonne und Mond,
Als Buddha-Land betrachtet bringe ich sie dar,
Mögen sich alle Wesen an solch Reinen Ländern erfreuen.

Ohne Gefühl von Verlust bringe ich die Objekte dar,
Die in mir Anhaftung, Hass und Verwirrung erzeugen,
Meine Freunde, Feinde und Fremde, unsere Körper und Vergnügen.
Bitte nehmt dies an und segnet mich, damit ich sofort von den drei Giften befreit werde.

IDAM GURU RATNA MANDALAKAM NIRYATAYAMI

Bitten an das Feld für die Ansammlung von Verdiensten und die Gurus der Lamrim-Überlieferungslinie

Mein gütigster Wurzel-Guru,
Bitte verweile auf dem Lotos und Mond über meinem Scheitel,
Und gewähre mir durch Deine große Güte
Die Erlangungen Deines Körpers, Deiner Rede und Deines Geistes.

Stell dir vor, dass dein Wurzel-Guru zu deinem Scheitel kommt und mit dir zusammen folgende Bitte spricht:

Ich richte meine Bitten an Dich, Buddha Shakyamuni,
Dessen Körper aus unermesslicher Tugend entspringt,
Dessen Rede die Hoffnungen der Sterblichen erfüllt,
Dessen Geist alles Existierende klar erkennt.

Ich richte meine Bitten an Euch, Gurus der Linie der umfassenden Taten,
Ehrwürdiger Maitreya, Edler Asanga, Vasubandhu,
Und all die anderen kostbaren Lehrer,
Die den weiten Pfad enthüllt haben.

Ich richte meine Bitten an Euch, Gurus der Linie der tiefgründigen Sicht,
Ehrwürdiger Manjushri, Nagarjuna, Chandrakirti,
Und all die anderen kostbaren Lehrer,
Die den tiefgründigsten aller Pfade enthüllt haben.

Ich richte meine Bitten an Euch, Gurus der Linie des Geheimen Mantras,
Eroberer Vajradhara, Tilopa und Naropa,
Und all die anderen kostbaren Lehrer,
Die den Pfad des Tantras enthüllt haben.

Ich richte meine Bitten an Euch, Gurus der Alten Kadam-Linie,
Zweiter Buddha Atisha, Dromtönpa, Geshe Potowa,
Und all die anderen kostbaren Lehrer,
Die die Vereinigung des weiten und tiefgründigen Pfades enthüllt haben.

Ich richte meine Bitten an Euch, Gurus der Neuen Kadam-Linie,
Ehrwürdiger Tsongkhapa, Jampäl Gyatso, Khädrubje,
Und all die anderen kostbaren Lehrer,
Die die Vereinigung von Sutra und Tantra enthüllt haben.

Ich richte meine Bitten an Dich, Ehrwürdiger Kelsang
Gyatso,
Beschützer eines weiten Ozeans an Lebewesen,
Unvergleichlicher Lehrer der Pfade zur Befreiung und
Erleuchtung,
Der alles vollendet und erklärt,
Was vom Vierten Befreier dieses glücklichen Äons
enthüllt wurde.

Ich richte meine Bitten an Dich, mein gütiger, kostbarer
Lehrer,
Der für diejenigen mit unkontrolliertem Geist sorgt,
Ungezähmt von allen früheren Buddhas,
Als ob sie vom Glück begünstigte Schüler wären.

Die drei großen Ziele erbitten

Bitte lasst Eure inspirierenden Segnungen über mich und alle meine Mütter herabströmen, damit wir schnell alle verkehrten Geisteshaltungen aufgeben, von Respektlosigkeit gegenüber unserem gütigen Lehrer bis zur subtilsten, dualistischen Erscheinung.

Bitte lasst Eure inspirierenden Segnungen herabströmen, damit wir schnell reine Geisteshaltungen erzeugen, von Respekt für unseren gütigen Lehrer bis zum höchsten Geist der Vereinigung.

Bitte lasst Eure inspirierenden Segnungen herabströmen, um alle inneren und äußeren Hindernisse zu überwinden.
(3x)

Segnungen empfangen und Reinigung

Aus den Herzen aller heiligen Wesen fließen Licht- und Nektarströme herab, gewähren Segnungen und reinigen.

Das Gebet der Stufen des Pfades

Der Pfad beginnt mit tiefem Vertrauen
Zum gütigen Lehrer, Quelle alles Guten.
O segne mich, damit ich dies verstehe,
Um ihm mit großer Hingabe zu folgen.

O segne mich, dass ich verstehen möge
Die Seltenheit und Bedeutsamkeit dieses
Menschlichen Lebens mit allen Freiheiten
Und dann Tag und Nacht seinen Sinn erfasse.

Schnell wird mein Körper vergehen und sterben
So wie eine Luftblase im Wasser.
Nach dem Tod reifen die Folgen des Karmas,
So wie der Schatten dem Körper folgt.

Segne mich, dass ich durch diese Gewissheit
Und diese Erinnerung sehr achtsam bin,
Stets schädliche Handlungen vermeide
Und eine Fülle von Tugend ansammle.

Die Vergnügen Samsaras sind täuschend,
Geben keine Zufriedenheit, nur Qualen.
Bitte segnet mich, damit ich aufrichtig
Die Glückseligkeit vollkommener Befreiung erstrebe.

O segne mich, dass aus diesem reinen Gedanken
Achtsamkeit und größte Vorsicht entstehen,
So dass die Wurzel der Lehre, die Pratimoksha,
Als meine essentielle Praxis bewahrt sei.

Gleich mir ertrinken all meine gütigen Mütter
Im weiten Ozean Samsaras.
Segne mich, dass ich mich in Bodhichitta schule,
Damit ich sie bald erlösen kann.

Ohne drei Arten moralischer Disziplin
Kann ich jedoch kein Buddha werden.
O segne mich darum bitte mit der Kraft,
Den Bodhisattva-Gelübden zu folgen.

Durch das Überwinden meiner Ablenkungen
Und die Analyse vollkommener Bedeutungen,
Segne mich, die Vereinigung schnell zu erlangen
Von Höherem Sehen und Ruhigem Verweilen.

Wenn ich durch allgemeine Wege
Zu einem reinen Gefäß werde,
Segne mich, in das höchste Fahrzeug Vajrayana,
Die essentielle Praxis des Glücks, einzutreten.

Die Grundlage der zwei Erlangungen sind
Heilige Gelübde und Verpflichtungen.
Segne mich, dass ich dies klar verstehe
Und sie noch höher schätze als mein Leben.

Durch beständige Praxis in vier Sitzungen,
Wie von den heiligen Lehrern erklärt,
Segne mich, dass ich beide Stufen vollende,
Welche die Essenz der Tantras sind.

Mögen alle, die mich auf dem Pfad führen,
Und meine Gefährten lange leben.
Segne mich, damit ich alle Hindernisse,
Innere und äußere, überwinden kann.

Möge ich stets vollkommene Lehrer finden
Und mich am heiligen Dharma erfreuen,
Alle Ebenen und Pfade schnell vollenden
Und den Zustand Vajradharas erlangen.

Du kannst deine Meditation hier oder an einer anderen geeigneten Stelle im Gebet der Stufen des Pfades ausführen.

Mantra-Rezitation

Nach unserer Meditation stellen wir uns vor, dass vom Herzen Buddha Shakyamunis vor uns, dem hauptsächlichen Verdienstfeld, unendlich viele Lichtstrahlen ausströmen, die alle Bereiche und alle Lebewesen erreichen. Diese lösen sich in Licht auf und sammeln sich nach und nach im Verdienstfeld. Das Verdienstfeld löst sich darauf in Buddha Shakyamuni, die zentrale Figur, auf. Daraufhin löst sich Buddha in unseren Wurzel-Guru über unserem Scheitel auf und verwandelt ihn augenblicklich in den Aspekt des Guru Buddha Shakyamuni. Dann wird er kleiner und sinkt durch unseren Scheitel hinab zu unserem Herzen. Sein Geist und unser Geist werden zu einer Natur. Wir rezitieren das Mantra:

OM MUNI MUNI MAHA MUNIYE SÖHA
(7x, 100x oder mehr)

Widmungsgebete

Mögen durch die Tugenden,
Die ich durch die Praxis der Stufen des Pfades angesammelt habe,
Alle Lebewesen die Gelegenheit finden,
Auf gleiche Weise zu üben.

Ganz gleich, wie viele Lebewesen es gibt,
Die körperlich und geistig leiden,
Mögen ihre Leiden durch die Kraft meiner Verdienste beendet sein,
Und mögen sie immerwährendes Glück und Freude finden.

Mögen alle Wesen das Glück
Von Menschen und Göttern erfahren
Und schnell Erleuchtung erlangen,
Damit Samsara schließlich endet.

Möge ich zum Wohle aller Lebewesen, so unermesslich wie der Raum,
Große Weisheit wie Manjushri erlangen,
Großes Mitgefühl wie Avalokiteshvara,
Große Macht wie Vajrapani.

Der Buddhadharma ist die höchste Medizin,
Die jeden geistigen Schmerz überwindet.
So mag dieses kostbare Dharma-Juwel
Alle Welten im unendlichen Raum durchdringen.

Möge im Bewusstsein aller Lebewesen
Großes Vertrauen in Buddha, Dharma und Sangha
entstehen
Und mögen sie somit immer
Die Segnungen der Drei Kostbaren Juwelen empfangen.

Mögen in dieser Welt nie mehr
Unheilbare Krankheiten, Hungersnöte oder Krieg
entstehen
Oder Gefahren durch Erdbeben, Feuer,
Fluten, Stürme und dergleichen.

Mögen alle Mutterwesen kostbaren Lehrern begegnen,
Die die Stufen des Pfades zur Erleuchtung enthüllen,
Und mögen sie durch das Begehen dieses Pfades
Schnell den endgültigen Frieden der vollen
Erleuchtung erlangen.

Mögen durch die Segnungen der Buddhas und
Bodhisattvas,
Die Wahrheit von Handlung und Wirkung
Und die Kraft meiner reinen Höheren Absicht
Alle meine Gebete erfüllt sein.

Diese Gebete wurden von Geshe Kelsang Gyatso Rinpoche aus traditionellen Quellen zusammengestellt. Der Bittvers an Geshe Kelsang Gyatso wurde vom Dharma-Beschützer Duldzin Dorje Shugdän verfasst und auf Ersuchen der treuen Schüler Geshe Kelsang in die Gebete aufgenommen.

Gebete für die Meditation

KURZE VORBEREITENDE GEBETE FÜR DIE MEDITATION

Gebete für die Meditation

Zuflucht nehmen

Bis wir Erleuchtung erlangen, nehmen ich und alle fühlenden Wesen
Zuflucht zu Buddha, Dharma und Sangha.
(3x, 7x, 100x oder mehr)

Bodhichitta erzeugen

Möge ich aufgrund der Tugenden, die ich durch Geben und andere Vollkommenheiten ansammle,
Ein Buddha werden zum Wohle aller. (3x)

Die Vier Unermesslichen erzeugen

Mögen alle glücklich sein.
Mögen alle frei von Leiden sein.
Möge niemand je von Glück getrennt sein.
Mögen alle Gleichmut besitzen, frei von Hass und Anhaftung.

Das Feld für die Ansammlung von Verdiensten visualisieren

Im Raume vor mir befindet sich der lebendige Buddha Shakyamuni, umgeben von allen Buddhas und Bodhisattvas gleich dem Vollmond inmitten von Sternen.

Das siebengliedrige Gebet

Mit Körper, Rede und Geist verbeuge ich mich in Demut
Und bringe Gaben dar, sowohl vorhandene wie vorgestellte.
Ich bekenne meine falschen Taten, begangen seit anfangsloser Zeit,
Und erfreue mich an den Tugenden aller.
Bitte bleibt, bis Samsara endet,
Und dreht das Rad des Dharmas für uns.
Ich widme alle Tugenden der großen Erleuchtung.

Die Mandala-Darbringung

Den Boden mit Duftwasser besprengt und mit Blumen geschmückt,
Den Großen Berg, vier Länder, Sonne und Mond,
Als Buddha-Land betrachtet bringe ich sie dar,
Mögen sich alle Wesen an solch Reinen Ländern erfreuen.

Ohne Gefühl von Verlust bringe ich die Objekte dar,
Die in mir Anhaftung, Hass und Verwirrung erzeugen,
Meine Freunde, Feinde und Fremde, unsere Körper und Vergnügen.
Bitte nehmt dies an und segnet mich, damit ich sofort von den drei Giften befreit werde.

IDAM GURU RATNA MANDALAKAM NIRYATAYAMI

Das Gebet der Stufen des Pfades

Der Pfad beginnt mit tiefem Vertrauen
Zum gütigen Lehrer, Quelle alles Guten.
O segne mich, damit ich dies verstehe,
Um ihm mit großer Hingabe zu folgen.

O segne mich, dass ich verstehen möge
Die Seltenheit und Bedeutsamkeit dieses
Menschlichen Lebens mit allen Freiheiten
Und dann Tag und Nacht seinen Sinn erfasse.

Schnell wird mein Körper vergehen und sterben
So wie eine Luftblase im Wasser.
Nach dem Tod reifen die Folgen des Karmas,
So wie der Schatten dem Körper folgt.

Segne mich, dass ich durch diese Gewissheit
Und diese Erinnerung sehr achtsam bin,
Stets schädliche Handlungen vermeide
Und eine Fülle von Tugend ansammle.

Die Vergnügen Samsaras sind täuschend,
Geben keine Zufriedenheit, nur Qualen.
Bitte segnet mich, damit ich aufrichtig
Die Glückseligkeit vollkommener Befreiung erstrebe.

O segne mich, dass aus diesem reinen Gedanken
Achtsamkeit und größte Vorsicht entstehen,
So dass die Wurzel der Lehre, die Pratimoksha,
Als meine essentielle Praxis bewahrt sei.

Gleich mir ertrinken all meine gütigen Mütter
Im weiten Ozean Samsaras.
Segne mich, dass ich mich in Bodhichitta schule,
Damit ich sie bald erlösen kann.

Ohne drei Arten moralischer Disziplin
Kann ich jedoch kein Buddha werden.
O segne mich darum bitte mit der Kraft,
Den Bodhisattva-Gelübden zu folgen.

Durch das Überwinden meiner Ablenkungen
Und die Analyse vollkommener Bedeutungen,
Segne mich, die Vereinigung schnell zu erlangen
Von Höherem Sehen und Ruhigem Verweilen.

Wenn ich durch allgemeine Wege
Zu einem reinen Gefäß werde,
Segne mich, in das höchste Fahrzeug Vajrayana,
Die essentielle Praxis des Glücks, einzutreten.

Die Grundlage der zwei Erlangungen sind
Heilige Gelübde und Verpflichtungen.
Segne mich, dass ich dies klar verstehe
Und sie noch höher schätze als mein Leben.

Durch beständige Praxis in vier Sitzungen,
Wie von den heiligen Lehrern erklärt,
Segne mich, dass ich beide Stufen vollende,
Welche die Essenz der Tantras sind.

Mögen alle, die mich auf dem Pfad führen,
Und meine Gefährten lange leben.
Segne mich, damit ich alle Hindernisse,
Innere und äußere, überwinden kann.

Möge ich stets vollkommene Lehrer finden
Und mich am heiligen Dharma erfreuen,
Alle Ebenen und Pfade schnell vollenden
Und den Zustand Vajradharas erlangen.

Segnungen empfangen und Reinigung

Aus den Herzen aller heiligen Wesen fließen Licht- und Nektarströme herab, gewähren Segnungen und reinigen.

An dieser Stelle beginnen wir mit der eigentlichen Kontemplation und Meditation. Im Anschluss an die Meditation widmen wir unsere Verdienste, während wir die folgenden Gebete rezitieren.

Widmungsgebete

Mögen durch die Tugenden,
Die ich durch die Praxis der Stufen des Pfades angesammelt habe,
Alle Lebewesen die Gelegenheit finden,
Auf gleiche Weise zu üben.

Mögen alle Wesen das Glück
Von Menschen und Göttern erfahren
Und schnell Erleuchtung erlangen,
Damit Samsara schließlich endet.

Diese Gebete wurden aus traditionellen Quellen von Geshe Kelsang Gyatso Rinpoche zusammengestellt.

Anhang IV
Die Kadampa-Lebensweise

DIE ESSENTIELLEN ÜBUNGEN DES KADAM-LAMRIM

Einleitung

Die essentielle Praxis des Kadam-Lamrim, die als *Die Kadampa-Lebensweise* bekannt ist, enthält zwei Texte: *Der Rat aus dem Herzen Atishas* und *Die drei Hauptaspekte des Pfades* von Je Tsongkhapa. *Der Rat aus dem Herzen Atishas* fasst die Lebensweise der frühen Kadampa-Geshes zusammen, deren Beispiel von Reinheit und Aufrichtigkeit alle Schüler der Neuen Kadampa-Tradition nacheifern sollten. *Die drei Hauptaspekte des Pfades* ist eine Anleitung von großer Tiefe für die Meditation über die Stufen des Pfades, den Lamrim, den Je Tsongkhapa auf der Basis von Anweisungen verfasst hat, die er direkt von Manjushri erhielt.

Wenn wir aufrichtig versuchen, den Rat Atishas jederzeit in die Praxis umzusetzen, und ständig danach streben, gemäß den Anweisungen Je Tsongkhapas über Lamrim zu meditieren, werden wir einen reinen und glücklichen Geist entwickeln und allmählich zum endgültigen Frieden der vollen Erleuchtung fortschreiten. Wie der Bodhisattva Shantideva sagt:

> Indem wir uns auf diese bootsähnliche menschliche Form verlassen,
> Können wir den großen Ozean des Leidens überqueren.
> Da solch ein Gefäß nur schwer wieder gefunden werden kann,
> Ist jetzt nicht die Zeit zu schlafen, du Dummkopf!

Auf diese Weise zu praktizieren ist die wahre Essenz der Kadampa-Lebensweise.

Der Rat aus dem Herzen Atishas

Als der Ehrwürdige Atisha nach Tibet kam, ging er zuerst nach Ngari, wo er zwei Jahre blieb und den Schülern Jang Chub Ös viele Unterweisungen erteilte. Nachdem zwei Jahre vergangen waren, beschloss er, nach Indien zurückzukehren, und Jang Chub Ö bat ihn um eine letzte Unterweisung vor seiner Abreise. Atisha antwortete, dass er ihnen bereits jeden Ratschlag, den sie benötigten, gegeben habe, aber Jang Chub Ö ließ nicht locker, und so nahm Atisha die Bitte an und gab den folgenden Rat.

Wie wunderbar!

Freunde, da ihr bereits großes Wissen und ein klares Verständnis besitzt, während ich unwichtig bin und wenig Weisheit besitze, ist es nicht angemessen, dass ihr mich um Rat fragt. Weil ihr lieben Freunde, die ich von ganzem Herzen schätze, mich aber gebeten habt, werde ich euch diesen essentiellen Rat aus meinem minderwertigen und kindischen Geist geben.

Freunde, bis ihr Erleuchtung erlangt, ist der Spirituelle Lehrer unentbehrlich, verlasst euch deshalb auf den heiligen Spirituellen Meister.

Bis ihr die endgültige Wahrheit realisiert, ist Zuhören unentbehrlich, hört deshalb den Unterweisungen des Spirituellen Meisters zu.

Da ihr nicht allein durch Verstehen des Dharmas ein Buddha werden könnt, praktiziert ernsthaft, mit Verständnis.

Meidet Orte, die euren Geist stören, und bleibt stets dort, wo sich eure Tugenden vermehren.

Bis ihr stabile Realisationen erlangt, sind weltliche Vergnügungen schädlich, haltet euch deshalb an einem Ort auf, wo es keine derartigen Ablenkungen gibt.

Meidet Freunde, die dazu führen, dass eure Verblendungen zunehmen, und verlasst euch auf diejenigen, die eure Tugend vergrößern. Das solltet ihr euch zu Herzen nehmen.

Da weltliche Tätigkeiten niemals ein Ende haben, schränkt eure Tätigkeiten ein.

Widmet Tag und Nacht eure Tugenden und beobachtet ständig euren Geist.

Da ihr Ratschläge erhalten habt, praktiziert stets so, wie es euer Spiritueller Meister sagt, wann immer ihr nicht meditiert.

Wenn ihr mit großer Hingabe praktiziert, werden sich sofort Resultate einstellen, ohne dass ihr lange warten müsst.

Wenn ihr von ganzem Herzen in Übereinstimmung mit dem Dharma praktiziert, werden sowohl Nahrung als auch materielle Mittel ganz natürlich zur Hand sein.

Freunde, die Dinge, die ihr begehrt, bringen genauso wenig Befriedigung wie das Trinken von Salzwasser, praktiziert deshalb Zufriedenheit.

Vermeidet alle hochmütigen, eingebildeten, stolzen und arroganten Geisteszustände und bleibt friedvoll und fügsam.

Vermeidet Tätigkeiten, die als lobenswert gelten, die aber tatsächlich Hindernisse für den Dharma sind.

Profit und Respekt sind die Schlingen der Maras, wischt sie deshalb beiseite wie Steine auf dem Weg.

Lobende Worte und Ruhm sind nur dazu da, uns zu verführen, putzt sie deshalb weg, so wie ihr euch die Nase putzen würdet.

Da das Glück, das Vergnügen und die Freunde, die ihr in diesem Leben gewinnt, nur einen Augenblick lang anhalten, lasst all das hinter euch.

Da die zukünftigen Leben sehr lange dauern, sammelt Reichtümer an, um für die Zukunft vorzusorgen.

Wenn ihr geht, werdet ihr alles zurücklassen müssen, haftet deshalb an nicht dem Geringsten.

Erzeugt Mitgefühl für niedere Wesen und vermeidet es vor allem, sie zu verachten oder zu demütigen.

Empfindet keinen Hass gegen Feinde und keine Anhaftung an Freunde.

Seid nicht neidisch auf die guten Qualitäten anderer, sondern macht sie aus Bewunderung zu euren eigenen.

Sucht nicht bei anderen nach Fehlern, sondern sucht nach eurer eigenen Fehlern, und reinigt sie wie schlechtes Blut.

Denkt nicht über eure eigenen guten Qualitäten nach, sondern denkt über die guten Qualitäten der anderen nach, und respektiert alle, wie es ein Diener tun würde.

Betrachtet alle Lebewesen als euren Vater oder eure Mutter, und liebt sie, als ob ihr ihr Kind wärt.

Zeigt immer ein lächelndes Gesicht, und bewahrt jederzeit einen liebenden Geist und sprecht wahrheitsgemäß, ohne Bosheit.

Wenn ihr zu viel von Dingen mit geringer Bedeutung redet, werdet ihr Fehler begehen, sprecht deshalb mit Mäßigung, nur wenn es nötig ist.

Wenn ihr viele bedeutungslose Tätigkeiten ausführt, werden eure tugendhaften Tätigkeiten degenerieren, beendet deshalb Tätigkeiten, die nicht spirituell sind.

Es ist absolut sinnlos, sich bei Tätigkeiten zu bemühen, die keine Essenz haben.

Wenn die Dinge, die ihr euch wünscht, nicht geschehen, so aufgrund von Karma, das vor langer Zeit erschaffen wurde, bewahrt deshalb einen glücklichen und entspannten Geist.

Nehmt euch in Acht: ein heiliges Wesen zu verletzen ist schlimmer als zu sterben, seid deshalb ehrlich und offen.

Da alles Glück und alles Leiden dieses Lebens aus früheren Handlungen entsteht, gebt nicht anderen die Schuld.

Alles Glück kommt von den Segnungen eures Spirituellen Meisters, erwidert deshalb stets seine Güte.

Da ihr den Geist anderer nicht zähmen könnt, solange ihr nicht euren eigenen gezähmt habt, beginnt mit der Zähmung eures eigenen Geistes.

Da ihr mit Sicherheit ohne den Reichtum, den ihr angesammelt habt, gehen müsst, sammelt nicht um des Reichtums willen Negativität an.

Ablenkende Vergnügen haben keine Essenz, praktiziert deshalb aufrichtig das Geben.

Haltet immer reine moralische Disziplin ein, denn sie führt zu Schönheit in diesem Leben und zu Glück in der Zukunft.

Da der Hass in diesen unreinen Zeiten grassiert, legt die Rüstung der Geduld an, frei von Wut.

Ihr bleibt durch die Kraft der Faulheit in Samsara, entfacht deshalb das Feuer des Bemühens der Anwendung.

Da es eine Verschwendung dieses menschlichen Lebens ist, wenn wir uns den Ablenkungen hingeben, ist jetzt die Zeit, Konzentration zu praktizieren.

Wenn man unter dem Einfluss falscher Sichtweisen steht, realisiert man die endgültige Natur der Dinge nicht, untersucht deshalb korrekte Bedeutungen.

Freunde, in diesem samsarischen Sumpf gibt es kein Glück, begebt euch deshalb auf den festen Boden der Befreiung.

Meditiert gemäß dem Rat eures Spirituellen Meisters und trocknet den Fluss des samsarischen Leidens aus.

Denkt gut darüber nach, denn es sind nicht bloß Worte aus dem Mund, sondern aufrichtige Ratschläge aus dem Herzen.

Wenn ihr auf diese Weise praktiziert, werdet ihr mich erfreuen, und ihr werdet euch selbst und anderen Glück schenken.

Ich, der ich unwissend bin, bitte euch, euch diesen Rat zu Herzen zu nehmen.

Das ist der Rat, den das heilige Wesen, der Ehrwürdige Atisha, dem Ehrwürdigen Jang Chub Ö gab.

Die drei Hauptaspekte des Pfades

Ehrerbietung an den ehrwürdigen Spirituellen Meister

Ich werde, so gut ich es kann,
Die essentielle Bedeutung der Lehre der Eroberer erklären,
Den Pfad, der von den heiligen Bodhisattvas gelobt wird,
Und das Tor für die von Glück Begünstigten, die Befreiung suchen.

Ihr, die ihr nicht an den Freuden Samsaras haftet,
Jedoch danach strebt, eurer Freiheit und Ausstattung Bedeutung zu verleihen,
O von Glück Begünstigte, die ihr euch anstrengt auf dem Pfad, der den Eroberern gefällt,
Bitte hört mit einem klaren Geist zu.

Ohne reine Entsagung gibt es keine Möglichkeit,
Die Anhaftung an die Vergnügen Samsaras zu besänftigen;
Und da die Lebewesen eng gefesselt sind durch das Verlangen nach Samsara,
Beginnt mit dem Streben nach Entsagung.

Freiheit und Ausstattung sind schwer zu finden, und es gilt keine Zeit zu verlieren.
Indem ihr euren Geist damit vertraut macht, überwindet Anhaftung an dieses Leben;

Und indem ihr wiederholt über Handlungen und Wirkungen
Und über die Leiden Samsaras nachdenkt, überwindet Anhaftung an zukünftige Leben.

Wenn durch diese Kontemplation das Verlangen nach den Vergnügen Samsaras
Nicht mehr aufkommt, nicht einmal für einen Augenblick,
Und Tag und Nacht ein Geist entsteht, der sich nach Befreiung sehnt,
Dann wurde Entsagung erzeugt.

Wenn diese Entsagung jedoch nicht aufrechterhalten wird
Durch vollkommen reinen Bodhichitta,
Wird sie keine Ursache für das vollendete Glück der unübertroffenen Erleuchtung sein;
Deshalb erzeugen die Weisen einen erhabenen Bodhichitta.

Von der Strömung der vier mächtigen Flüsse mitgerissen,
Eng gefesselt durch die Ketten des Karmas, so schwer loszulassen,
Gefangen im eisernen Netz des Festhaltens am Selbst,
Vollkommen umgeben von der pechschwarzen Dunkelheit der Unwissenheit,

Wiedergeburt um Wiedergeburt erfahrend im grenzenlosen Samsara
Und unaufhörlich gequält von den drei Leiden –
Indem ihr über den Zustand eurer Mütter in Umständen wie diesen nachdenkt,
Erzeugt den erhabenen Geist [des Bodhichittas].

Aber, selbst wenn ihr mit Entsagung und Bodhichitta vertraut seid,
Werdet ihr die Wurzel Samsaras nicht durchschneiden können,
Wenn ihr nicht die Weisheit besitzt, die realisiert, wie die Dinge sind.
Strebt deshalb nach den Mitteln, die abhängige Beziehung zu erkennen.

Wer das vorgestellte Objekt des Festhaltens am Selbst verneint,
Jedoch die Unfehlbarkeit von Handlung und Wirkung
Aller Phänomene in Samsara und Nirvana sieht,
Hat den Pfad betreten, der den Buddhas gefällt.

In abhängiger Beziehung stehende Erscheinung ist unfehlbar,
Und Leerheit lässt sich nicht beschreiben;
Solange die Bedeutung dieser beiden getrennt zu sein scheint,
Habt ihr die Absicht Buddhas noch nicht realisiert.

Wenn sie als eines entstehen, nicht abwechselnd, sondern gleichzeitig,
Durch bloßes Sehen von unfehlbarer abhängiger Beziehung,
Bildet sich das sichere Wissen, das jedes Festhalten an Objekten zerstört.
Zu dieser Zeit ist die Analyse der Sicht vollendet.

Wenn sich ferner das Extrem der Existenz durch Erscheinung auflöst,
Und sich das Extrem der Nichtexistenz durch Leerheit auflöst
Und ihr wisst, wie Leerheit als Ursache und Wirkung wahrgenommen wird,
Werdet ihr nicht von extremen Sichtweisen gefangen genommen.

Wenn ihr auf diese Weise die wesentlichen Punkte
Der drei Hauptaspekte des Pfades korrekt realisiert habt,
Meine Lieben, zieht euch in die Einsamkeit zurück, erzeugt starkes Bemühen
Und verwirklicht schnell das letzte Ziel.

Beide Texte wurden unter der mitfühlenden Leitung des Ehrwürdigen Geshe Kelsang Gyatso Rinpoche übersetzt.

Glossar

Achtsamkeit Ein geistiger Faktor, dessen Funktion es ist, das Objekt, das der primäre Geist realisiert, nicht zu vergessen. Siehe *Den Geist verstehen*.

Alleiniger Eroberer Eine bestimmte Art von Hinayana-Praktizierenden. Auch bekannt als «Alleiniger Verwirklicher». Siehe auch *Hörer*.

Allgemeines Bild Das erscheinende Objekt eines begrifflichen Geistes. Ein allgemeines oder geistiges Bild gleicht einer Widerspiegelung dieses Objektes. Ein begrifflicher Geist versteht sein Objekt durch die Erscheinung eines allgemeinen Bildes von diesem Objekt, nicht indem er es direkt sieht. Siehe *Den Geist verstehen*.

Amitayus Ein Buddha, der unser langes Leben, unsere Verdienste und unsere Weisheit vergrößert. Er ist der Freudenkörper-Aspekt Buddha Amitabhas.

Analytische Meditation Siehe Meditation.

Anfangslose Zeit Gemäß der buddhistischen Weltsicht gibt es keinen Anfang des Geistes und somit keinen Anfang der Zeit. Deshalb haben alle fühlenden Wesen zahllose Wiedergeburten erlebt.

Anhaftung Ein verblendeter geistiger Faktor, der ein verunreinigtes Objekt beobachtet, es als Ursache von Glück ansieht und es haben will. Siehe *Den Geist verstehen*.

Anschließender Erkenner Ein vollkommen verlässlicher Erkenner, dessen Objekt in direkter Abhängigkeit von einer schlüssigen Begründung realisiert wird. Siehe *Den Geist verstehen*.

Asanga Ein großer indischer buddhistischer Yogi und Gelehrter des fünften Jahrhunderts, Autor des *Handbuchs des Abhidharma*.

Atisha (982-1054 n. Chr.) Ein berühmter indischer buddhistischer Gelehrter und Meditationsmeister. In der Blütezeit des indischen

Mahayana-Buddhismus war er Abt des großen buddhistischen Klosters Vikramashila. Später wurde er nach Tibet eingeladen, und das führte zum Wiederaufbau des Buddhismus in Tibet. Er ist der Autor des ersten Textes über die Stufen des Pfades: *Eine Lampe für den Pfad*. Seine Tradition wurde später als die Kadampa-Tradition bekannt. Siehe *Freudvoller Weg*.

Ausstrahlung Belebte oder unbelebte Form, die ein Buddha oder ein hoher Bodhisattva manifestiert, um anderen zu helfen.

Ausstrahlungskörper Siehe Körper eines Buddhas.

Avalokiteshvara (tib. Chenrezig) Die Verkörperung des Mitgefühls aller Buddhas.

Behinderungen zur Allwissenheit Die Prägungen der Verblendungen, die eine gleichzeitige und direkte Realisation aller Phänomene verhindern. Nur Buddhas haben diese Behinderungen überwunden.

Behinderungen zur Befreiung Behinderungen, die die Erlangung der Befreiung verhindern. Alle Verblendungen, wie Unwissenheit, Anhaftung und Wut, sowie ihre Samen sind Behinderungen zur Befreiung. Sie werden auch «Verblendungsbehinderungen» genannt.

Bescheidenheit Ein tugendhafter geistiger Faktor, dessen Hauptfunktion es ist, verblendeten Stolz zu verringern.

Bodhisattva-Ebenen Die zehn Ebenen sind die Realisationen von Höheren Bodhisattvas. Siehe *Ozean von Nektar*.

Brahma Ein weltlicher Gott. Siehe *Ozean von Nektar*.

Chekhawa, Geshe (1102-1176 n. Chr.) Ein großer Kadampa-Bodhisattva, der den Text *Geistesschulung in sieben Punkten* verfasste, ein Kommentar zu Geshe Langri Tangpas *Acht Verse der Geistesschulung*. Er verbreitete das Studium und die Praxis der Geistesschulung in ganz Tibet. Siehe *Allumfassendes Mitgefühl*.

Dakinis Weibliche tantrische Buddhas und Frauen, die das Sinn-Klare-Licht realisiert haben. Dakas sind die männliche Entsprechung. Siehe *Führer ins Dakiniland*.

Dämon (Skrt. Mara) Alles, was die Erlangung der Befreiung oder Erleuchtung behindert. Es gibt vier Hauptarten von Dämonen oder Maras: den Dämon der Verblendungen, den Dämon der verunreinigten Anhäufungen, den Dämon des unkontrollierten Todes und die Devaputra-Dämonen. Nur die letzten dieser Aufzählung sind wirkliche fühlende Wesen. Siehe *Herz der Weisheit*.

Darbringung an den Spirituellen Meister (tib. Lama Chöpa) Ein besonderer Guru-Yoga von Je Tsongkhapa, in dem unser Spiritueller Meister im Aspekt Lama Losang Tubwang Dorjechangs visualisiert wird. Für einen umfassenden Kommentar siehe *Große Schatzkammer der Verdienste*.

Dharma-Beschützer Eine Ausstrahlung eines Buddhas oder Bodhisattvas, dessen Hauptfunktion das Beseitigen von Hindernissen und das Beschaffen aller notwendigen Bedingungen für reine Dharma-Praktizierende ist. Siehe *Herzjuwel*.

Direktwahrnehmer Ein Erkenner, der sein manifestes Objekt festhält. Siehe *Den Geist verstehen*.

Drei Hauptaspekte des Pfades Die Realisationen von Entsagung, Bodhichitta und Leerheit realisierender Weisheit.

Dualistische Erscheinung Die Erscheinung eines Objektes des Geistes, die zusammen mit der inhärenten Existenz dieses Objektes auftritt. Siehe *Herz der Weisheit*.

Emanation Belebte oder unbelebte Form, die ein Buddha oder ein hoher Bodhisattva manifestiert, um anderen zu helfen.

Entsagung Der Wunsch, von Samsara frei zu werden. Siehe *Freudvoller Weg*.

Erzeugungsstufe Eine Realisation eines kreativen Yogas, die als Ergebnis der reinen Konzentration in der Praxis «die drei Körper in den Pfad bringen» vor der Erlangung der eigentlichen Vollendungsstufe erreicht wird. In dieser Praxis erzeugt man sich selbst im Geist als tantrische Gottheit. Die Meditation über die Erzeugungsstufe wird «kreativer Yoga» genannt, weil ihr Objekt durch korrekte Vorstellung erschaffen oder erzeugt wird. Siehe *Tantrische Ebenen und Pfade*.

Falsche Sicht Ein intellektuell gebildetes falsches Gewahrsein, das die Existenz eines Objektes verneint, dessen Verständnis notwendig ist, um Befreiung oder Erleuchtung zu erlangen, zum Beispiel das Verneinen der Existenz erleuchteter Wesen, von Karma oder Wiedergeburt. Siehe *Freudvoller Weg*.

Falsches Gewahrsein Ein Erkenner, der in Bezug auf sein Objekt des Befassens fehlerhaft ist. Siehe *Den Geist verstehen*.

Feindzerstörer (Skrt. Arhat) Ein Praktizierender, der alle Verblendungen und ihre Samen durch die Schulung auf den spirituellen Pfaden aufgegeben hat. Er wird niemals wieder in Samsara geboren werden. Das Wort «Feind» bezieht sich in diesem Zusammenhang auf die Verblendungen.

Formkörper Siehe Körper eines Buddhas.

Freudenkörper Siehe Körper eines Buddhas.

Fühlendes Wesen (tib. sem chän) Jedes Wesen, das einen von Verblendungen oder deren Prägungen verunreinigten Geist besitzt. «Fühlendes Wesen» und «Lebewesen» sind Ausdrücke, um Wesen, deren Geist von den zwei Behinderungen verunreinigt ist, von Buddhas zu unterscheiden, deren Geist völlig frei von diesen Behinderungen ist.

Gefühl Ein geistiger Faktor, der die Funktion hat, angenehme, unangenehme oder neutrale Objekte zu erfahren. Siehe *Den Geist verstehen*.

Geheimes Mantra Synonym für Tantra. Die Unterweisungen des Geheimen Mantras unterscheiden sich insofern von den Sutra-Unterweisungen, als sie Methoden der Geistesschulung enthalten, die das zukünftige Resultat, die Buddhaschaft, in den gegenwärtigen Pfad einbringen. Geheimes Mantra ist der erhabene Pfad zur vollen Erleuchtung. Der Ausdruck Mantra bedeutet, dass es sich um die besondere Anweisung Buddhas handelt, wie wir unseren Geist vor gewöhnlichen Erscheinungen und Vorstellungen schützen können. Praktizierende des Geheimen Mantras überwinden gewöhnliche Erscheinungen und Vorstellungen dadurch, dass sie ihren Körper, ihre Umgebung, ihre Vergnügen und Taten als die eines Buddhas visualisieren. «Geheim» bringt zum Ausdruck, dass die Praxis privat und nur von denjenigen ausgeführt werden kann, die eine tantrische Ermächtigung empfangen haben. Siehe *Tantrische Ebenen und Pfade*.

Geistiger Faktor Ein Erkenner, der hauptsächlich ein bestimmtes Merkmal eines Objektes festhält. Es gibt 51 besondere geistige Faktoren. Siehe auch *Primärer Geist*.

Geshe Ein Titel, der vollendeten buddhistischen Gelehrten von den Kadampa-Klöstern verliehen wird. Eine Abkürzung, die von «Ge wai she nyen» hergeleitet wird, was «tugendhafter Freund» bedeutet.

Gewöhnliche Wesen Alle, die Leerheit nicht direkt realisiert haben.

Gleichmut Allgemein gesagt, ein ausgeglichener Geist, der frei von starker Anhaftung und Abneigung ist. Siehe *Freudvoller Weg*.

Glückliches Äon Der Name, der diesem Zeitalter gegeben wurde. Es wird so genannt, weil eintausend Buddhas in diesem Äon erscheinen werden. Buddha Shakyamuni war der vierte, und Buddha Maitreya wird der fünfte sein. Ein Äon, in dem keine Buddhas erscheinen, heißt «Dunkles Äon».

Götter Wesen des Götterbereichs, des höchsten der sechs Bereiche von Samsara. Siehe *Freudvoller Weg*.

Gottheit (Skrt. Yidam) Ein tantrisches erleuchtetes Wesen.

Gültiger Erkenner Ein Erkenner, der in Bezug auf sein Objekt des Befassens nichttäuschend ist. Es gibt zwei Arten: anschließende gültige Erkenner und direkte gültige Erkenner. Siehe *Den Geist verstehen*.

Gurus der Überlieferungslinie Die Reihe von Spirituellen Meistern, durch die eine bestimmte Unterweisung weitergegeben wurde.

Guru-Yoga Eine besondere Art, sich auf unseren Spirituellen Meister zu verlassen, um seine (oder ihre) Segnungen zu erhalten. Siehe *Freudvoller Weg* und *Große Schatzkammer der Verdienste*.

Gyalwa Ensäpa Ein großer Yogi und Mahamudra-Überlieferungslinien-Guru, der im sechzehnten Jahrhundert geboren wurde. Siehe *Große Schatzkammer der Verdienste*.

Held und Heldin Ein Held ist eine männliche tantrische Gottheit und verkörpert im Allgemeinen Methode. Eine Heldin ist eine weibliche tantrische Gottheit und verkörpert im Allgemeinen Weisheit. Siehe *Führer ins Dakiniland*.

Heruka Eine Hauptgottheit des Mutter-Tantras, die die Verkörperung der untrennbaren Glückseligkeit und Leerheit ist. Siehe *Essenz des Vajrayana*.

Herz-Sutra Eines von mehreren *Sutras der Vollkommenheit der Weisheit*, die Buddha lehrte. Es ist zwar viel kürzer als die anderen *Sutras der Vollkommenheit der Weisheit*, enthält aber explizit oder implizit ihre gesamte Bedeutung. Für einen umfassenden Kommentar siehe *Herz der Weisheit*.

Hinayana Sanskritwort für «Kleines Fahrzeug». Das Ziel der Hinayana-Praxis ist es, nur sich selbst durch vollständiges Aufgeben der Verblendungen von Leiden zu befreien. Siehe *Freudvoller Weg*.

Höheres Sehen Eine besondere Weisheit, die ihr Objekt klar sieht und bewahrt wird durch Ruhiges Verweilen und die besondere

Geschmeidigkeit, die durch Untersuchung hervorgerufen wird. Siehe *Freudvoller Weg.*

Höllenbereich Der niederste der sechs Bereiche von Samsara. Siehe *Freudvoller Weg.*

Hörer Einer von zwei Arten von Hinayana-Praktizierenden. Sowohl Hörer als auch Alleinige Eroberer sind Hinayana-Praktizierende, aber sie unterscheiden sich in ihrer Motivation, ihrem Benehmen, ihren Verdiensten und ihrer Weisheit.

Hungrige Geister Wesen des Bereiches der Hungrigen Geister, des zweitniedrigsten der sechs Bereiche von Samsara. Siehe *Freudvoller Weg.*

Indra Ein weltlicher Gott. Siehe *Herz der Weisheit.*

Innere Winde Besondere subtile Winde, die mit dem Geist in Beziehung stehen und durch die Kanäle unseres Körpers fließen. Unser Körper und Geist können ohne diese Winde nicht funktionieren. Siehe *Klares Licht der Glückseligkeit.*

Jangchub Ö Neffe des tibetischen Königs Yeshe Ö, der im elften Jahrhundert lebte. Yeshe und Jangchub Ö nahmen zusammen viele Entbehrungen auf sich, um den großen indischen, buddhistischen Meister Atisha nach Tibet einzuladen. Yeshe Ö opferte dabei sein Leben. Als Folge seiner selbstlosen Güte wurde eine neue Blütezeit des reinen Buddhadharmas in ganz Tibet eingeleitet. Dieser Buddhadharma wurde als «Kadampa-Buddhismus» bekannt und floriert noch heute in der ganzen Welt. Siehe *Freudvoller Weg.*

Je Tsongkhapa (1357-1419 n.Chr.) Eine Ausstrahlung des Weisheits-Buddha Manjushri. Sein Erscheinen als Mönch und Halter der reinen Sicht und der reinen Handlungen im Tibet des vierzehnten Jahrhunderts wurde schon von Buddha prophezeit. Er verbreitete einen sehr reinen Buddhadharma in ganz Tibet und zeigte, wie man die Praxis des Sutra und des Tantras verbindet. Seine Tradition wurde später als «Gelug-» oder «Ganden-Tradition» bekannt. Siehe *Herzjuwel* und *Große Schatzkammer der Verdienste.*

Kadampa Ein tibetisches Wort. «Ka» bedeutet alle Unterweisungen Buddhas, «dam» das besondere System des Lamrim, das von Atisha dargelegt wurde, und «pa» eine Person, die alle Unterweisungen Buddhas, die sie kennt, in ihre Lamrim-Praxis integriert.

Kadampa-Tradition Die reine Tradition des Kadampa-Buddhismus, die von Atisha begründet wurde. Bis zur Zeit Je Tsongkhapas heißt diese Tradition «Alte Kadampa-Tradition». Seit Je Tsongkhapa wird sie «Neue Kadampa-Tradition» genannt.

Kanäle Subtile innere Passagen des Körpers, durch die von inneren Winden bewegte subtile Tropfen fließen. Siehe *Das Klare Licht der Glückseligkeit*.

Kanalrad (Skrt. Chakra) Ein Brennpunkt, von dem Nebenkanäle des Zentralkanals ausgehen. Die Meditation über diese Punkte kann dazu führen, dass die Winde in den Zentralkanal eintreten. Vgl. auch *Kanäle*. Siehe *Das Klare Licht der Glückseligkeit*.

Khädrubje Einer der Hauptschüler von Je Tsongkhapa, der Großes geleistet hat, um die Tradition Je Tsongkhapas zu verbreiten, nachdem dieser gestorben war. Siehe *Große Schatzkammer der Verdienste*.

Konzentration Ein geistiger Faktor, der seinen primären Geist einsgerichtet auf seinem Objekt ruhen lässt. Siehe *Freudvoller Weg*.

Körper eines Buddhas Ein Buddha hat vier Körper: den Weisheits-Wahrheitskörper, den Naturkörper, den Freudenkörper und den Ausstrahlungskörper. Der erste ist der allwissende Geist eines Buddhas, der zweite ist die Leerheit oder endgültige Natur seines Geistes, der dritte ist sein subtiler Formkörper, und der vierte, von dem jeder Buddha eine unermessliche Anzahl manifestiert, ist ein grober Formkörper, der für gewöhnliche Wesen sichtbar ist. Der Weisheits-Wahrheitskörper und der Naturkörper sind beide im Wahrheitskörper enthalten, und der Freudenkörper sowie der Ausstrahlungskörper sind im Formkörper enthalten. Siehe *Freudvoller Weg*.

Korrekter Glaube Ein nichtgültiger Erkenner, der sein vorgestelltes Objekt realisiert. Siehe *Den Geist verstehen*.

Lamrim Wörtlich «die Stufen des Pfades». Eine besondere Zusammenstellung aller Unterweisungen Buddhas, die leicht zu verstehen und zu praktizieren ist. Sie enthüllt alle Stufen des Pfades zur Erleuchtung. Für einen ausführlichen Kommentar siehe *Freudvoller Weg*.

Leitfaden für die Lebensweise eines Bodhisattvas Ein klassischer Text des Mahayana-Buddhismus, der vom großen, indischen buddhistischen Yogi und Gelehrten Shantideva verfasst wurde und alle Übungen eines Bodhisattvas erläutert, von der anfänglichen Erzeugung von Bodhichitta bis zur Vollendung der Praxis der Sechs Vollkommenheiten. Für einen umfassenden Kommentar siehe *Sinnvoll zu betrachten*.

Madhyamika Die höhere der zwei Schulen der Mahayana-Lehrsätze. Die Madhyamika-Sicht wurde von Buddha in den *Sutras der Vollkommenheit der Weisheit* während der zweiten Drehung des Dharma-Rades gelehrt. Später wurde diese Sicht von Nagarjuna und seinen Anhängern weiter erläutert. Diese Schule ist unterteilt in die Madhyamika-Svatantrika und die Madhyamika-Prasangika, wobei die letztere Buddhas endgültige Sicht ist. Siehe *Sinnvoll zu betrachten* und *Ozean von Nektar*.

Mahamudra Wörtlich «Großes Siegel». Gemäß Sutra bezieht es sich auf die tiefgründige Sicht der Leerheit. Da Leerheit die Natur aller Phänomene ist, wird sie ein «Siegel» genannt, und da uns eine direkte Realisation der Leerheit befähigt, das große Ziel zu erreichen – die vollständige Befreiung von den Leiden Samsaras – wird sie auch «groß» genannt. Gemäß dem Geheimen Mantra ist das Große Siegel die Vereinigung von spontaner Großer Glückseligkeit und Leerheit. Siehe *Große Schatzkammer der Verdienste*.

Mahayana Sanskritwort für «Großes Fahrzeug», den spirituellen Pfad zur großen Erleuchtung. Das Mahayana-Ziel ist es, Buddhaschaft zum Wohle aller fühlenden Wesen zu erlangen, indem alle Verblendungen und deren Prägungen vollständig aufgegeben werden. Siehe *Freudvoller Weg*.

Maitreya Die Verkörperung der liebenden Güte aller Buddhas. Zur Zeit Buddha Shakyamunis manifestierte er sich als Bodhisattva-Schüler. In der Zukunft wird er sich als fünfter universaler Buddha manifestieren.

Mala Ein Rosenkranz zum Zählen der Gebete oder Mantras bei der Rezitation.

Mantra Wörtlich «Geistesschutz». Mantra beschützt den Geist vor gewöhnlichen Erscheinungen und Vorstellungen. Siehe *Tantrische Ebenen und Pfade*.

Meditation Anhaltende Vertrautheit des Geistes mit einem tugendhaften Objekt. Es gibt zwei Arten von Meditation: analytische Meditation und verweilende Meditation. Wenn wir unsere Vorstellungskraft, Achtsamkeit und Begründungen verwenden, um unser Meditationsobjekt zu finden, so ist es analytische Meditation. Wenn wir unser Objekt finden und es einsgerichtet halten, so ist es verweilende Meditation. Es gibt verschiedene Arten von Objekten. Einige, wie Unbeständigkeit oder Leerheit, sind Objekte, die vom Geist festgehalten werden. Andere, wie zum Beispiel Liebe, Mitgefühl oder Entsagung, sind eigentliche Geisteszustände. Wir führen die analytische Meditation aus, bis das spezielle Objekt, das wir suchen, unserem Geist klar erscheint oder bis der besondere Geisteszustand, den wir zu erzeugen wünschen, entsteht. Dieses Objekt oder dieser Geisteszustand ist unser Objekt für die verweilende Meditation.

Milarepa (1040-1123 n. Chr.) Ein großer tibetischer Meditierender, der für seine wunderschönen Lieder der Realisation hoch geachtet wird.

Naga Ein nichtmenschliches Wesen, das von Menschen normalerweise nicht gesehen werden kann. Die obere Hälfte soll menschlich und die untere Hälfte eine Schlange sein. Nagas leben gewöhnlich in den Meeren dieser Welt, aber manchmal sind sie auch auf dem Land in Wald- oder Felsregionen zu finden. Sie sind sehr mächtig, einige sind wohlwollend, andere boshaft. Viele Krankheiten, die als Naga-Krankheiten bekannt sind, werden durch sie verursacht und können nur dadurch geheilt werden, dass man gewisse Rituale ausführt.

Nagarjuna Ein großer indischer buddhistischer Gelehrter und Meditationsmeister, der das Mahayana im ersten Jahrhundert n. Chr. durch seine Unterweisungen über die *Sutras der Vollkommenheit der Weisheit* wiederbelebte. Siehe *Ozean von Nektar*.

Nichtbegrifflicher Geist Ein Erkenner, dem sein Objekt klar, ohne Vermischung mit einem allgemeinen Bild erscheint. Siehe *Den Geist verstehen*.

Objekt der Verneinung Siehe *Verneintes Objekt*.

Prägung Es gibt zwei Arten von Prägungen. Prägungen von Handlungen und Prägungen von Verblendungen. Jede Handlung hinterlässt eine Prägung im Geist. Diese Prägungen sind karmische Potentiale, die dazu führen, in der Zukunft bestimmte Auswirkungen zu erfahren. Die Prägungen der Verblendungen bleiben zurück, selbst nachdem die eigentlichen Verblendungen aufgegeben worden sind. Die Prägungen der Verblendungen sind Behinderungen zur Allwissenheit. Nur Buddhas haben sie vollständig aufgegeben.

Pratimoksha Sanskritwort für «individuelle Befreiung». Siehe *Das Bodhisattva-Gelübde*.

Primärer Geist Ein Erkenner, der hauptsächlich die bloße Wesenheit eines Objektes festhält. Es gibt sechs Arten von primärem Geist: Augenbewusstsein, Ohrenbewusstsein, Nasenbewusstsein, Zungenbewusstsein, Körperbewusstsein und geistiges Bewusstsein. Jeder

Moment des Geistes umfasst einen primären Geist und verschiedene geistige Faktoren. Ein primärer Geist und seine begleitenden geistigen Faktoren sind dieselbe Wesenheit, haben aber verschiedene Funktionen. Siehe *Den Geist verstehen*.

Realisation Eine stabile und nichtfehlerhafte Erfahrung eines tugendhaften Objektes, die uns unmittelbar vor Leiden schützt. Auch als Verwirklichung bekannt.

Reines Land Eine reine Umgebung, in der es keine Wahren Leiden gibt. Es gibt viele Reine Länder. Tushita zum Beispiel ist das Reine Land von Buddha Maitreya, Sukhavati das Reine Land von Buddha Amitabha und Dakiniland oder Keajra das Reine Land von Buddha Vajrayogini und Buddha Heruka. Siehe *Führer ins Dakiniland* und *Herzjuwel*.

Ruhiges Verweilen Eine Konzentration, die die besondere Glückseligkeit der Geschmeidigkeit von Körper und Geist besitzt und die durch die Vollendung der Neun Ebenen des Geistigen Verweilens erlangt wird. Siehe *Sinnvoll zu betrachten*.

Samen der Verblendung Der Samen einer Verblendung ist die Möglichkeit, dass diese Verblendung entsteht; er ist die substantielle Ursache der Verblendung. Bis wir eine Verblendung schließlich aufgegeben haben, wird der Samen dieser Verblendung in unserem Geist bleiben, auch wenn die Verblendung an sich nicht manifest ist. Die Samen der Verblendungen können nur durch Weisheit ausgemerzt werden, die Leerheit direkt realisiert.

Schulen buddhistischer Philosophie Vier philosophische Sichtweisen oder Lehrsätze, die Buddha gemäß den Neigungen und Veranlagungen der Schüler lehrte. Es sind die Vaibashika-, Sautrantika-, Chittamatra- und Madhyamika-Schule. Die ersten beiden sind Hinayana-Schulen, und die anderen beiden sind Mahayana-Schulen. Vgl. auch *Madhyamika*. Siehe auch *Sinnvoll zu betrachten* und *Ozean von Nektar*.

Sechs Bereiche Es gibt sechs Bereiche in Samsara. Es sind in aufsteigender Reihenfolge gemäß dem Karma, das zu einer Geburt im jeweiligen Bereich führt: die Bereiche der Höllenwesen, der Hungrigen Geister, der Tiere, der Menschen, der Halbgötter und der Götter. Die ersten drei sind niedere Bereiche oder unglückliche Wanderungen, und die anderen drei sind höhere Bereiche oder glückliche Wanderungen. Siehe *Freudvoller Weg*.

Shantideva (687-763 n. Chr.) Großer, indischer buddhistischer Gelehrter und Meditationsmeister. Er verfasste den *Leitfaden für die Lebensweise eines Bodhisattvas.* Siehe *Sinnvoll zu betrachten.*

Shariputra Einer von Buddha Shakyamunis bedeutendsten Schülern.

Spiritueller Meister (Skrt. Guru, tib. Lama) Ein Lehrer, der uns entlang des spirituellen Pfades führt. Siehe *Freudvoller Weg* und *Große Schatzkammer der Verdienste.*

Subtiler Geist Es gibt verschiedene Ebenen des Geistes: grobe, subtile und sehr subtile. Subtile Geistesarten manifestieren sich, wenn die inneren Winde sich innerhalb des Zentralkanals sammeln und auflösen. Vgl. auch *Ursprungsgeist.* Siehe *Klares Licht der Glückseligkeit.*

Sutra Die Lehren Buddhas, die alle praktizieren können. Es braucht dazu keine Ermächtigung. Sie beinhalten Buddhas Unterweisungen der Drei Drehungen des Dharma-Rades.

Sutras der Vollkommenheit der Weisheit Die Sutras der zweiten Drehung des Dharma-Rades, in denen Buddha seine abschließende Sicht der endgültigen Natur aller Phänomene enthüllte – die Leerheit von inhärenter Existenz. Siehe *Herz der Weisheit.*

Tantra Siehe *Geheimes Mantra.*

Tiefgründiger Pfad Der tiefgründige Pfad beinhaltet alle Weisheitsübungen, die zu einer direkten Realisation der Leerheit und letztendlich zum Wahrheitskörper eines Buddhas führen. Siehe *Freudvoller Weg.*

Trijang Rinpoche (1901-1981 n. Chr.) Ein kostbarer tibetischer Lama des zwanzigsten Jahrhunderts. Er ist auch unter den beiden Namen Trijang Dorjechang und Losang Yeshe bekannt.

Überlieferungslinie Eine Reihe von Unterweisungen, die von Lehrer zu Schüler weitergegeben worden ist, wobei jeder Guru eigene Erfahrungen der Unterweisungen gewonnen hat, bevor er sie weitergab.

Unterscheidung Ein geistiger Faktor, der die Funktion hat, das außergewöhnliche Zeichen eines Objektes festzuhalten. Siehe *Den Geist verstehen.*

Ursprungsgeist Der sehr subtile Geist, der sich in der Mitte des Herzkanalrades befindet. Er ist als Ursprungsgeist bekannt, weil alle anderen Geistesarten aus ihm entstehen und sich wieder in ihn auflösen.

Vajradhara Der Gründer des Vajrayana. Er ist das gleiche Geisteskontinuum wie Buddha Shakyamuni, zeigt aber einen anderen Aspekt. Buddha Shakyamuni erscheint im Aspekt eines Ausstrahlungskörpers und Eroberer Vajradhara erscheint im Aspekt eines Freudenkörpers. Siehe *Große Schatzkammer der Verdienste.*

Vajradharma Die Manifestation der Rede aller Buddhas. Abgesehen von seinem roten Körper sieht er genauso aus wie Eroberer Vajradhara. Siehe *Führer ins Dakiniland.*

Vajrapani Die Verkörperung der Kraft aller Buddhas. Er erscheint in einem zornvollen Aspekt und zeigt damit seine Macht, äußere, innere und geheime Hindernisse zu überwinden.

Vajrayana Das Fahrzeug des Geheimen Mantras.

Vajrayogini Eine weibliche Gottheit des Höchsten Yoga-Tantras, die die Verkörperung der untrennbaren Glückseligkeit und Leerheit ist. Siehe *Führer ins Dakiniland.*

Verbeugung Eine körperliche, sprachliche oder geistige Handlung der Respektsbezeugung. Siehe *Freudvoller Weg.*

Verdienst Das Glück, das durch tugendhafte Handlungen geschaffen wird. Es ist die potentielle Kraft, unsere guten Qualitäten zu vermehren und Glück zu erzeugen.

Vereinigung Bezieht sich auf die Vereinigung des Nicht-mehr-Lernens, die ein Synonym für Erleuchtung ist.

Verneintes Objekt Ein Objekt, das ausdrücklich durch einen Geist verneint wird, der ein negatives Phänomen realisiert. Auch als «Objekt der Verneinung» bekannt.

Vertrauen Ein von Natur aus tugendhafter Geist, der in erster Linie die Funktion hat, der Wahrnehmung von Fehlern im beobachteten Objekt entgegenzuwirken. Es gibt drei Arten von Vertrauen: glaubendes Vertrauen, bewunderndes Vertrauen und wünschendes Vertrauen. Siehe *Freudvoller Weg* und *Den Geist verstehen.*

Verweilende Meditation Siehe *Meditation.*

Vierter Befreier Bezieht sich auf Buddha Shakyamuni. Siehe auch *Glückliches Äon.*

Vinaya-Sutras Sutras, in denen Buddha in erster Linie die Praxis der moralischen Disziplin erklärt.

Vollendungsstufe Realisationen des Höchsten Yoga-Tantras, die durch das Eintreten, Verweilen und Sichauflösen der Winde im Zentralkanal mittels der Kraft der Meditation erzeugt werden. Siehe *Tantrische Ebenen und Pfade*.

Wachsamkeit Ein geistiger Faktor, der eine Art von Weisheit ist, die die Aktivität unseres Körpers, unserer Rede und unseres Geistes untersucht und weiß, ob sich Fehler entwickeln oder nicht. Siehe *Den Geist verstehen*.

Wahrheitskörper Siehe *Körper eines Buddhas*.

Weisheit Ein tugendhafter, intelligenter Geist, der seinen primären Geist dazu führt, sein Objekt gründlich zu realisieren.

Weiße Tara Tara ist ein weiblicher Buddha. Sie ist die Verkörperung der endgültigen Weisheit aller Buddhas. Die Weiße Tara ist als die «mitfühlende Mutter des langen Lebens» bekannt. Verlassen wir uns aufrichtig und mit starkem Vertrauen auf Mutter Tara, wird sie uns schnell vor allen Hindernissen beschützen und uns alle unsere Wünsche erfüllen.

Weiter Pfad Der weite Pfad beinhaltet alle Methodenübungen, von der anfänglichen Entwicklung des Mitgefühls bis zum abschließenden Erlangen des Formkörpers eines Buddhas. Siehe *Freudvoller Weg*.

Weltliche Dharmas, die acht Die Objekte der acht weltlichen Dharmas sind: Glück, Leiden, Reichtum, Armut, Lob, Kritik, guter Ruf und schlechter Ruf. Sie sind auch als die «acht weltlichen Belange» bekannt, weil weltliche Leute ständig um sie besorgt sind und sich die einen wünschen und versuchen, die anderen zu vermeiden. Siehe *Freudvoller Weg*.

Wut Ein verblendeter geistiger Faktor, der sein verunreinigtes Objekt beobachtet, seine schlechten Qualitäten übertreibt, es als nicht begehrenswert erachtet und ihm schaden will. Siehe *Den Geist verstehen*.

Yidam Siehe *Gottheit*.

Yogi oder Yogini Das Sanskritwort «Yogi» bezeichnet im Allgemeinen jemanden, der die Vereinigung von Ruhigem Verweilen und Höherem Sehen erlangt hat.

Zufriedenheit Mit seinen inneren und äußeren Umständen zufrieden zu sein. Durch eine tugendhafte Absicht motiviert.

Bibliographie

Geshe Kelsang ist ein sehr angesehener Meditationsmeister und Gelehrter der buddhistischen Mahayana-Tradition, die von Je Tsongkhapa gegründet wurde. Seit er im Jahre 1977 in den Westen kam, hat er unermüdlich daran gearbeitet, den reinen Buddhadharma auf der ganzen Welt zu verbreiten. Während dieser Zeit hat er ausführliche Unterweisungen über die wichtigsten Schriften des Mahayana gegeben. Diese Unterweisungen sind zum größten Teil bereits in Englisch und anderen Sprachen veröffentlicht worden und bilden eine umfassende Darstellung der wichtigsten Übungen aus Sutra und Tantra des Mahayana-Buddhismus. In deutscher Sprache sind bereits erschienen:

Bücher

Acht Schritte zum Glück Der buddhistische Weg der liebenden Güte. (Tharpa Verlag, 2001)

Allumfassendes Mitgefühl Ein Kommentar zur *Geistesschulung in sieben Punkten* des Bodhisattvas Chekhawa. (Tharpa Verlag, 1994)

Einführung in den Buddhismus Eine Erklärung der buddhistischen Lebensweise. (Tharpa Verlag, 1995)

Freudvoller Weg Der buddhistische Pfad zur Erleuchtung. (Tharpa Verlag, 1998)

Den Geist verstehen (Lorig) Eine Erklärung der Natur und der Funktionen des Geistes. (Tharpa Verlag, 1997)

Herz der Weisheit Die essentiellen Weisheitslehren Buddhas. (Tharpa Verlag, 1997)

Herzjuwel Die essentiellen Übungen des Kadampa-Buddhismus. (Tharpa Verlag, 1996)

Das Meditationshandbuch Ein praktischer Führer zur buddhistischen Meditation. (Tharpa Verlag, 1995)

Sinnvoll zu betrachten Die Lebensweise eines Bodhisattvas. (Tharpa Verlag, 2000)

Verwandle dein Leben Eine glückselige Reise. (Tharpa Verlag, 2002)

Sadhanas

Geshe Kelsang überwacht auch die Übersetzung einer Reihe wichtiger Sadhanas. Die folgenden sind bereits veröffentlicht:

Avalokiteshvara-Sadhana Gebete und Bitten an den Buddha des Mitgefühls.

Befreiung von Leid Gebete und Bitten an die einundzwanzig Taras.

Dakini-Yoga Der Guru-Yoga in sechs Sitzungen in Verbindung mit der Selbsterzeugung als Vajrayogini.

Darbringung an den Spirituellen Meister (Lama Chöpa) Eine besondere Guru-Yoga-Praxis der Tradition Je Tsongkhapas.

Essenz des Glücks Gebete der sechs vorbereitenden Übungen für die Meditation über die Stufen des Pfades zur Erleuchtung.

Essenz des Vajrayana Das Sadhana des Heruka-Körper-Mandalas nach dem System von Mahasiddha Ghantapa.

Fest der Großen Glückseligkeit Vajrayogini-Selbsteinweihungs-Sadhana

Gebete für die Meditation Kurze vorbereitende Gebete für die Meditation

Große Befreiung der Mutter Vorbereitende Gebete für die Mahamudra-Meditation in Verbindung mit der Vajrayogini-Praxis.

Große Mitfühlende Mutter Das Sadhana von Arya Tara.

Die Große Mutter Eine Methode, Behinderungen und Hindernisse durch die Rezitation des *Sutra der Essenz der Weisheit (Herz-Sutra)* zu überwinden.

Herzjuwel Der Guru-Yoga von Je Tsongkhapa in Verbindung mit dem zusammengefassten Sadhana seines Dharma-Beschützers.

Die Kadampa-Lebensweise Essentielle Übungen des Kadampa-Buddhismus.

Klangvolle Trommel siegreich in allen Richtungen Das ausführliche Erfüllungs- und Wiederherstellungsritual des Dharma-Beschützers, des großen Königs Dorje Shugdän, in Verbindung mit Mahakala, Kalarupa, Kalindewi und anderen Dharma-Beschützern.

Meditation und Rezitation des Vajrasattva.

Medizin-Guru-Sadhana Eine Methode, an die Versammlung der sieben Medizin-Gurus Bitten zu richten.

Ein reines Leben Die Praxis der acht Mahayana-Grundsätze.

Schatzkammer der Weisheit Das Sadhana des Ehrwürdigen Manjushri.

Der schnelle Pfad zur Großen Glückseligkeit Vajrayogini-Selbsterzeugungs-Sadhana.
Tropfen des essentiellen Nektars Eine besondere Fasten- und Reinigungspraxis in Verbindung mit dem Elfgesichtigen Avalokiteshvara.
Vajra-Held-Yoga Eine kurze essentielle Praxis der Selbsterzeugung des Heruka-Körper-Mandalas und Zusammengefasster Yoga der sechs Sitzungen
Versammlung von Glück Die Tsog-Darbringung an das Heruka-Körper-Mandala.
Wunscherfüllendes Juwel Der Guru-Yoga von Je Tsongkhapa in Verbindung mit dem Sadhana seines Dharma-Beschützers.
Der Yoga von Buddha Amitayus Eine besondere Methode, Lebenszeit, Weisheit und Verdienste zu vergrößern.
Die Zeremonien der Mahayana-Zuflucht und der Bodhisattva-Gelübde.
Zusammenfassung von Essenz des Vajrayana Zusammenfassung des Sadhanas für die Selbsterzeugung des Heruka-Körper-Mandalas.

Die Studienprogramme des Kadampa-Buddhismus

Der Kadampa-Buddhismus ist eine Schule des Mahayana-Buddhismus. Er wurde vom großen indischen buddhistischen Meister Atisha (982 – 1054 n. Chr.) ins Leben gerufen. Seine Anhänger heißen Kadampas: «Ka» bedeutet Wort und bezieht sich auf die Unterweisungen Buddhas. «Dam» bezieht sich auf die besonderen Lamrim-Unterweisungen, die als die Stufen des Pfades zur Erleuchtung bekannt sind. Kadampa-Buddhisten integrieren das Wissen aller Unterweisungen Buddhas in ihre Lamrim-Praxis, und indem sie dieses Wissen in ihrem Alltag anwenden, benutzen sie alle Unterweisungen Buddhas als praktische Methoden, um die täglichen Handlungen in den Pfad zur Erleuchtung umzuwandeln. Die großen Kadampa-Lehrer sind nicht nur als große Gelehrte, sondern auch als spirituell Praktizierende von außerordentlicher Reinheit und Aufrichtigkeit bekannt.

Die Überlieferungslinien dieser Lehren – die mündliche Überlieferung sowie die Segnungen – wurden jeweils von Lehrer an Schüler weitergegeben. Sie waren in weiten Teilen Asiens verbreitet und fassen heutzutage auch in vielen Ländern der westlichen Welt Fuß. Die Lehre Buddhas – der Dharma – wird mit einem Rad verglichen, das sich von einem Land zum anderen bewegt in Übereinstimmung mit den sich verändernden Bedingungen und den karmischen Neigungen der Menschen. Die äußere Präsentationsform des Buddhismus mag sich je nach Kultur und Gesellschaft ändern, die Authentizität aber wird durch die Weiterführung der ungebrochenen Überlieferungslinie von realisierten Praktizierenden sichergestellt.

Der angesehene buddhistische Meister, der Ehrwürdige Geshe Kelsang Gyatso, hat den Kadampa-Buddhismus im Jahre 1977 im Westen eingeführt. Seit dieser Zeit arbeitet er unermüdlich daran, den Kadampa-Buddhismus auf der ganzen Welt zu verbreiten, indem er ausführliche Unterweisungen gibt, tiefgründige Texte zum Kadampa-Buddhismus verfaßt und Dharma-Zentren gründet (bis jetzt über 600 weltweit). Jedes Zentrum bietet Studienprogramme zur buddhistischen Psychologie und Philosophie und Anweisungen zur Meditation sowie Retreats (Meditationen in Zurückgezogenheit) für Praktizierende aller Stufen an. Der Schwerpunkt liegt in der Integration der Lehre Buddhas in den Alltag, damit wir unsere Probleme lösen und immerwährenden Frieden und Glück in der Welt verbreiten können.

Der Kadampa-Buddhismus der NKT (Neue Kadampa-Tradition) ist eine vollständig unabhängige buddhistische Tradition und hat keine politische Zugehörigkeit. Er ist ein Zusammenschluß von Zentren und Praktizierenden, die ihre Inspiration und Führung von den Vorbildern und Unterweisungen der alten Meister des Kadampa-Buddhismus herleiten, wie es von Geshe Kelsang gelehrt wird.

Es gibt drei Gründe, die dafür sprechen, daß wir die Lehre Buddhas studieren und praktizieren müssen: um unsere Weisheit zu entwikkeln, um unser Mitgefühl zu fördern und um einen friedvollen Geisteszustand zu bewahren. Wenn wir nicht danach streben, unsere Weisheit zu entwickeln, wird uns die endgültige Wahrheit – die wahre Natur der Wirklichkeit – immer verschlossen bleiben. Obwohl wir uns Glück wünschen, verleitet uns unsere Unwissenheit dazu, nichttugendhafte Handlungen auszuführen, die die Hauptursache für alle unsere Leiden sind. Wenn wir unser Mitgefühl nicht fördern, zerstört unsere eigensüchtige Motivation die Harmonie und guten Beziehungen zu anderen Lebewesen. Wir finden keinen Frieden und haben keine Chance, reines Glück zu entdecken. Ohne inneren Frieden ist äußerer Frieden nicht möglich. Wenn wir keinen friedvollen Geisteszustand bewahren, sind wir nicht glücklich, selbst unter den besten Bedingungen. Wenn andererseits unser Geist friedvoll ist, sind wir glücklich, auch wenn die äußeren Bedingungen unangenehm sind. Deshalb ist die Entwicklung dieser Qualitäten von größter Wichtigkeit für unser tägliches Glück.

Geshe Kelsang Gyatso oder Geshe-la, wie er liebevoll von seinen Schülern genannt wird, hat drei besondere spirituelle Programme für das systematische Studium und die Praxis des Kadampa-Buddhismus zusammengestellt. Diese Programme sind besonders gut für den modernen Lebensstil geeignet. Es sind: das Allgemeine Programm (AP), das Grundlagenprogramm (GP) und das Lehrerausbildungsprogramm (LAP).

ALLGEMEINES PROGRAMM

Das Allgemeine Programm vermittelt eine grundlegende Einführung in die buddhistische Sichtweise, Meditation und Praxis. Es ist besonders für Anfänger geeignet, umfaßt aber auch fortgeschrittene Unterweisungen und Übungen aus Sutra und Tantra.

GRUNDLAGENPROGRAMM

Das Grundlagenprogramm bietet die Möglichkeit, unser Verständnis und unsere Erfahrung des Buddhismus durch das systematische Studium von fünf Texten zu vertiefen:

1. *Freudvoller Weg* – ein Kommentar zu Atishas Lamrim-Text die Stufen des Pfades zur Erleuchtung.
2. *Allumfassendes Mitgefühl* – ein Kommentar zu Bodhisattva Chekhawas Geistesschulung in sieben Punkten.
3. *Herz der Weisheit* – ein Kommentar zum Herz-Sutra.
4. *Sinnvoll zu betrachten* – ein Kommentar zu Shantidevas *Leitfaden für die Lebensweise eines Bodhisattvas.*
5. *Den Geist verstehen* – eine ausführliche Erklärung des Geistes, die auf den Werken der buddhistischen Gelehrten Dharmakirti und Dignaga basiert.

Das Studium und die Praxis dieser Texte bringt uns viele Vorteile:

(1) *Freudvoller Weg* – Wir erlangen die Fähigkeit, alle Unterweisungen Buddhas, sowohl Sutra als auch Tantra, in die Praxis umzusetzen. Wir können leicht Fortschritte erzielen und die Stufen des Pfades zum höchsten Glück der Erleuchtung vollenden. Von einem praktischen Standpunkt aus betrachtet, ist Lamrim der Hauptteil der Lehre Buddhas, ähnlich einem Stamm, und die anderen Unterweisungen gleichen Zweigen.

(2) *Allumfassendes Mitgefühl* – Wir erlangen die Fähigkeit, alle Unterweisungen Buddhas in unser Leben zu integrieren und alle unsere Probleme zu lösen.

(3) *Herz der Weisheit* – Wir erlangen eine Realisation der endgültigen Natur der Wirklichkeit. Durch diese Realisation können wir die Unwissenheit des Festhaltens am Selbst beseitigen, die die Wurzel unseres gesamten Leidens ist.

(4) *Sinnvoll zu betrachten* – Wir verwandeln unsere täglichen Aktivitäten in die Lebensweise eines Bodhisattvas. Damit wird jeder Moment unseres Lebens bedeutungsvoll.

(5) *Den Geist verstehen* – Wir verstehen die Beziehung zwischen unserem Geist und den äußeren Objekten. Wenn wir verstehen, daß die Objekte von unserem subjektiven Geist abhängen, können wir die Art und Weise, wie uns Objekte erscheinen, verändern, indem wir unseren Geist verändern. Allmählich erlangen wir die Fähigkeit, unseren Geist zu kontrollieren und auf diese Weise alle unsere Probleme zu lösen.

LEHRERAUSBILDUNGSPROGRAMM

Das Lehrerausbildungsprogramm ist für diejenigen bestimmt, die sich zu authentischen Dharma-Lehrern ausbilden lassen wollen. In Ergänzung zum Studium von zwölf Texten aus Sutra und Tantra – die oben erwähnten Texte sind darin enthalten – werden an die Schülerinnen und Schüler gewisse Anforderungen bezüglich Verhalten und Lebensweise gestellt, und zudem müssen sie eine bestimmte Anzahl von Meditations-Retreats absolvieren.

Alle Zentren des Kadampa-Buddhismus sind der Öffentlichkeit zugänglich. Jedes Jahr finden mehrere Festivals statt, darunter zwei in England, wo sich Menschen aus der ganzen Welt treffen, um besondere Unterweisungen und Ermächtigungen zu empfangen und einen spirituellen Urlaub zu verbringen. Besuchen Sie uns – Sie sind jederzeit willkommen!

Weitere Informationen unter:

Im deutschsprachigen Raum:

Tharpa Verlag AG, Dennlerstrasse 38, CH-8047 Zürich,
Schweiz, Tel. (0041)-(0)1-401 02 20
E-Mail: info@tharpa.net

Tharpa Verlag AG, Schmiljanstr. 22, D-12161 Berlin,
Deutschland, Tel. (0049)-(0)30-859 65 573
E-Mail: info@tharpa.de

Tharpa Verlag AG, St. Ulrichsplatz 4, A-1070 Wien,
Österreich, Tel. (0043)-(0)1-914 46 13
E-Mail: info@tharpa.net

International:

James Belither, NKT Office, Conishead Priory, Ulverston,
Cumbria, LA12 9QQ, Großbritannien,
Tel./Fax (0044)-(0)1229-588533, E-Mail: kadampa@dircon.co.uk

www.buddhismus.net

Index

Der Buchstabe «G» verweist auf einen Eintrag im Glossar